ASSISTANT DE VIE AUX FAMILLES

ITINÉRAIRES PRO

Titre professionnel

ADVF

Activités 1, 2 et 3

Préparation complète
pour réussir sa formation

Annick Leyssenne
Conseillère en économie sociale et familiale, formatrice, accompagnatrice VAE et membre de jurys d'examens pour les titres et diplômes de niveau V du secteur social (dont ADVF)

Mireille Michel
Responsable départementale retraitée d'un organisme de formation agréé pour la mise en œuvre des formations ADVF

Gilbert Rolland
Formateur pour les ADVF, cadre de santé infirmier, enseignant en secteur sanitaire et membre de jurys d'examens

le Social

Vuibert

ISBN : 978-2-311-20266-3

Conception couverture : Les PAOistes / Conception intérieure : Linéale Production / Réalisation intérieure : Les PAOistes

Avant-propos

Cet ouvrage a pour premier objectif de préparer les candidats au titre professionnel assistant de vie aux familles.
L'ouvrage traite chacune des 3 activités et des 15 compétences du référentiel, en suivant son plan :

- description et contexte de mise en œuvre de la compétence ;
- techniques professionnelles relatives à la compétence ;
- connaissances indispensables pour sa pratique.

Des exemples et des études de cas permettent de mieux comprendre les situations et de les rendre plus vivantes.
En suivant le plan du référentiel, l'apprentissage devient simple, progressif, pratique, et complet.

Le second objectif de cet ouvrage est de toucher les aidants familiaux.
L'aidant familial est une personne qui vient en aide à titre non professionnel à une personne de son entourage, souvent un parent, pour les activités de la vie quotidienne.
Nous ne choisissons pas d'être aidant familial, nous le devenons parce que nos proches ont besoin de nous.
C'est plus de 8 millions de personnes de plus de 16 ans qui aident régulièrement, à titre non professionnel, 5,5 millions de personnes âgées, enfants malades ou handicapés, vivant à domicile, pour des raisons de santé ou de handicap, par une aide à la vie quotidienne, un soutien financier ou matériel, ou un soutien moral. Parmi elles, 4,3 millions aident au moins une personne de leur entourage âgée de 60 ans ou plus (éléments estimés à l'occasion de l'enquête Handicap-Santé (HSA) sur les aidants informels menée par la Dress et l'Insee en 2008).
Pourtant, pour de nombreuses personnes salariées, concilier vie professionnelle et vie personnelle n'est déjà pas facile, alors lorsque vient s'ajouter la prise en charge d'un parent malade handicapé ou vieillissant, le quotidien se complique bien davantage.
Par sa simplicité d'accès, l'ouvrage a pour but de devenir un guide apportant à l'aidant les bases d'informations et des pratiques qui lui permettront de mieux comprendre son parent et de lui apporter un soutien efficace.

Sommaire

Partie 2. Activité 1 : accompagner les personnes dans les actes essentiels du quotidien

Une formation, un métier

La formation menant au titre professionnel assistant(e) de vie aux familles

Le titre professionnel

Un titre professionnel (TP) est une certification délivrée par le ministre chargé de l'Emploi. Il certifie que la personne titulaire maîtrise les compétences, aptitudes et connaissances permettant l'exercice d'emplois de premiers niveaux de qualification.

Il s'obtient de deux manières différentes :

1. au terme d'un parcours de formation professionnelle en centre AFPA (Association nationale pour la formation professionnelle des adultes) ou en centres agréés (agrément du ministère chargé de l'Emploi) ;
2. par le biais de la validation des acquis de l'expérience (VAE) pour les personnes expérimentées (au moins trois ans d'expérience sont nécessaires) en vue d'obtenir une qualification reconnue.

Les titres professionnels sont enregistrés dans le Répertoire national des certifications professionnelles (RNCP) élaboré par la Commission nationale de la certification professionnelle (CNCP).

Les titres professionnels peuvent être présentés par toute personne sortie du système scolaire, en emploi ou à la recherche d'un emploi (art. L. 6314-1 du code du travail). Il permet donc de favoriser l'évolution professionnelle ou le retour à l'emploi.

Il existe 300 titres professionnels. Le TP ADVF est très apprécié ; c'est le titre le plus présenté en France, après le TP des conducteurs routiers.

Le TP ADVF recouvre les emplois suivants : assistant(e) de vie aux familles, aide à domicile, auxiliaire de vie, dame de compagnie, garde à domicile, garde d'enfants.

Le REAC (référentiel emploi activités compétences) de la formation ADVF a été créé en 2003 ; sa dernière mise à jour date du 20 septembre 2011. Le REAC définit la fonction d'assistant(e) de vie aux familles et ses conditions d'exercice, ses champs d'intervention et ses responsabilités. Chaque stagiaire en formation peut consulter le REAC sur son lieu de formation. Le REAC peut aussi être consulté sur le site internet de l'AFPA (www.afpa.fr).

Le REAC définit l'emploi par 3 activités déclinées en 15 compétences :

ACTIVITÉ 1

« Assister les personnes dans les actes essentiels du quotidien »

Compétences professionnelles :

- C1 – Établir une relation professionnelle avec la personne et son entourage
- C2 – Organiser avec la personne les actes à accomplir
- C3 – Prévenir les risques, faire face aux situations d'urgence et/ou mettre en place un relais

- C4 – Contribuer à l'autonomie physique, intellectuelle et sociale de la personne
- C5 – Mettre en œuvre les techniques et gestes professionnels appropriés dans l'aide à la toilette et à l'habillage, aux déplacements, à l'alimentation

ACTIVITÉ 2

« Relayer les parents dans la prise en charge de leurs enfants à leur domicile »

Compétences professionnelles :

- C6 – Établir le contact, communiquer et assurer le relais des parents
- C7 – Organiser l'intervention avec un ou plusieurs enfants
- C8 – Prévenir les risques et assurer la sécurité des enfants
- C9 – Accompagner les apprentissages de base des enfants et leur socialisation dans leurs activités
- C10 – Mettre en œuvre les techniques et gestes professionnels appropriés aux enfants lors des levers et couchers, de la toilette et de l'habillage, des repas

ACTIVITÉ 3

« Assister les personnes dans l'entretien de leur cadre de vie et dans la préparation de leur repas »

Compétences professionnelles :

- C11 – Établir une relation professionnelle lors des interventions
- C12 – Organiser avec la personne les tâches domestiques
- C13 – Prévenir les risques domestiques et travailler en sécurité
- C14 – Respecter l'intimité, les goûts et habitudes de la personne
- C15 – Mettre en œuvre les techniques et gestes professionnels appropriés dans l'entretien du logement, du linge, la préparation des repas et des courses

Une vision transversale de ces 3 activités permet de mettre en exergue les compétences nécessaires et communes aux 3 activités :

- La mise en place d'une relation professionnelle : C1 – C6 – C11
- L'organisation de l'intervention : C2 – C7 – C12
- La prise en compte de la sécurité : C3 – C8 – C13
- La prise en compte des personnes : C4 – C9 – C14
- Le respect des règles professionnelles de base : C5 – C10 – C15

La certification

L'obtention du titre professionnel valide l'acquisition de connaissances, de savoir-faire et de savoir-être.

Le RC (référentiel de certification) réglemente l'examen menant au titre professionnel qui est composé de plusieurs épreuves :

1) **L'épreuve de synthèse** résultant d'une mise en situation professionnelle, réelle ou reconstituée, observée et jugée par un jury de professionnels.

Le candidat doit mettre en œuvre, dans des conditions réelles ou reconstituées (en appartement pédagogique), une intervention de 50 minutes, auprès d'une personne (dont le rôle est joué par un comédien). Le jury observe et note la prestation dans toutes ses composantes.

2) **Le dossier de synthèse de pratique professionnelle** (DSPP)

Le dossier comporte les éléments de preuves d'une pratique professionnelle au moins en stage pratique. Le candidat décrit de manière détaillée les tâches qu'il a effectuées pour chacune des activités.
3) **Les résultats des évaluations de formation** (EFA) réalisées pendant le parcours de formation (parcours hors VAE).
4) **L'entretien individuel** avec le jury sur la vision globale du métier
Des professionnels en activité dans le métier, ou retraités depuis moins de 5 ans, constituent le jury de l'examen final. Ce jury est agréé par la Direction départementale du travail, de l'emploi et de la formation professionnelle (la DIRECCTE).
Si le titre n'est pas acquis, le jury peut octroyer 1, 2, ou 3 CCP (certificats de compétence professionnelle) qui correspondent aux 3 activités du titre.
Le candidat a 5 ans pour obtenir son titre complet

Des passerelles existent entre le TP ADVF et les diplômes suivants.

- Ministère de l'Éducation nationale

CAP Assistant technique en milieux familial et collectif
Mention complémentaire aide à domicile
Bac pro ASSP
CAP Petite enfance

- Ministère chargé des Affaires sociales

DEAVS Diplôme d'État d'auxiliaire de vie sociale
DEAMP Diplôme d'État d'aide médico-psychologique
DEAF Diplôme d'État d'assistant familial

- Ministère chargé de la santé

DEAS Diplôme d'État d'aide-soignant
DEAP Diplôme d'État d'auxiliaire de puériculture

- Institut FEPEM par délégation de la branche du particulier employeur

Titre Employé familial polyvalent
Assistant de vie } Certificat de qualification professionnelle
Garde d'enfant }

Histoire rapide de la profession

En 1975, on comptait 30 000 aides à domicile, 177 000 en 1999 et 1 900 000 en 2007 selon l'ANSP, soit plus de 15 % en trois ans (ce chiffre est cité par l'Agence nationale des services à la personne à partir des données de l'IRCEM et de la Dares).
Le nombre d'aides à domicile a donc été multiplié par plus de 40 au cours des 3 dernières décennies.
Il n'y a sans doute aucune autre profession qui ait connu un tel essor en si peu de temps. C'est la révélation d'un besoin social nouveau et durable qui fait suite aux transformations économiques et démographiques que nous avons vécues pendant cette période.
L'histoire du secteur de l'aide à domicile se situe essentiellement dans les 40 dernières années, son évolution avant 1975 était donc insignifiante comparée à l'ahurissante montée en puissance de ces quatre dernières décennies.
Remontons aux années 1970. À cette époque, les femmes veulent leur indépendance, elles sont décidées à travailler, et dans l'économie encore prospère, elles sont de plus en plus nombreuses à prendre un emploi. Rapidement leur absence se fait sentir au sein des foyers.

Qui va garder les enfants ?
Qui va s'occuper des grands-parents ?
Il a bien fallu répondre à ces questions. Les pouvoirs publics ont alors lancé de vastes programmes de construction de collectivités : crèches et maisons de retraite.
En parallèle, les communes créaient des services d'aides ménagères, mais au niveau des familles, devant l'urgence, les maîtresses de maison se sont appuyées sur la famille, les voisines et sur les amies.
Les mamans ont confié leurs enfants à des assistantes maternelles qui, à l'époque, étaient mal reconnues, mal accompagnées et souvent n'étaient pas déclarées. Les personnes âgées, lorsqu'elles perdaient leur autonomie, n'avaient plus que le choix d'attendre une éventuelle place en maison de retraite, se coupant ainsi définitivement de leur environnement, ou bien de rechercher une aide dans le voisinage, souvent non déclarée, non formée.
Le secteur de l'aide à domicile, longtemps resté très marginal, commençait à prendre de l'ampleur.
Durant les années 1980, l'utilisation des expressions « assistant de vie » et « auxiliaire de vie » est devenue plus fréquente à côté des « aides à domicile » et « aides ménagères » ou « employées de maison » pour souvent qualifier le même panel de tâches à effectuer.
Reconnaissons que les débuts ont été difficiles pour les aides à domicile-assistantes de vie !

Avec le recul, nous nous devons de les saluer, car il a fallu beaucoup de courage et de bonne volonté pour faire face au manque de structuration de la profession.

- Suivant le statut de l'employeur, les salariés avaient droit à une convention collective peu adaptée, ou alors il n'y en avait pas du tout.
- Au niveau de la formation, le premier diplôme spécifique, le CAFAD (certificat d'aptitude aux fonctions d'aide à domicile), est apparu en 1988. Difficile à mettre en place, il n'a pas eu le succès espéré.
- Le quotidien des professionnelles est alourdi par des horaires très décalés, les déplacements importants pour passer d'un domicile à l'autre, des salaires minimes et du travail à temps plein quasiment impossible à obtenir.

En revanche, que de responsabilités ! Et pas des moindres, puisqu'il s'agit de charges de vie !

La profession aujourd'hui

Aujourd'hui, la demande est toujours plus importante.
On compte 1 230 000 personnes âgées en perte d'autonomie bénéficiaires de l'APA (allocation personnalisée d'autonomie) dont 735 000 à domicile au 31 décembre 2012 (chiffres donnés par la CNSA – Caisse nationale de solidarité pour l'autonomie).
172 000 personnes handicapées ont reçu une prestation de compensation du handicap (PCH) en décembre 2014.
Le nombre de personnes de plus de 80 ans continue d'augmenter de manière importante. Après le baby-boom de l'après-guerre il faut nous préparer au papy-boom. On nous prévoit une première phase (de 2025 à 2035) durant laquelle la prise en charge de la dépendance dominera dans les tâches des professionnelles. Puis viendra une deuxième phase, où c'est l'accompagnement en fin de vie qui prendra le pas sur les autres tâches.

Ces chiffres montrent que la profession d'assistant de vie est une profession que nous qualifierons de « jeune », en pleine progression, en pleine structuration.
En quelques années, les gouvernements successifs ont encouragé et permis de réussir une énorme avancée dans la structuration du secteur.

- Les principales fédérations d'associations d'emplois familiaux (UNASSAD, ADMR, FEPEM) prennent de l'envergure, s'organisent et permettent une professionnalisation de l'encadrement.
- L'établissement de la grille AGGIR (Autonomie gérontologie groupe iso-ressources) pour situer le degré d'autonomie des personnes et la création de l'APA simplifient et clarifient les démarches.
- Les rapprochements des représentants des structures employeurs ont permis des évolutions notables au sujet des conventions collectives.

La convention collective de la branche de l'aide de l'accompagnement, des soins et des services à domicile (BAD) a été signée en 2010.

L'avenir de la profession

À l'horizon 2020, les spécialistes de l'emploi mettent toujours la profession d'assistant de vie dans les premiers rangs du recrutement en France, c'est pourquoi sa construction doit se poursuivre activement.
Mais si pour les salariés il n'y a qu'une seule mission, celle d'aider autrui, les conditions de travail sont bien différentes suivant l'employeur.

L'employeur peut être :

- une association loi 1901 ;
- une mairie par l'intermédiaire d'un CCAS (centre communal d'action sociale) ;
- un particulier ;
- une société privée.

La liste n'est pas exhaustive.
Notons quand même que le renouvellement de la démarche qualité au sein des OASP (les structures employeurs) est le nouveau grand chantier à mettre en œuvre actuellement. C'est aujourd'hui le fil conducteur qui rassemble, dans une même dynamique et sur un même niveau, la totalité des OASP s'adressant aux publics fragiles : la prolongation de leur agrément est en jeu.
Ce processus vise toutes les structures quel que soit leur statut avec pour objectif d'optimiser leur fonctionnement : objectif de professionnalisation des structures au travers d'un même cahier des charges à s'approprier en interne.
L'évaluation par un cabinet d'audit doit permettre de développer une amélioration de la qualité de service des OASP prenant en compte les exigences réciproques du bénéficiaire, de l'intervenant et de l'employeur.

Partie 1

Présentation de la profession

I La définition de la profession d'ADVF

L'ensemble des acteurs de la profession s'accorde pour dire que le métier d'ADVF est un métier d'accompagnement dont l'objectif est de contribuer au maintien à domicile des personnes. Le rôle de l'ADVF est de pallier les déficiences de la personne dans sa vie quotidienne afin qu'elle conserve son mode de vie, son confort et sa sécurité.
L'ADVF intervient dans trois domaines :

- Aider à la réalisation des tâches ménagères : entretien du logement, entretien du linge, préparation des repas.
- Accompagner à la vie quotidienne de la personne âgée malade ou handicapée : aide à la toilette, aide aux déplacements, aide à l'alimentation, aide au maintien de l'autonomie (lien social, capacités physiques et intellectuelles).
- Prendre le relais auprès des parents pour la garde des jeunes enfants.

L'ADVF travaille en autonomie dans le respect des habitudes de la maison et des personnes dont elle s'occupe, elle s'adapte aux contextes familiaux. Ainsi, son travail est toujours différent lorsqu'elle passe d'un domicile à l'autre.
L'ADVF travaille en liaison avec sa hiérarchie, la famille et les autres intervenants au domicile de la personne aidée.

Remarque

Pour plus de simplicité, tout au long de l'ouvrage, nous nommerons l'assistant(e) de vie aux familles « ADVF ». Nous parlerons de l'ADVF au féminin car actuellement la profession est composée de plus de 90 % de femmes. Mais notons quand même que la situation évolue et que les hommes sont bien accueillis, notamment si les tâches ménagères ne les effraient pas.
L'ADVF intervient auprès de personnes, qu'elles soient âgées, handicapées, des enfants ou des adultes ; nous les appellerons les « personnes aidées », en abrégé les « PA ».

II Les conditions d'exercice

Le métier d'ADVF est prévu pour s'exercer au domicile des personnes.
Le diplôme est reconnu par la nouvelle convention collective signée en 2010, la BAD qui réglemente les métiers de l'aide à domicile.
Qui est considéré comme « à domicile » ?
Les personnes qui résident :
- dans un logement personnel ;
- au foyer d'un membre de leur famille ;
- qui ont opté pour un hébergement familial ;
- qui ont opté pour un hébergement en foyer logement.

Le diplôme est maintenant reconnu par les structures d'hébergement collectif telles que les maisons de retraite, centres d'accueil pour handicapés, maisons d'enfants, etc. Les ADVF y sont bien accueillies car leur formation est appréciée.

1 Les employeurs

a. Les associations (loi 1901) d'aide à domicile

Des associations d'aide à domicile agréées assurent un suivi personnalisé et régulier des personnes en perte d'autonomie. Elles peuvent aussi proposer d'autres services adaptés tels que la télé-alarme, le portage de repas et les 21 services à la personne.

Remarque

Les services à la personne comprennent tous les services susceptibles d'être apportés à domicile. Exemples : bricolage, coiffure à domicile, aide informatique, portage des repas, soutien scolaire, animation, garde d'enfants...
La réglementation exige un agrément qualité complémentaire pour certains de ces services. Il s'agit de l'aide aux personnes âgées ou handicapées bénéficiaires de l'allocation personnalisée d'autonomie (APA) et de la garde des enfants de moins de 3 ans.

La plupart de ces associations sont regroupées en fédérations nationales dont les deux principales sont :
- les ADMR ;
- les UNA.

Le réseau ADMR (Aide à domicile en milieu rural) pour 2014
- 1 Union nationale
- 33 000 associations locales
- 265 000 adhérents dont 110 000 bénévoles actifs
- 100 000 salariés
- 101 millions d'heures d'intervention à domicile auprès de 723 000 clients

Le réseau UNA (Union nationale des associations d'aide, de soins et services à domicile) – chiffres 2012
- 730 000 personnes et familles aidées
- 100 millions d'heures d'interventions par an
- 120 000 professionnels
- 960 structures adhérentes

Aujourd'hui, la majorité des OASP (organismes agréés de services aux personnes) sont référencés par des enseignes nationales.
Actuellement, il existe 20 enseignes nationales.
L'enseigne nationale, la plus souvent associée à une assurance complémentaire, est composée d'un réseau de partenaires dans chacun des services à la personne, qui couvre l'ensemble du territoire national. Chaque partenaire garde son fonctionnement et son indépendance.
Sous son nom d'enseigne, elle développe un plan de communication (publicité à la télévision et dans les journaux, dépliants accessibles aux particuliers, un site Internet et un réseau de points d'accueil et d'information).
En théorie, elle permet donc, au niveau national, à quiconque d'appeler un numéro de téléphone largement diffusé et d'obtenir un service à la personne précis, dans un lieu géographique précis.
L'année 2010 a été marquée par une forte concentration de l'activité des enseignes. Elles ont dénombré 887 000 appels de clients soit 2 430 en moyenne par jour avec 2,1 millions d'heures de travail consommées.

La liste des enseignes nationales se trouve sur le site de l'Agence nationale des services à la personne (www.entreprises.gouv.fr/services-a-la-personne).

b. Le service public par l'intermédiaire des centres communaux ou intercommunaux d'action sociale (CCAS ou CIAS)

Les CCAS ou CIAS (centres intercommunaux d'action sociale) sont des services dépendant d'une ou de plusieurs mairies. Les salariés reçoivent leur rémunération de la mairie et bénéficient de tous les avantages des personnels communaux.
Le service public représente un quart des services d'aide à domicile en France. L'UNCCAS rassemble 3 300 CCAS/CIAS sur l'ensemble du territoire. Aujourd'hui, la moitié des centres communaux d'action sociale gère un service d'aide à domicile.
Pour consulter les chiffres de l'UNCCAS : www.unccas.org

c. Le particulier employeur par l'intermédiaire d'un service mandataire

Le service mandataire est géré par une association qui prend en charge toutes les contraintes de la gestion de l'employée au nom de l'employeur. C'est le particulier qui est l'employeur.

- Le service mandataire établit, au nom du particulier employeur, le contrat de travail le liant à l'ADVF.
- Il remplit les volets sociaux correspondant au chèque CESU (chèque emploi-service universel) correspondant au salaire de l'ADVF.
- Il établit et remet, au nom du particulier employeur le certificat de travail à l'ADVF (et l'attestation pour Pôle emploi).
- Le particulier peut adhérer à la fédération des particuliers-employeurs, la FEPEM est la seule représentante des 3,6 millions de particuliers-employeurs qui emploient plus d'1,7 million de salariés en France pour 559 millions d'heures travaillées (voir le site de la FEPEM : www.fepem.fr).

d. Les entreprises privées

Les entreprises privées se sont regroupées en fédération dont la FEDESAP (Fédération française de services à la personne de proximité) qui compte déjà 500 adhérents et peuvent aussi adhérer au sein du SESP (syndicat des entreprises des services à la personne) (www.fesp.fr/sesp). Exemples d'entreprises : OZ, Belage, Adhap, Familysphère, etc.
Le SESP est adhérent au MEDEF (Mouvement des entreprises de France).
Les entreprises privées des services à la personne se sont multipliées rapidement ces dernières années.

- Moins de 100 entreprises privées en 1998.
- Plus de 2 000 entreprises en mars 2006, soit 16 % des emplois de la branche.
- Stagnation des effectifs en 2012.

Mais les chefs d'entreprise, jusqu'à présent, ne s'intéressent que peu aux personnes dépendantes. Seuls 28 % de ces entreprises possèdent l'agrément qualité (qui permet de travailler auprès de personnes dépendantes ou de jeunes enfants). Il est évident que les chefs d'entreprise conservent une grande confiance dans le développement du secteur des services à la personne et dans leur activité.
Exemples d'entreprises : 0_2, Belage, Adhcep, Family Sphère.

e. Le particulier employeur par l'intermédiaire de l'emploi direct dit « gré à gré »

Lors d'une embauche en « gré à gré », le particulier recrute directement l'ADVF qui travaillera à son domicile et il en devient l'employeur. S'il est adhérent, il peut se faire aider par la FEPEM.
Cette situation se rencontre souvent lorsque l'ADVF et le particulier se connaissent déjà ou se rencontrent grâce à une connaissance commune.
Le particulier se charge complètement de la gestion du salaire, mais grâce au CESU les démarches sont devenues simples.

Le CESU

Le CESU permet de rétribuer toute personne intervenant à domicile. Il se présente sous deux formes :

- **Un chèque emploi-service universel déclaratif**. Il est diffusé par les établissements bancaires. Il est accompagné d'un volet social à utiliser dans le cadre de l'emploi direct.

L'utilisateur du chéquier complète le volet social et l'envoie au Centre national de traitement du CESU. Ce dernier effectue alors le calcul des cotisations, les prélève du compte de l'employeur et envoie à l'employé une attestation d'emploi valant bulletin de paie. Aujourd'hui, toutes les démarches peuvent s'effectuer en ligne sur le site Internet www.cesu.urssaf.fr

- **Un chèque emploi-service universel préfinancé.** Pré-identifié au nom du bénéficiaire, il peut être cofinancé entièrement ou en partie par divers organismes : employeurs privés ou publics, conseils départementaux, centres communaux d'action sociale, mutuelles, compagnies d'assurances, caisses de retraite... Il est possible d'utiliser le CESU préfinancé pour régler les services d'un organisme prestataire agréé ou d'une structure mandataire agréée. Il peut être également employé dans le cas de l'emploi direct.

L'utilisation du CESU s'accompagne d'avantages sociaux et fiscaux tant pour les entreprises du secteur privé cofinançant le CESU que pour les particuliers recourant à l'aide à domicile (réduction d'impôt sur le revenu de 50 % des sommes engagées).

Pour plus de renseignements sur le chèque emploi-service universel :

- www.travail-emploi.gouv.fr
- www.cesu.urssaf.fr
- N° Indigo 0 820 00 CESU ou 0 820 00 23 78 (0,12 € TTC / min)

L'agence nationale des services à la personne (ANSP) créée en 2005 a été l'interlocutrice pilote en matière de services à la personne. À ce titre, elle a été chargée d'assurer le développement du CESU.

L'ANSP a été dissoute en juillet 2014. Ses missions sont transmises à la DGCIS (Direction générale du commerce, de l'industrie et des services) rattachée au ministère chargé de l'Économie et des Finances. Une question sur les services à la personne ? Composez le 39 39.

De son côté la profession bancaire participe activement au développement du CESU. Les banques distribuent les chèques emploi-service universels bancaires et elles mettent en œuvre des dispositifs afin de faciliter l'encaissement de chaque type de CESU dans toutes les agences bancaires.

2 La gestion de l'emploi à domicile

a. Le mode de gestion prestataire

En prestataire, c'est la structure qui est l'employeur.
Elle met à disposition du personnel auprès de la personne aidée.
Le service est un service personnalisé à la demande du bénéficiaire qui décide de la nature, du rythme, de la durée et des horaires du service.
Les métiers de l'aide à domicile sont :

- **L'agent à domicile et l'agent polyvalent**

Il réalise et aide à l'accomplissement des activités domestiques simples essentiellement auprès des personnes autonomes et occasionnellement auprès de personnes dépendantes. L'agent polyvalent assure aussi des petits travaux de bricolage et jardinage.

- **L'employé à domicile**

Il intervient auprès de personnes dépendantes. Il effectue les tâches ménagères en présence de la personne aidée. Il aide la personne à accomplir les actes ordinaires de sa vie courante. Maîtrise des outils et techniques de base nécessaires à l'emploi.
C'est dans cette catégorie que se situe la profession d'assistant(e) de vie aux familles.

- **L'auxiliaire de vie sociale, l'aide médico-psychologique, l'aide-soignant(e), l'auxiliaire de puériculture**

Il effectue un accompagnement social et un soutien auprès des publics fragiles, dans leur vie quotidienne. Le diplôme d'État est obligatoire.
L'ADVF peut se présenter à un diplôme d'État en faisant valoir les équivalences sur plusieurs modules que lui confère le TP ADVF.

- **Technicien de l'intervention sociale et familiale**

Il intervient auprès de publics fragilisés (famille, enfant, personne âgée ou handicapée) en apportant un soutien éducatif, technique et psychologique dans les actes de la vie quotidienne et dans l'éducation des enfants.
Il effectue une intervention sociale préventive.

b. Le mode de gestion mandataire

En mandataire, c'est le particulier (la personne aidée) qui est l'employeur.
La structure d'aide à domicile sert d'intermédiaire entre les demandes émanant des particuliers et les offres de service des assistantes de vie.
En cas de gré à gré, le particulier est l'employeur de la même manière.
Les métiers du secteur mandataire sont :

- **L'employé de maison**

Il travaille au domicile d'un particulier et réalise des tâches domestiques ou d'aide à la famille.

- **L'employé familial polyvalent**

Il s'occupe de travaux ménagers, de garde d'enfants et peut apporter son aide à une personne âgée non dépendante (courses, déplacements, préparation de repas, promenade, etc.). Il est titulaire du titre « employé familial polyvalent » reconnu par la FEPEM.

- **L'assistant de vie titulaire du CQP (certificat de qualification professionnel)**

L'activité d'assistant(e) de vie s'exerce sur le lieu privé de la personne âgée ou dépendante. Elle assure avec la personne les actes essentiels de la vie quotidienne.

Les activités exercées correspondent à celles de l'ADVF mais la convention collective de la FEPEM ne mentionne pas le TP ADVF.

- **La garde d'enfants à domicile titulaire du CQP**

Les fonctions de garde d'enfants au domicile des parents correspondent à la garde d'enfants de moins de dix ans et à l'ensemble des tâches nécessaires à leur confort, à leur épanouissement et à leur sécurité, de la même manière que le ferait la titulaire du TP ADVF.

Remarque

L'ADVF a la spécificité d'être une professionnelle qui cumule les fiches de paie.

- L'ADVF travaillant de gré à gré démarre la plupart du temps dans la profession par un emploi à temps partiel (désiré ou non) chez un particulier. Très vite, si elle est mobile et disponible, elle augmente son temps de travail par un ou plusieurs autres contrats à temps partiel. En fin de mois, elle reçoit 1, 2, 3... salaires avec autant de fiches de paie. En gré à gré les ADVF arrivent à obtenir de meilleurs salaires, mais il n'est pas rare qu'un bénéficiaire soit hospitalisé ou décède. C'est alors une perte d'emploi qu'il faut rapidement compenser. Il se peut par ailleurs qu'elles aient des difficultés à se faire payer le dernier mois.
- Le fait de travailler pour une association ne réduit pas forcément le nombre de feuilles de paie, car si l'association gère un service mandataire et un service prestataire, et que l'ADVF travaille dans le cadre des deux services, elle touchera deux salaires au minimum, correspondant à deux fiches de paie.
- Il n'est pas rare qu'une ADVF travaille pour une association et pour un particulier en gré à gré, donc une fiche de paie de la part de l'association et une autre fiche correspondant au CESU. Certaines associations n'apprécient pas que leurs salariés ADVF aient une partie de leur emploi du temps occupé par un particulier en gré à gré.

3 Les procédures liées au démarrage d'un emploi

Lors de l'embauche, quel que soit l'employeur, deux éléments sont importants :

- la déclaration préalable à l'embauche effectuée par l'employeur ;
- le contrat de travail stipulant les conditions de travail.

a. La déclaration à l'embauche

L'employeur la saisit directement avant le début de l'emploi, sur Internet, sur le site de l'URSSAF (Service chargé du recouvrement des charges sociales).

b. Le contrat de travail

- Un contrat de travail existe entre l'employeur et l'employé, dès l'instant où tous deux sont d'accord sur trois points :

– la nature du travail à effectuer ;
– le rapport de subordination employeur et employé ;
– le paiement d'un salaire accepté par les deux parties.

- Le contrat de travail écrit est obligatoire, c'est le document qui permet d'éviter les litiges. Il doit être rédigé par l'employeur en accord avec l'employé, puis signé en deux exemplaires (un pour chacun) avant l'embauche.
- Le contrat de travail ne peut pas être modifié par l'employeur sans l'accord écrit de l'employé. En cas de désaccord, un licenciement doit être envisagé.
- Le contrat de travail peut être un CDI (contrat à durée indéterminée) ou un CDD (contrat à durée déterminée).

Un CDD n'est signé que dans certains cas précis :
– la mission confiée est d'une durée limitée ;
– il s'agit d'un remplacement d'une employée en congé de maternité ou de maladie par exemple.
Actuellement, le Code du travail limite strictement le recours à ce type de contrat, mais les choses peuvent évoluer.

> **Remarque** : le CESU comporte des procédures différentes pour les professionnels qui effectuent très peu d'heures. Ces procédures sont expliquées clairement sur le site www.cesu.urssaf.fr

- Un contrat de travail débute généralement par une période d'essai. Celle-ci est prévue par chaque convention collective. Pour les emplois de type ADVF la période d'essai est de 1 mois.
- Le contrat de travail prévoit également la durée hebdomadaire.

– Le travail est à temps plein (de 35 heures à 40 heures).
– Le travail est à temps partiel.
L'annualisation du temps de travail est un mode d'aménagement du temps de travail permettant d'étendre à l'année civile la période durant laquelle la durée du travail peut varier en fonction des besoins de l'entreprise.
La modulation du temps de travail est un système permettant l'adaptation du temps de travail des salariés aux besoins des entreprises, avec un principe d'alternance des périodes de haute et de basse activité.

Exemple :

Pour un salarié à temps plein, que l'année comprenne des mois de 140 heures ou, au contraire des mois de 160 heures, le salaire est payé sur la base de 151,67 heures de travail mensuelles (correspondant à 35 heures hebdomadaire) et en fin d'année il ne doit pas avoir effectué plus de 151,67 heures de travail en moyenne par mois.
Cette règle s'applique également aux salariés à temps partiel sur tout ou partie de l'année à condition que, sur un an, cette durée n'excède pas, en moyenne, la durée stipulée au contrat de travail

- Le contrat de travail prévoit le congé hebdomadaire.

Un jour de congé hebdomadaire de 24 heures consécutives doit être donné à l'ADVF de préférence le dimanche.
Le métier d'ADVF comme tous les métiers de l'aide aux personnes oblige à travailler le week-end. Les structures employeurs essaient d'accorder à l'ensemble de leurs salariés les mêmes contraintes et avantages et donnent à tour de rôle le congé du dimanche.

- Le contrat de travail prévoit également les horaires de travail. Ces horaires sont la plupart du temps décalés. En général, le matin est plus demandé que l'après-midi.

La fin de soirée est aussi demandée, afin d'accompagner la PA au repas du soir et au coucher. Quelquefois, l'ADVF reste auprès de la PA (enfant ou malade) toute la nuit.
L'astreinte au travail est une période (en général le week-end et les jours fériés) pendant laquelle, sans être sur son lieu de travail, l'ADVF doit pouvoir intervenir si son employeur le lui demande. La période d'astreinte donne lieu à indemnisation.

C. La convention collective

- La convention collective est un texte issu d'une négociation entre syndicats de salariés et organisations patronales. Elle complète et améliore les dispositions du Code du travail et organise des règles particulières au secteur d'activité ou à l'entreprise.

Tout salarié est concerné dès lors qu'il travaille dans une entreprise couverte par l'application d'une convention ou d'un accord collectif.

- La convention collective met en place des avantages qui n'y sont pas prévus, tels que des salaires minimaux, un régime de prévoyance ou des congés supplémentaires.
- Comment trouver sa convention collective ?

La convention collective applicable à l'entreprise est normalement mentionnée sur le bulletin de paie et un avis, affiché sur le lieu de travail, doit comporter l'intitulé de la convention et l'endroit où un exemplaire à jour peut être consulté.
Le salarié peut également s'adresser aux représentants du personnel qui disposent d'un exemplaire de la convention collective.
Les principales conventions collectives sont :
– la BAD (voir page 15) ;
– la convention collective nationale des salariés du particulier employeur ;
– la convention collective nationale « services à la personne » des entreprises privées.

Le problème du travail non déclaré

Le travail non déclaré est depuis toujours un fléau pour les métiers de l'aide à domicile. Ce qui constitue le délit, c'est la dissimulation intentionnelle de tout ou partie d'un emploi salarié (absence de déclaration à l'URSSAF, absence de fiche de paie, mention sur la fiche de paie d'un nombre d'heures de travail inférieur à celui réellement effectué, sauf bien sûr, dans le cadre de l'accord d'annualisation du temps de travail).
Hormis le paiement des impôts, taxes et cotisations soustraits, en cas de constat de travail dissimulé, l'employeur encourt à 3 ans de prison et 45 000 € d'amende.
L'ADVF peut être aveuglée par un gain immédiat supérieur au salaire conventionnel, mais à la réflexion elle prend conscience de l'absence de prise en charge en cas de maladie ou accident du travail, de l'absence d'allocation chômage et de l'absence de points retraite.
L'exonération de charges sociales patronales octroyée par l'État dans le cadre du travail à domicile contribue à lutter efficacement contre le travail « au noir » et à l'évolution des pratiques.

III Le marché de l'emploi

Ce thème a été traité en partie dans l'introduction, nous invitons le lecteur à s'y reporter.
On définit un marché comme la rencontre entre l'offre et la demande.
Pôle emploi est l'organisme officiel chargé de gérer l'offre et la demande de travail. Les offres des employeurs sont recueillies et diffusées auprès des demandeurs d'emploi par l'intermédiaire du site www.pole-emploi.fr.
Concernant les emplois à domicile, les structures employeurs (associations, CCAS, entreprises privées) utilisent les services du Pôle emploi.
Le particulier employeur, lui, préfère souvent passer une petite annonce dans le journal local ou plus souvent encore il mettra une affichette sur le comptoir des commerçants de son quartier. L'offre apparaît aussi sur Internet (site de la FEPEM, par exemple).
L'ADVF avisée utilise tous les moyens dans sa recherche d'emploi : Pôle emploi, demandes d'emploi spontanées, affichettes d'offres dans les commerces de proximité ou dans les cabinets médicaux, etc.
Actuellement, dans quelques bassins d'emplois les pouvoirs publics essaient de mettre en place des groupements d'employeurs pour permettre d'une part de mieux gérer la carrière des salariés (temps de travail en accord avec les vœux, formation continue...) et d'autre part pour répondre à la demande toujours croissante.
Par ailleurs, le gouvernement incite largement les employeurs à utiliser des salariés qualifiés pour aider les personnes en perte d'autonomie par l'intermédiaire de l'APA (allocation personnalisée d'autonomie) qui est versée à toute personne dépendante, dans le but d'embaucher un professionnel salarié, pour pallier son incapacité.

IV Le cadre d'intervention de l'ADVF

Le cadre de vie de la PA

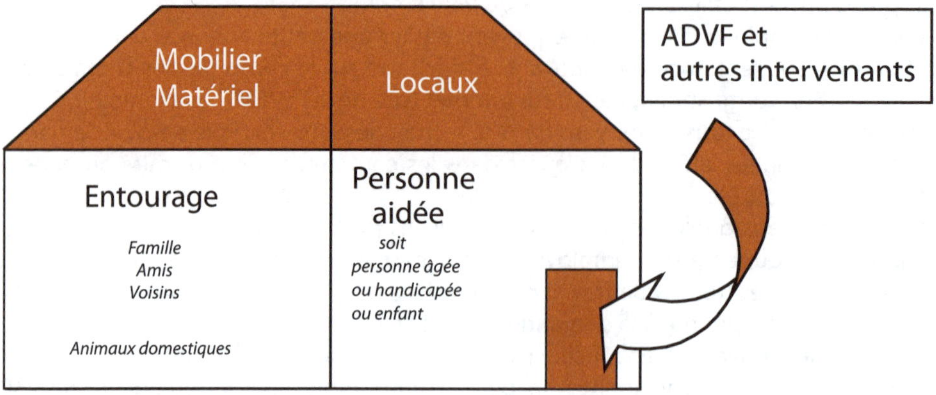

Le cadre de vie de la PA a toujours les caractéristiques suivantes :

- Un aspect matériel : – les locaux
  – le mobilier, le matériel
- Un aspect humain : – la personne à aider
  – les êtres gravitant autour de cette personne

1 L'aspect matériel

L'ADVF intervient dans des lieux très différents avec pourtant certaines similitudes liées au fonctionnel, à l'économie, au confort, à la sécurité.
L'aspect matériel est ressenti par la PA tantôt comme une ressource, tantôt comme un handicap comme le montre les exemples qui suivent.

Exemples :
« Je ne peux plus m'occuper de mon jardin, j'avais de si jolies fleurs, et puis il y a ce grand escalier à descendre et monter. » **ou bien**
« Je suis contente d'avoir ce jardin, où les enfants peuvent jouer et le chien s'ébattre. »
« Être propriétaire c'est génial : on peut arranger la maison comme on veut et on ne paye que ce que l'on consomme. » **ou bien**

« Avec ma chaudière qui vieillit comme moi, on se chauffe mal ! Et la changer, avec ma petite retraite, ce n'est pas simple ! »

Chez la personne âgée, maître des lieux depuis des décennies, le domicile est souvent empreint d'une forte valeur affective : bibelots, photos de famille, armoire de style, chambre qui a vu naître le premier enfant ou s'éteindre le conjoint...

L'ADVF doit se rendre compte de l'impact du domicile sur la personne à aider, qu'elle habite en ville ou à la campagne, en appartement ou en maison individuelle, dans un grand espace ou dans un mouchoir de poche.

2 L'aspect humain

L'approche de la personne aidée fera l'objet d'un paragraphe de l'activité 1.

a. Les êtres gravitant autour de la personne aidée

L'ADVF intervient dans des contextes différents selon la personne à aider. Elle va faire connaissance petit à petit, au fil des rencontres, de l'univers de la PA.

- La famille : combien de parents interviennent, quel est leur lien de parenté avec la PA ? s'agit-il d'une famille monoparentale ? ou recomposée ? y a-t-il plusieurs générations ? cohabitent-ils ? qui vit chez qui ? qui aide qui ?
- Les amis, les voisins : quelles ressources, quels intérêts pour la PA ?
- Les animaux domestiques : un animal domestique est souvent un compagnon fidèle, aussi bien pour l'enfant, pour l'adulte handicapé, surtout s'il est dressé, pour la personne âgée isolée.
- Les tiers, chacun dans son domaine : épicier, coiffeur, facteur, tuteur...

Tout aussi intéressantes et importantes sont les relations qui lient toutes ces personnes entre elles, amour filial ou respect de l'âge par exemple, elles peuvent être stimulantes, conciliantes, sincères, dévouées ou, à l'inverse, autoritaires, trop protectrices, maltraitantes...

L'ADVF intervient dans des contextes différents selon la personne à aider. Elle doit rapidement identifier l'entourage de la PA et le rôle de chacun dans son accompagnement.

b. D'autres professionnels peuvent intervenir

- Le médecin traitant (ou médecin de famille) qui intervient en cas de maladie.
- L'infirmier libéral qui assure des actes infirmiers très divers : pansements, piqûres, sondage, grandes toilettes, suivi thérapeutique...
- L'aide-soignant(e) qui prend en charge les soins d'hygiène et de confort entre autres.
- Le kinésithérapeute qui assure la rééducation fonctionnelle et en particulier la marche.
- Le pédicure qui veillera aux soins des pieds.
- L'orthophoniste qui assure la rééducation du langage.

- L'ergothérapeute qui, en fonction du potentiel de la PA, propose un aménagement de son environnement.

Ces différents professionnels paramédicaux n'agiront au domicile que sur prescription médicale et à titre libéral ou salarié d'une structure (hospitalisation et soins à domicile par exemple).

Le médecin traitant apparaît comme un chef d'orchestre qui, de surcroît, a généralement une relation privilégiée avec la PA.

- D'autres aides à domicile interviennent en complément de l'ADVF habituelle (en cas de congés, formation ou maladie…).

Des prestataires de services sont requis en diverses occasions :

- portage des repas ;
- petit bricolage ;
- télé-alarme ;
- aide à l'informatique ;
- petit jardinage ;
- transport handicapé…

Chaque cas de figure peut voir un aménagement du domicile avec du matériel approprié : lit médicalisé, fauteuil roulant, différentes aides à la marche ou au transfert.

C. Relation entre l'ADVF et les autres intervenants

Exemple de la toilette :

La toilette, acte de la vie quotidienne, est du ressort de l'ADVF au niveau de l'aide et de l'accompagnement. Lorsque la PA devient dépendante, le médecin prescrit une aide à la toilette par un auxiliaire médical, la toilette devient alors un soin, du ressort de l'infirmier(ère) ou de l'aide-soignant(e).

L'ADVF intervient alors, en complément, soit en présence de l'infirmier(ère) ou de l'aide-soignant(e), soit seule à un moment différent si la situation est jugée non dangereuse.

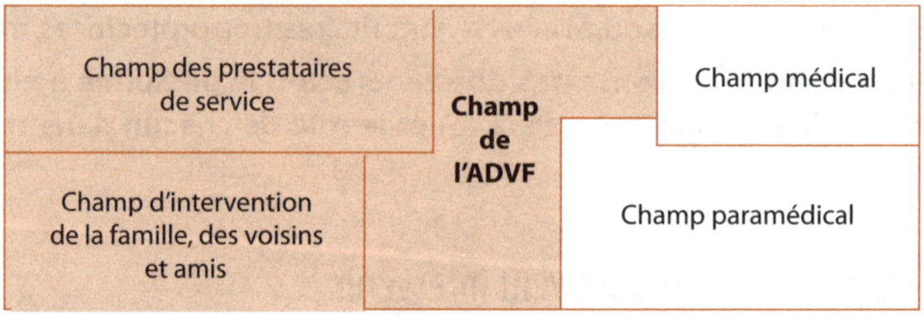

En blanc : le champ d'intervention médicale : l'ADVF n'effectue aucun acte médical. Elle s'adapte au contexte familial en effectuant un accompagnement social.

En orangé : le champ d'intervention social, champ de l'ADVF : ses interventions s'arrêtent là où commencent les interventions des spécialistes ou des proches.

Le CLIC : centre local d'information et de coordination

Il s'agit d'un dispositif d'accueil de proximité pour les retraités, les personnes âgées et leur entourage et aussi pour les professionnels de la gérontologie et du maintien à domicile.

Suivant l'importance du CLIC (en relation avec l'importance de la ville), les missions proposées sont classées en trois niveaux :

- niveau 1 : informer, orienter, faciliter les démarches, fédérer les acteurs locaux ;
- niveau 2 : informer, orienter, faciliter les démarches, fédérer les acteurs locaux, évaluer les besoins, élaborer un plan d'accompagnement ou un plan d'intervention ;
- niveau 3 : informer, orienter, faciliter les démarches, fédérer les acteurs locaux, évaluer les besoins, élaborer un plan d'aide, accompagner, assurer le suivi du plan d'aide en lien avec les intervenants extérieurs, coordonner.

V Les missions de l'ADVF

Les missions de l'ADVF sont des missions d'accompagnement.
L'ADVF accompagne des personnes qui ne peuvent plus faire face à leurs besoins.

Le champ d'intervention de l'ADVF correspond aux fonctions ci-contre

L'ADVF unit ses efforts à ceux de la personne pour la soutenir dans l'accomplissement des actes habituels de la vie quotidienne

- Instaurer et maintenir une communication professionnelle tout au long de l'intervention.
- Réaliser les tâches à accomplir en s'adaptant à l'état de la personne, à son logement tout en respectant ses habitudes.
- Faire face aux situations d'urgence par des actions de premiers secours et en mettant en place les relais nécessaires.
- Rétablir et entretenir la propreté et le confort du cadre de vie.

<u>Si la personne aidée est une personne âgée, malade ou handicapée</u>

- Contribuer à maintenir autant que possible l'autonomie physique, sociale, intellectuelle.
- Aider à l'alimentation : courses, réalisation des repas, aide à la prise des repas.
- Aider à la toilette, à l'habillage et déshabillage.
- Aider aux déplacements à l'intérieur du domicile et à l'extérieur.
- Aider aux démarches administratives.

<u>S'il s'agit de la garde d'un jeune enfant</u>

- Respecter les rythmes de l'enfant suivant son âge et ses besoins propres.
- Contribuer à son éveil par des activités de jeux et de loisirs.
- Prendre en charge ses besoins alimentaires, son hygiène corporelle et ses activités selon son âge et les consignes des parents.

1 Les missions générales de l'ADVF

Instaurer et maintenir la communication professionnelle tout au long de l'intervention	L'ADVF instaure la prise de contact avec la PA et l'entourage. Elle sait se présenter professionnellement, elle rappelle le contenu du contrat d'intervention établi et elle vérifie l'accord entre les partis. Elle écoute et dialogue avec la personne afin d'établir un diagnostic des besoins précis et adapte son intervention. Autant que possible, elle travaille en parallèle avec la famille, elle apporte un soutien complémentaire aux aidants familiaux. Elle rassure la PA. Elle prend contact et maintient un lien avec les autres intervenants à domicile, surtout par l'intermédiaire du cahier de liaison. Elle est souvent amenée à aider l'infirmier.
Réaliser les tâches à accomplir en s'adaptant à l'autonomie de la personne, à son logement et à ses habitudes	Chaque personne, suivant son état et sa situation demande une attention particulière. L'ADVF doit posséder les connaissances essentielles qui lui permettront d'adapter ses prestations au grand âge, au handicap ou à la maladie des personnes dont elle s'occupe.
Faire face aux situations d'urgence par des actions de premiers secours et en mettant en place les relais nécessaires	L'ADVF est formée aux premiers secours de niveau 1. Elle utilise ses compétences pour sécuriser les personnes en danger et fait les démarches nécessaires à l'intervention des secours.
Rétablir et entretenir la propreté et le confort du cadre de vie, entretenir le linge, faire les achats et la préparation des repas selon les habitudes de la maisonnée	En tant que professionnelle, l'ADVF connaît les règles d'hygiène, les procédures et les techniques de nettoyage adaptées au domicile. Elle est capable de préparer des repas simples et équilibrés, elle connaît les principaux régimes alimentaires. Elle travaille en respectant tout à la fois les procédures de la profession et les habitudes de la maisonnée, ce qui est parfois difficile et l'oblige à des négociations. Elle peut intervenir et vérifier la maintenance du matériel et des appareils ménagers. L'ADVF peut aussi gérer les produits courants, réaliser les achats. Elle peut avoir la charge d'arroser les plantes et de nourrir les animaux domestiques.

2 Si la personne aidée est un adulte en perte d'autonomie

Contribuer à maintenir autant que possible l'autonomie physique, sociale, intellectuelle	L'ADVF intervient pour aider et non pour prendre complètement en charge. C'est ainsi que la personne pourra garder le plus possible d'autonomie. L'ADVF stimule et encourage la personne pour qu'elle maintienne le plus longtemps possible ses capacités.
Aider à l'alimentation : courses, réalisation des repas, aide à la prise des repas	L'ADVF participe à l'élaboration des menus, les réalise ou aide à la réalisation. Il en est de même pour les courses. Les repas sont adaptés au régime et aux goûts de la personne. Le travail s'organise en fonction des besoins et des attentes.
Aider à la toilette, à l'habillage et au déshabillage **Aider aux déplacements à l'intérieur du domicile et à l'extérieur.**	Éventuellement, l'ADVF accompagne et aide le personnel soignant dans les actes de soins. Ceci concerne : – les soins d'hygiène, le confort, l'habillage. Elle aide à la toilette si la personne est active, elle travaille avec l'infirmier ou l'aide-soignant si la personne est passive ; – l'aide à la mobilisation, au déplacement et à l'installation des personnes ; – l'aide à l'appareillage.
Aider aux démarches administratives	Elle aide au classement des documents familiaux, elle accompagne la personne dans ses démarches, elle gère le budget alloué pour les achats et rend compte de son action.

3 Quand l'ADVF s'occupe de jeunes enfants

Fonction relationnelle	Elle instaure des liens de communication avec les enfants, leurs parents et les intervenants professionnels de la petite enfance ou autres. Elle veille à assurer les transitions et gérer la séparation enfants/parents. Elle transmet les informations nécessaires aux parents.
Fonction de soin	L'ADVF adapte son intervention à partir des consignes des parents pour assurer le bien-être et le bon développement de l'enfant. Elle accompagne l'enfant vers l'autonomie physique. Elle accomplit les tâches relatives à l'hygiène corporelle, l'alimentation, l'éveil...
Fonction de prévention	L'ADVF surveille l'enfant qui n'a pas conscience des risques qu'il prend. Elle explique de façon claire et adaptée à l'âge de l'enfant, les dangers et les risques de manière à les éviter. Elle connaît les gestes simples de prévention. Elle est formée aux gestes d'urgence et sait que faire en cas d'accident.
Fonction éducative	Elle contribue à l'éveil de l'enfant en fonction de son développement psychomoteur et en respectant son besoin d'autonomie.

VI Les limites et le cadre juridique

Le métier d'ADVF est un métier d'accompagnement, dans le domaine social.
D'une manière générale, l'ADVF prend part, contribue, concourt, soutient… L'ADVF ne fait pas à la place, ne décide pas seule (sauf en cas d'urgence).
Dans son activité habituelle :

- elle doit être capable de reconnaître une situation à risques qu'elle soit physique, psychologique ou sociale ;
- elle doit évaluer les limites de l'aide qu'elle peut apporter ainsi que les limites des capacités de la PA ;
- elle doit prendre les décisions qui engagent sa responsabilité, agir ou appeler de l'aide ;
- elle doit faire appel à bon escient aux structures ou aux personnes en capacité de prendre le relais ;
- elle ne doit en aucun cas se substituer au personnel médical et paramédical.

Exemples :
Dans sa mission d'aide à l'hygiène corporelle, si la personne ne peut pas contribuer à sa toilette, c'est l'infirmier qui prend en charge la toilette, l'ADVF aide l'infirmier.
Dans sa mission d'aide à la mobilité, l'ADVF prend soin de ne pas transférer seule une personne passive.
Quand les difficultés du maintien à domicile deviennent trop importantes, l'ADVF n'a pas le pouvoir de décision mais doit prendre conscience du problème, et même si elle doit perdre son emploi, il est de son devoir d'informer les structures et les personnes dont elle dépend ou qui l'emploient.

1 La notion de responsabilité

Toute activité humaine entraîne une responsabilité morale, civile et pénale.

- **La responsabilité morale**

C'est l'obligation de remplir un devoir, d'assumer un engagement.
Être responsable c'est être prêt à répondre de ses actes et à en assumer les conséquences.

- **La responsabilité civile**

C'est l'obligation pour une personne de réparer, par le versement de dommages et intérêts, le préjudice qu'elle a fait subir à autrui, volontairement ou non.

- **La responsabilité pénale**

C'est l'obligation de supporter le châtiment prévu pour l'infraction commise.

Pour que la responsabilité soit engagée, il faut que trois éléments soient réunis.

- La notion de faute : c'est-à-dire la violation de la loi (en faisant ce qui est interdit ou en ne faisant pas ce qui est demandé).
- Le préjudice subit par un tiers.
- Le lien de cause à effet entre la faute et le préjudice.

2 La faute professionnelle

Si une PA estime qu'il y a eu faute et qu'elle a subi un préjudice, elle peut alerter sa famille, ses référents sociaux (assistant de service social, employeur de l'ADVF) pour un règlement à l'amiable. Elle peut aussi porter plainte. Une enquête est alors ouverte par la police judiciaire.

L'enquête recherche la part de responsabilité de chacun. S'il est établi que l'ADVF est fautive, elle devra répondre de son acte devant le tribunal. À l'issue du procès, soit elle est condamnée soit elle est relaxée.

La faute entraîne des conséquences :

- sur l'emploi : suspension ou interdiction de l'exercice de la profession ;
- sur le casier judiciaire : suivant la gravité, la condamnation peut être consignée sur le casier judiciaire.

3 Les difficultés rencontrées par l'ADVF pour faire respecter ses limites professionnelles

Elles proviennent en partie de la position de l'aidant qui doit faire face à différentes situations :

- l'insistance des PA à demander ce qu'elles considèrent comme un « service » qui peut faire « vaciller » l'ADVF dans sa volonté de respecter les règles professionnelles ;
- l'habitude de résoudre les problèmes de la PA au quotidien peut engendrer une décision trop rapide ou prise à la légère ;
- la banalisation de certains actes peut aussi représenter un piège, comme par exemple le risque d'effectuer un acte qui ne relève pas de sa fonction ;
- la facilité avec laquelle certains professionnels médicaux et paramédicaux « délèguent » des actes qui dépassent les compétences de l'ADVF.

4 Les fautes les plus courantes

a. Le problème de la prise des médicaments

L'ADVF se retrouve parfois mise en difficulté lorsqu'à la demande du bénéficiaire adulte ou à la demande du parent d'enfant, elle doit contribuer à la prise de médicaments. Le cadre légal est clair, le Code de la santé publique définit les conditions de l'exercice illégal de la médecine, en réservant **le droit d'administrer des médicaments aux médecins et aux infirmiers**.
L'ADVF qui **administre un médicament**, même prescrit par un médecin, devra en assumer l'entière responsabilité, si la prise de médicaments entraîne des conséquences graves (allergie par exemple) ou dramatiques. Aucune autorisation, prescription ou décharge, signée des parents, du médecin, de la hiérarchie, ou de qui que ce soit, ne peut exonérer l'ADVF de sa responsabilité. Comme tout le monde, l'ADVF est pénalement, civilement et personnellement responsable de ses actes.
En revanche, on estime qu'**aider à la prise de médicaments** est un acte différent que **l'administration d'un médicament**. Si l'adulte ou l'enfant est capable de prendre son traitement lui-même, l'ADVF qui l'aide à accomplir les actes de la vie courante peut par exemple lui rappeler l'heure, rappeler à la famille que le pilulier doit être à portée de main et tendre un verre d'eau.
Si l'adulte ou l'enfant n'a pas la capacité de le faire seul, seul un infirmier ou un médecin, peut le lui administrer.
Mettre un comprimé dans la bouche ou dans la main, c'est administrer, tandis que donner un verre d'eau c'est aider à la prise.

b. Le secret professionnel, savoir ce qu'il faut taire et ce qu'il faut dire

Selon la déontologie, les professionnels intervenant à domicile sont contraints de taire les informations personnelles concernant leurs bénéficiaires. Il ne s'agit pas seulement des observations qu'ils ont pu faire, mais aussi des déductions qu'ils ont pu tirer de leur observation.
Toute entorse est sanctionnée par le Code pénal.

Il existe cependant des exceptions au secret professionnel :

- Concernant les dénonciations de crimes comme le viol (avec l'accord cependant de la victime si elle est majeure), les agressions sexuelles et les mauvais traitements sur les personnes vulnérables qui sont le public habituel des ADVF : personnes âgées ou handicapées, enfants.
- Lorsqu'il y a une nécessité à transmettre des informations sur un bénéficiaire pour permettre la continuité du travail d'accompagnement.

Dans ces cas de figure il n'y a pas de violation du secret professionnel. Il s'agit de la nécessité du « **secret partagé** » à condition que :
– seules les informations pertinentes soient transmises ;

– l'ADVF s'assure de l'accord de la personne aidée (même si c'est un enfant) ou du moins de son information.
Dans ces conditions, l'ADVF peut échanger des informations mais elle doit veiller à ce que le destinataire de l'information soit lui aussi tenu au secret professionnel (sa responsable, l'infirmier ou le médecin intervenant au domicile de la personne).

c. Le problème de l'argent (monnaie, chèque, carte bancaire confiés à l'ADVF)

La faute commise dans ce cas de figure est l'abus de confiance.
Selon le Code pénal, l'abus de confiance est le fait par une personne de détourner des fonds ou un bien quelconque confiés pour une certaine utilisation.
L'abus de confiance est puni d'emprisonnement (3 ans) et d'une forte amende. Les peines sont portées à sept ans d'emprisonnement et l'amende est doublée lorsque l'abus de confiance est réalisé au préjudice d'une personne dont la particulière vulnérabilité (due à son âge, à une maladie, à une infirmité, etc.) est apparente ou connue de son auteur. Ce qui est le cas pour l'ADVF dans le cadre de son travail.

d. Mise en danger délibérée d'autrui par imprudence ou par négligence

L'ADVF doit savoir que la loi punit le fait de causer une incapacité à autrui, par maladresse, imprudence, inattention ou négligence.

Exemples :

- Une erreur de médicament peut entraîner un « homicide involontaire ».
- Une chute due à un oubli des règles de sécurité peut entraîner une « blessure involontaire ».
- Ne pas juger bon de prévenir de l'aggravation de l'état physique ou mental d'une personne peut entraîner une « non assistance à personne en danger ».

VII La prévention des TMS (troubles musculo-squelettiques)

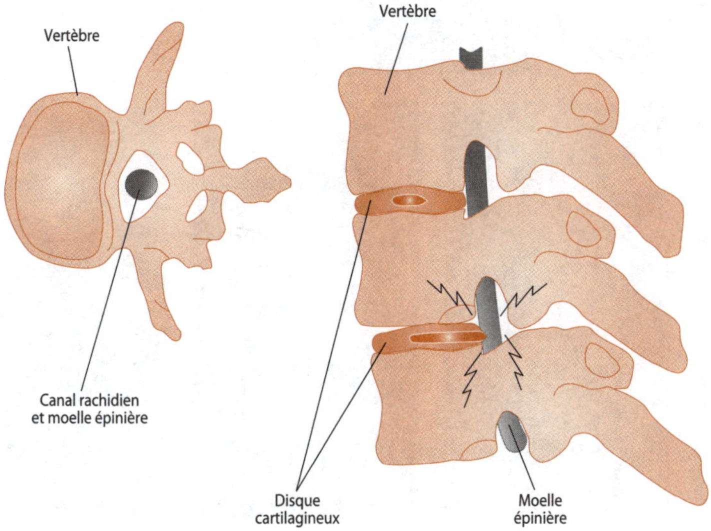

Lorsque le noyau du disque irrite la moelle, il devient difficile, presque impossible, de plier le dos.

1 Soulever un objet pesant

- Se positionner pieds écartés, bien stable, en encadrant la charge ou en se rapprochant le plus possible de celle-ci.
- Effectuer une bascule du bassin en contractant les abdominaux et les fessiers ce qui permet un verrouillage lombaire.
- Compléter la rigidité du rachis par le caisson abdominal : faire une courte inspiration et retenir sa respiration pendant l'effort.
- Utiliser ses membres inférieurs comme ascenseur en fléchissant les jambes.
- Se redresser avec la charge, toujours en gardant le dos droit.
- Suivant la réglementation, ne pas dépasser 25 kg pour une femme et 55 kg pour un homme.

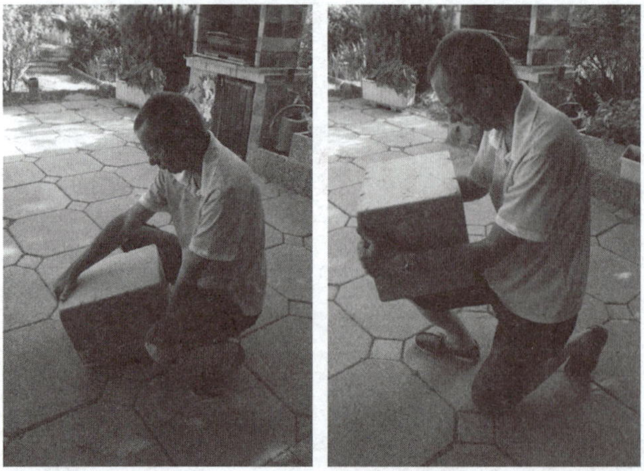

Position de départ pour soulever une charge au sol

Cette position est conseillée pour soulager le dos en répartissant le corps sur les deux jambes.

Se relever en utilisant la force des cuisses et des jambes.

Ou bien, quand c'est possible, saisir la charge légèrement derrière soi, se redresser et par un mouvement de balancier, porter la charge sur ses cuisses comme ci-dessous.

2 Poser ou prendre un objet pesant en hauteur

Chercher ou ranger une charge en hauteur au moyen d'un escabeau (chaise, marchepied) stable.

La charge plaquée contre soi, on assure son équilibre et on monte ou descend prudemment.

③ L'ADVF utilisant son véhicule doit aussi protéger son dos

Pour ranger ou sortir les courses du coffre

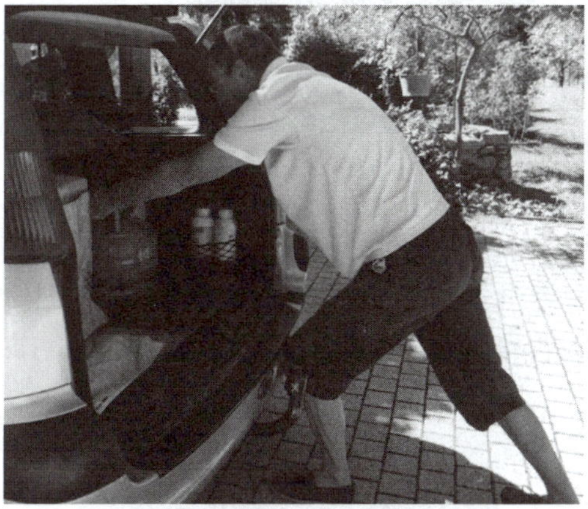

Les jambes en fente frontale avant

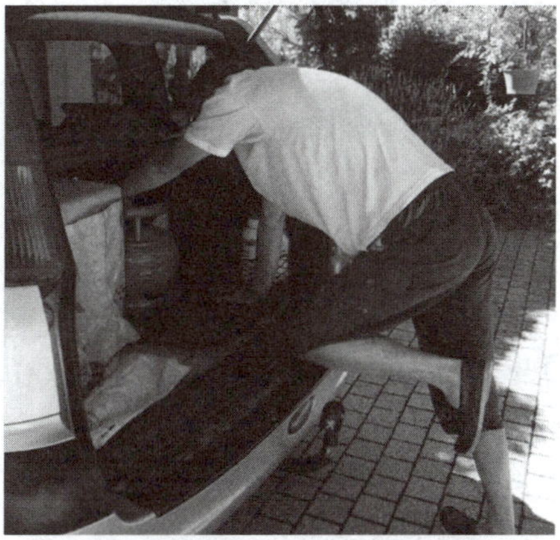

Pour sortir les courses, appui main genou

Fente frontale arrière

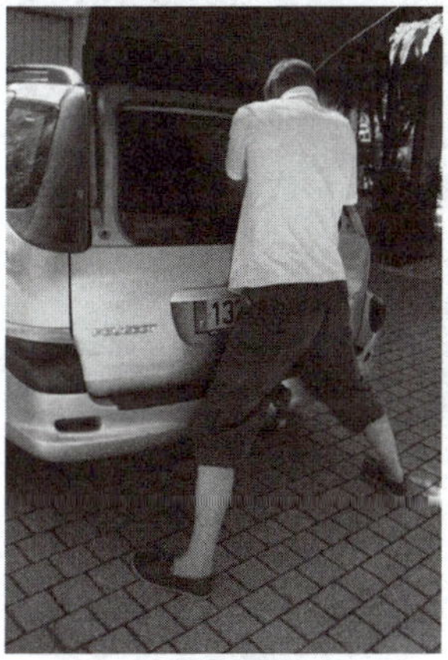

Fente latérale

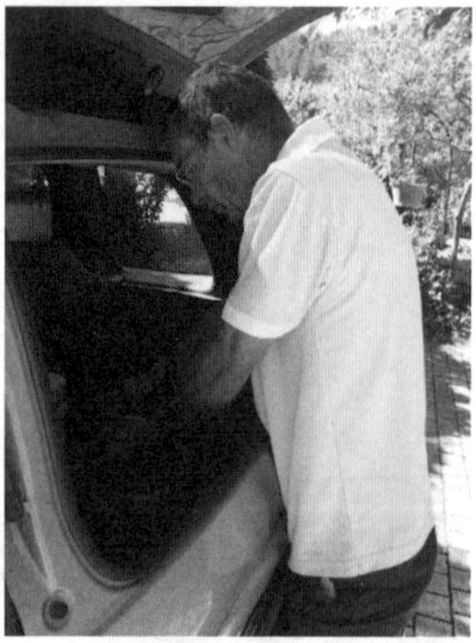

Appui front

Au retour des courses,
pour marcher correctement l'ADVF
cherche à répartir la charge des deux côtés

L'ADVF protège son dos en montant ou descendant de véhicule (ou conseille son passager)

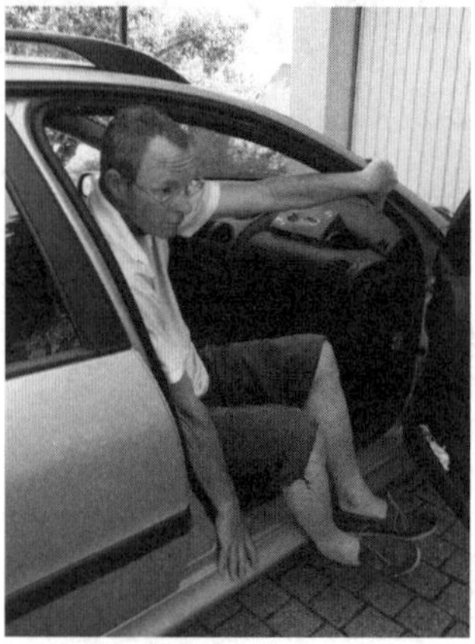

Les deux jambes à la fois
en pivotant le bassin

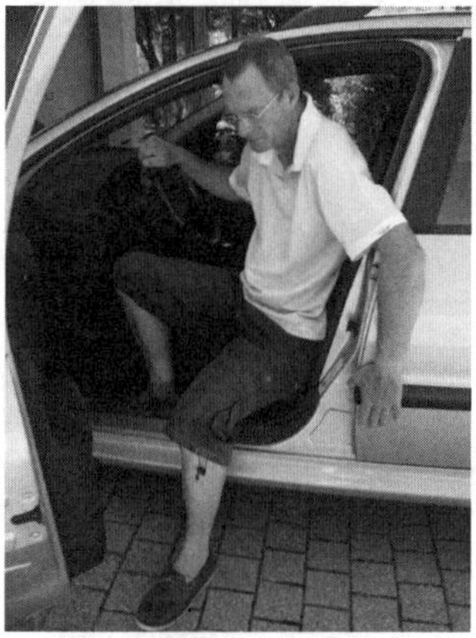

Ou une jambe après
l'autre si possible

VIII Les savoir-être et les savoir-faire fondamentaux nécessaires à l'exercice de la profession

1 Communiquer

La communication correspond à l'ensemble des processus qui vont de l'émission d'un message jusqu'à sa réception. La communication est indissociable de toute relation sociale.
Les spécialistes de la communication ont l'habitude de prévenir leurs élèves.
Il ne restera que 10 % du contenu de tout message. Le reste est délaissé, oublié, transformé... : il est aisé de comprendre à quel point les pertes sont importantes, en imaginant le cheminement du message, depuis l'idée qu'en a l'émetteur, jusqu'à la traduction de ce qu'en aura compris le destinataire.
En effet, il y a ce que l'émetteur pense, puis ce qu'il veut dire, enfin ce qu'il dit.
Puis, a l'arrivée, il y a ce que le destinataire entend, ce qu'il comprend, enfin ce qu'il répète, etc.
Chaque étape est l'occasion d'oublis, de rajouts ou de transformations.

a. Comment améliorer sa communication

- En écoutant attentivement.
- En réalisant que l'autre a une vision différente des choses : « Tu ne vois pas le monde tel qu'il est mais tel que TU es ».
- En s'assurant de la compréhension du message émis et en contrôlant par des questions.

b. L'écoute active

Pratiquer l'écoute active c'est adopter une attitude où celui qui écoute ne cherche pas tant à juger le propos de son interlocuteur, mais bien plus à comprendre globalement celui-ci, c'est-à-dire à lui permettre d'exprimer ce qui lui tient à cœur et lui permettre de s'écouter lui-même.

L'écoute active est fondée sur trois techniques : l'empathie, la reformulation/réverbération, le questionnement ouvert.

L'empathie

Le mot vient de « en » qui veut dire « dedans » et « pathie » qui veut dire « ce qu'on éprouve » C'est la faculté de s'identifier à quelqu'un, de ressentir ce qu'il ressent.

Pour l'ADVF, c'est comprendre le ressenti de la personne aidée, d'exprimer cette compréhension, de manifester son respect et de maintenir une relation authentique (vraie, honnête) entre elle et la personne.

La reformulation/réverbération

Reformuler consiste à redire en résumant ou en paraphrasant, éventuellement en accentuant les propos de l'autre. La reformulation consiste pour l'ADVF à vérifier sa propre compréhension des propos de la personne et à permettre à celle-ci de réaliser ce qu'elle dit. La réverbération consiste à répéter les derniers mots de la personne afin de l'inviter à poursuivre son raisonnement ou son questionnement.

Le questionnement ouvert

Son objectif est d'obtenir de la personne qu'elle s'exprime plus longuement.

Il faut solliciter la personne, par des expressions telles que : « Qu'en pensez-vous ? », « Racontez cela ? » ; « Comment comptez-vous faire ? » ; « Dans quel but ?» ; « Quelle est votre opinion ? ».

c. La chaleur humaine

Écouter de manière active ne s'improvise pas. Il faut faire des efforts pour comprendre la PA quand elle s'exprime, il faut comprendre ce qu'elle ressent, ce qu'elle vit à la place où elle est.

Il faut lui laisser la possibilité d'être pleinement elle-même, tout en restant pleinement soi-même.

C'est ainsi que l'on pourra faire preuve de chaleur humaine, en étant ouvert à l'autre compréhensif, disponible, sans tomber dans l'affectivité, car l'affectivité bloque l'action.

d. Communication verbale, communication non verbale

Le verbal

Dans le processus de communication, le code verbal est essentiel. Ce sont les mots et leur sens. L'intonation de la voix, la façon de dire, modifie aussi considérablement le sens des mots.

Chacun de nous connaît au moins deux manières de dire « merci » pour signifier un sentiment suite à une remarque. Selon le ton, « merci » est un signe de gratitude, mais « merci » sur un autre ton, est un signe de colère rentrée et même de menace. Le même mot revêt donc plusieurs sens selon le « non verbal » qui l'accompagne.

Le non verbal

C'est le fait d'envoyer et de recevoir des messages sans passer par la parole mais au moyen des expressions du visage, des postures, des gestes, des exclamations. Les mimiques, les postures et même le choix vestimentaire, la coiffure, le maquillage, etc., sont tous des éléments du code de communication non verbale.

Le parallélisme des codes verbal et non verbal

Il est illusoire de contrôler la communication non verbale : le non verbal inclut d'infimes variations dans le ton, le regard, les mimiques du visage qui sont inconscientes. En revanche, le non verbal est toujours perçu par le récepteur.
Quand le verbal et le non verbal divergent, l'information subit beaucoup de distorsions. Elle est mal transmise. Il y a donc blocage de la communication.
Pour améliorer la concordance des langages, le meilleur moyen est de rester soi-même et de pouvoir dire exactement ce que l'on ressent. Il faut être en harmonie pour gagner en authenticité.
L'authenticité existe spontanément quand on réfléchit, on pèse alors le pour et le contre et, automatiquement, on améliore son discernement.
Un plus grand discernement nous amène à penser différemment à propos de notre interlocuteur.
Quand le verbal et le non verbal sont en correspondance, l'échange d'informations est beaucoup plus performant. On parle alors de congruence.

Exemples :
Une ADVF parlant de son travail nous dit : « Je suis contente de faire ce métier. »
Cette phrase est congruente car son avis est clair, il reflète sa pensée.
Une autre ADVF nous dit : « Ce métier ne me déplaît pas. »
Cette phrase n'est pas congruente. L'utilisation de deux négations (ne... pas et verbe déplaire) montre qu'en réalité, il est probable que l'ADVF n'apprécie pas vraiment son travail, mais elle ne peut pas ou ne veut pas le dire.
Cette ADVF sera en harmonie avec elle-même lorsqu'elle dira : « Je fais ce métier, mais il a des côtés que je n'apprécie pas. »

2 S'organiser

L'ADVF exerce son métier de façon autonome. En amont de son activité et pour chaque client, il est mis en place un contrat d'intervention qui donne des indications sur la nature des tâches à effectuer lors des interventions. Mais, au quotidien, c'est à elle qu'il appartient de prévoir une organisation adaptée à la situation du moment.
L'organisation du travail de l'ADVF passe par les trois phases suivantes et par quelques mots clés :

a. Les trois phases à respecter

S'adapter à la situation →	Observer la situation Lister les activités à faire en priorité
Respecter l'ordre logique →	Établir son plan d'action Ordonner les tâches à effectuer en fonction de leur nature
Maîtriser le temps →	Pour chaque tâche, prévue, fixer un contenu et une durée

b. Les mots clés

Observer

Observer, c'est regarder attentivement.
Observer les faits et gestes d'une personne atteinte de la maladie d'Alzheimer.
Observer les progrès d'une personne handicapée dans sa rééducation.
Observer l'évolution de la température d'un enfant fiévreux.
Observer la cuisson au four d'un gâteau.
Dans le cadre du travail, l'observation d'une situation ou d'un état doit être complétée par une communication afin d'obtenir des informations et prendre des décisions.
Observer suppose d'avoir l'esprit curieux, d'utiliser ses cinq sens, d'avoir de la rigueur et de posséder les connaissances suffisantes pour déduire ce qui est anormal.
Avec l'expérience on parle même de déformation professionnelle lorsque les habitudes et les réflexes du métier parasitent notre vie courante.

Hiérarchiser

Hiérarchiser, c'est attribuer une certaine valeur aux choses, c'est les comparer dans le but de les classer selon certains critères.

Exemples :

- Un verre en cristal est plus fragile et plus coûteux qu'un verre ordinaire. Je serai plus attentif à sa manipulation.
- Monsieur Glucide est diabétique, il souhaiterait un baba au rhum pour son anniversaire. Je suis respectueux de son régime et j'entreprends de l'en dissuader ou je lui fais plaisir et je passe outre les recommandations ?
- Le bébé pleure au moment où le téléphone sonne. À qui vais-je donner la priorité ?

À travers ces trois exemples, on met en évidence le critère financier, le critère santé et le critère urgence. Il y a bien sûr d'autres critères.
Constamment nous hiérarchisons, c'est-à-dire que nous jugeons, évaluons, faisons des choix selon notre logique, notre éducation, notre humeur...

Ordonnancer

Ordonnancer les tâches à effectuer, c'est décider ce que nous allons faire en premier puis en deuxième, puis en troisième...
Exemple :
L'ordre des tâches dans le ménage d'une chambre :
1. Ranger ce qui traîne : pyjama, robe de chambre, livres...
2. Dépoussiérer les meubles
3. Aérer et profiter pour secouer (si possible) la literie, les descentes de lit
4. Refaire le lit
5. Nettoyer le sol

On peut remettre en cause cet ordonnancement, en décidant d'un dépoussiérage humide (pour éviter de faire voler la poussière) APRÈS la réfection du lit (car refaire le lit occasionne un brassage d'air donc des poussières).

L'ordonnancement des tâches (hormis en cas d'urgence) suppose de faire des choix, de privilégier une attitude plus qu'une autre.
En général, il faut suivre les règles suivantes :
1. Aller du plus simple au plus compliqué
2. Du plus propre au plus sale
3. Du plus rapide au plus long
4. En fonction du désir du moment
5. Et surtout en fonction du temps dont on dispose

3 Maintenir une vigilance

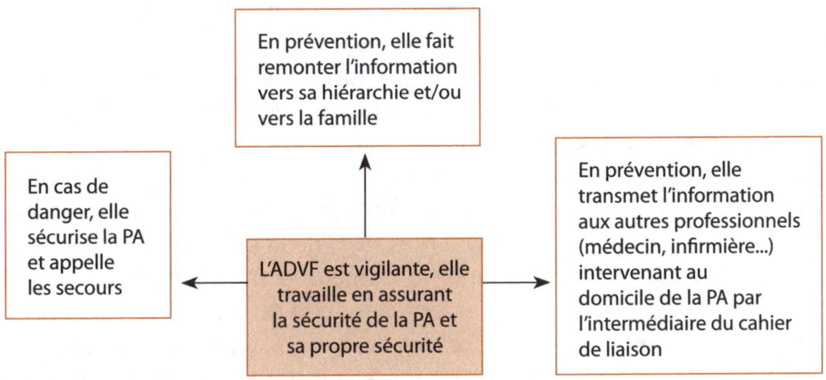

Prévention pour une évacuation urgente
Les personnes âgées ou fragilisées doivent se préparer ou être préparées à une évacuation en urgence.
Dans un premier temps, l'ADVF s'informe de ce qui a été mis en place pour que l'évacuation soit la moins bouleversante possible.
Dans un second temps, elle complète l'organisation avec la PA :
- Noter les numéros d'urgence et mettre la liste à côté du téléphone.
- Faire la liste des personnes à prévenir, avec leur(s) numéro(s) de téléphone et la coller à côté du téléphone ou sur la couverture du cahier de liaison.
- Mettre une copie de l'ordonnance des médicaments, toujours à proximité de la liste des numéros d'urgence.
- Créer une liste des aides indispensables à la PA telles que lunettes, appareil auditif, cannes... Cette liste sera elle aussi placée à proximité des numéros d'urgence.

Il est important que la PA et sa famille soient informées de ce dispositif, ainsi que tous les autres intervenants à son domicile.

4 Prendre en compte la personne aidée

La personne doit être sollicitée et associée en fonction des désirs et des possibilités. Tout d'abord, la personne aidée doit être invitée par le geste et par le verbe. Il faut ensuite vérifier l'adéquation entre les désirs et les possibilités. Enfin, l'ADVF peut donner l'exemple et demander, par la suite, de reproduire ou peut laisser faire et compléter.

5 Garder une bonne forme physique

L'échauffement en début de journée de travail est issu de la culture asiatique. En effet, dans certains pays de l'Asie, il est obligatoire avant de commencer toute la journée de travail en extérieur, afin de préparer le corps au travail.
Cette tradition a parcouru le temps et les âges, et est arrivée, il y a quelques années, en France où quelques entreprises ont testé cette pratique et s'en félicitent aujourd'hui.

Les étirements musculaires et l'assouplissement articulaire :

- aller doucement et lentement, sans forcer ;
- respecter un ordre pour ne rien oublier, du haut vers le bas ou inversement, par exemple débuter par le cou (faire OUI puis NON de la tête, puis des cercles) ensuite passer aux épaules et bras (étirements horizontaux et verticaux puis cercles), tourner les poignets, bouger les doigts (serrer les poings puis écarter les doigts), s'occuper du dos (dos rond, droit, etc.), du bassin (cercle), des cuisses, des jambes et des chevilles… ;
- effectuer plusieurs fois les exercices en travaillant par séries sur chaque articulation (faire un minimum de 3 répétitions par étirement) ;
- souffler pendant l'étirement !

Le métier demande une bonne musculation des jambes, des cuisses, du dos et du ventre. Voici quelques exercices qui, pratiqués régulièrement, vous maintiendront en forme physique.

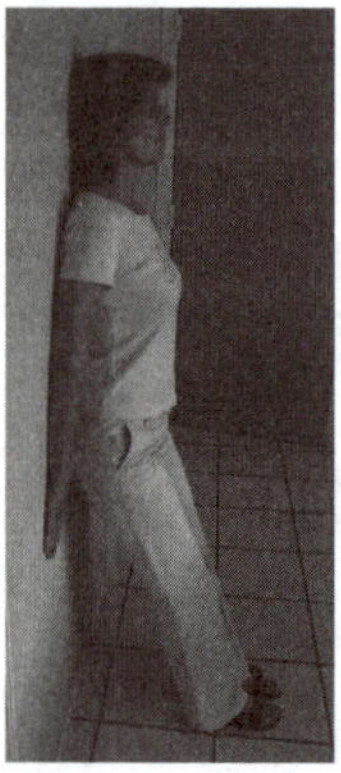

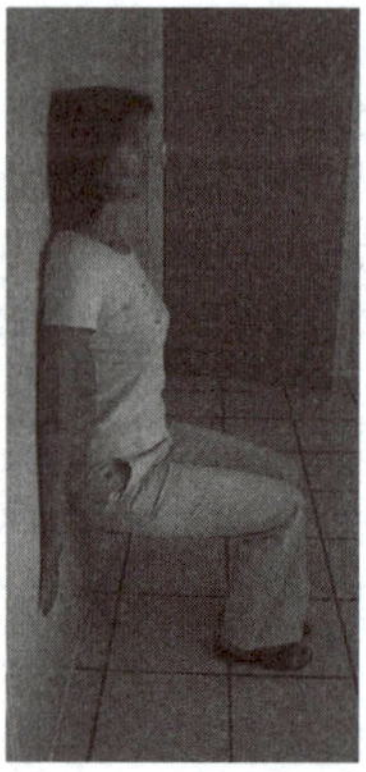

Pour se muscler : position de départ, tête, dos, fesses collés au mur, puis glisser vers le bas jusqu'à former un angle droit avec les jambes, tenir la position le plus longtemps possible.

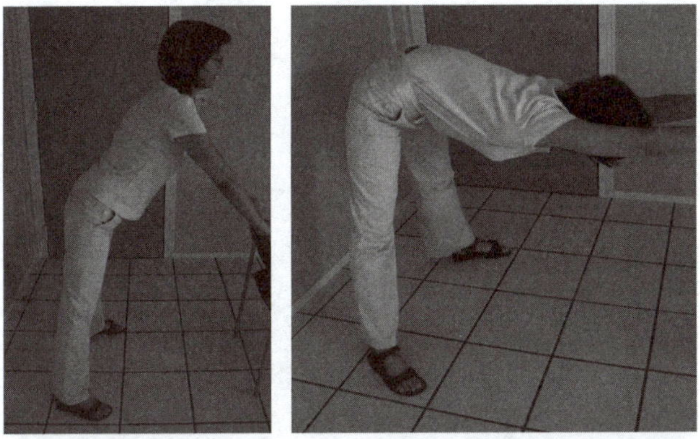

Étirement et musculation : ci-contre, position de départ, puis reculer pieds et fesses, jusqu'à angle droit, bras et dos tendus au maximum.

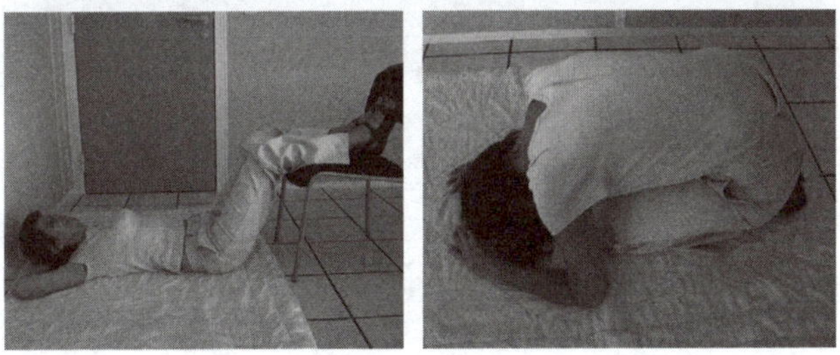

Relaxation : deux positions pour relaxer le dos.

Pour garder une bonne forme physique, tâcher de bien organiser son travail

- Varier les tâches de travail au cours de la journée.
- S'entraider pour réaliser les tâches difficiles.
- Avoir des équipements de travail adaptés et en bon état.
- Disposer de matériels d'aide à la manutention.
- Être formé à l'utilisation des matériels.
- Être sensibilisé aux problèmes liés aux activités physiques.
- S'échauffer physiquement avant de travailler.
- Adopter les bons gestes et les bonnes postures.
- Avoir la possibilité de gérer son rythme de travail.
- Prendre en compte les difficultés rencontrées au cours de l'activité.

Partie 2

Activité 1 : accompagner les personnes dans les actes essentiels du quotidien

Préambule

Comment les personnes en perte d'autonomie réussissent-elles à compenser leur incapacité et à répondre à leurs besoins ?

Regardons vivre nos aïeuls ou les personnes handicapées de notre voisinage !

Nous constatons que ces personnes, qui n'ont jamais eu recours à du personnel, sont très réticentes à l'idée de faire travailler quelqu'un et ne font appel à des aides à domicile qu'en dernier recours, même si elles ont droit à des allocations pour financer les interventions de ces professionnels.

D'une part, elles mettent petit à petit en place une quantité de relais, par l'intermédiaire de la parenté ou du voisinage. En effet, les exemples sont nombreux où la fille intervient pour l'aide aux soins personnels, le fils pour le bricolage de la maison ou le jardin, une nièce pour les courses, une voisine pour un repas, une amie pour un accompagnement chez le médecin, etc. Elles développent ainsi une certaine débrouillardise qui maintient le lien social et leur permet de conduire leur vie sans trop de contraintes. La perte d'autonomie grandit mais il n'y a pas de rupture dans leur manière de vivre, simplement de plus en plus d'interventions de proches... qui eux, se fatiguent à la longue.

D'autre part, toute activité de la vie quotidienne devenant de plus en plus difficile à mener, elles préfèrent restreindre peu à peu leurs besoins, sans toujours se rendre compte de la dégradation de leurs conditions de vie. Par exemple, elles prennent moins de douches par peur d'une chute, elles changent moins leurs draps par manque de force physique, elles achètent moins de produits frais pour leur alimentation car elles se déplacent peu, etc. Ainsi, elles repoussent la décision de faire appel à des services extérieurs.

C'est qu'avant même de solliciter autrui, il faut accepter sa perte d'autonomie, ce qui est loin d'être facile. La perte d'autonomie peut être physique et/ou intellectuelle. En conséquence, elle devient aussi une perte de pouvoir décisionnel, car, si l'intervention de la famille ou des amis semble naturelle aux personnes âgées et/ou handicapées, l'intervention d'une personne inconnue, payée pour son service, met en exergue leur incapacité et leur semble alors contraignante et bouscule leur intimité.

Cette acceptation générale de la perte d'autonomie demeure très problématique pour les personnes âgées et/ou handicapées qui sont tout de même très conscientes de leur situation.

Les professionnels de l'aide à domicile doivent prendre en compte cette problématique, ils doivent faire preuve, en particulier lors des premières interventions, de compréhension et de patience.

I Connaissances générales

1 Le cœur de l'activité

Définition du dictionnaire : « se tenir auprès de quelqu'un pour le seconder dans sa tâche. »

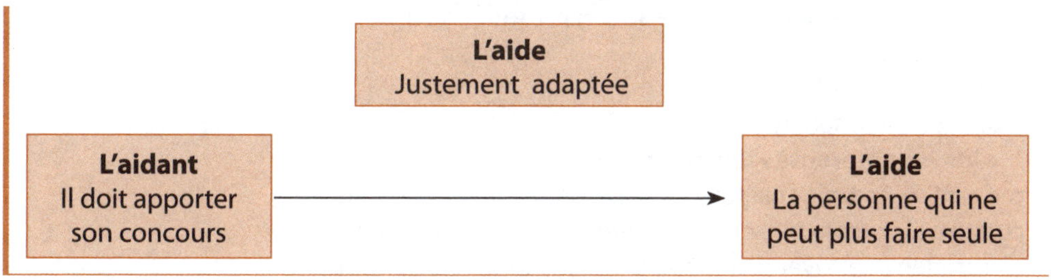

a. Assister : deux parties en relation dans un lieu

L'aidé

La personne peut être un enfant, une personne handicapée, une personne âgée.
Chaque personne est un cas particulier, un être bio-psycho-social.

- **Bio** : c'est la vie, le corps, et se caractérise par l'âge, le sexe et le degré de dépendance (ou d'autonomie).
- **Psycho** : c'est le mental qui englobe la personnalité, le comportement, l'intellect, les habitudes de vie, les croyances et aussi le degré de dépendance (ou d'autonomie).
- **Social** : c'est la collectivité avec ses rapports entre individus, l'environnement familial et professionnel, l'éducation, la culture et aussi ses défaillances (ou ses ressources).

Chaque personne aidée demande à être connue et bien comprise dans sa demande et dans ses besoins : que sait-elle ? que veut-elle ? que peut-elle ?

L'aidant

L'ADVF ou un parent apportent ses quatre formes de savoir.

- **Le savoir** : toutes les connaissances acquises durant la vie, y compris la formation professionnelle.
- **Le savoir-être** : il touche aussi bien l'image qui est proposée aux autres (la tenue, le sourire...) que le comportement, la façon de faire (discrétion, mise en confiance, douceur...).
- **Le savoir-faire** : c'est la connaissance et la maîtrise (théorique et pratique) des techniques gestuelles.
- **Le savoir-devenir** : capacité à évoluer avec son temps et les événements ; continuer à apprendre, à s'adapter.

Dans ses quatre formes de savoir, l'aidant sera en plus influencé par son état d'esprit du moment : est-il bien dans sa peau ? est-il en accord avec l'autre ? est-il d'accord avec la tâche à effectuer ?
Si tout est maîtrisé alors l'aide sera de qualité.

L'aide

Elle peut revêtir différentes formes.

L'aide technique, relationnelle ou mixte

– technique : faire la vaisselle
– relationnelle : remonter le moral
– mixte : conseiller une personne au régime tout en faisant son repas

aide directe ou indirecte

– directe : aider à s'habiller
– indirecte : faire son lit

aide de différentes dimensions

– préventive : protéger la tête du bébé pour éviter l'insolation
– curative : inciter la personne à suivre son traitement pour guérir
– d'entretien : nettoyer le fauteuil d'une personne handicapée
– éducative : renforcer l'apprentissage d'un enfant par un jeu de société
– de réhabilitation : aider une personne à s'adapter, trouver une technique de remplacement
– palliative : aider une personne en fin de vie à vivre ses derniers moments

Par la réflexion l'ADVF combine tous ces éléments pour proposer une réponse ajustée à la demande d'aide.

b. De la théorie à la pratique par le questionnement : la méthode QQCOQP (qui, quoi, comment, où, quand, pourquoi)

Exemple : l'aide à la toilette de monsieur Géronte
L'aidé : **QUI** est monsieur Géronte ?
Un homme âgé ayant besoin d'une tierce personne pour un acte d'hygiène et de confort. Apprécie-t-il la propreté, est-il exigent ? Peut-il contrôler ses mouvements ? Est-il facilement essoufflé, fatigable ?
Que souhaite ce monsieur et quelles sont ses ressources physiques et morales ?
L'aide : **QUOI** ?
La toilette permet à la peau de jouer son rôle protecteur, de respirer, d'éliminer, de ressentir. Quelle action faudra-t-il faire ? et sur quelle partie du corps ? : laver ? rincer ? sécher ?
COMMENT ?
Avec quelle technique et quel matériel ?
Avec une cuvette au lit, sur une chaise devant le lavabo ?
Commencer par le haut, par le bas ?
Dois-je me dépêcher ?
Quelles précautions dois-je prendre ?
OÙ ?
Qu'est-ce qui est le plus pratique pour ce monsieur et pour moi ? Au lit, au lavabo, à la douche ?

QUAND ?
Tout de suite, après le petit-déjeuner, dans la matinée ?
POURQUOI ?
L'aide est-elle ponctuelle ou régulière ? Rentre-t-elle dans un projet de rééducation ?

Et à ce questionnement, L'ADVF ajoutera :
L'aidant : QUI suis-je ?
Une ADVF formée pour l'aide à la toilette.
Une bonne débutante, mais de la volonté, à l'écoute et patiente.

c. Savoir évaluer (les indicateurs de performance de l'aide)

Toute action d'aide doit se terminer par une évaluation. Elle concerne à la fois l'aidant qui réalise une auto-évaluation et l'aidé dont il faut évaluer la satisfaction.

Quelques paramètres utiles à l'évaluation	
Efficacité	• Y a-t-il un changement notable après l'intervention ?
Sécurité	• Ai-je mis la vie ou la santé de la PA en danger (risque de chute par exemple) ? • Ai-je mis ma santé en danger (troubles musculo-squelettiques) ?
Économie de temps	• Sans rien négliger, ai-je fait vite et bien ?
Économie de gestes	• Est-ce que je maîtrise bien les techniques ?
Économie de matériel	• Ai-je évité le gaspillage, respecté le portefeuille du client et respecté l'environnement ?
Qualité de la relation	• Ai-je été à l'écoute, courtoise, positive... ?
Respect de l'intimité	• Ai-je été discrète, ai-je respecté la pudeur de la PA ?

Ces indicateurs peuvent être mesurés de manière plus ou moins détaillée. Ils doivent permettre de limiter la subjectivité de l'évaluation.
Au plus simple, on peut y répondre par : FAIT/PAS FAIT ; OUI/NON ; CORRECT/MOYEN/INSUFFISANT.
Ou apprécier plus finement !

2 Perte d'autonomie et dépendance

Les caractéristiques et outils d'évaluation de la dépendance et de l'autonomie

a. La grille AGGIR

La grille nationale AGGIR (autonomie gérontologie groupes iso-ressources) constitue un outil destiné à évaluer le degré de perte d'autonomie ou de dépendance physique et psychique, des personnes âgées en perte d'autonomie qui demandent une aide financière.

L'évaluation se fait sur la base de dix-sept variables

10 variables dites « discriminantes » se rapportent à la perte d'autonomie physique et psychique et sont utilisées pour le calcul du GIR (groupe iso-ressources, c'est-à-dire l'ensemble des personnes ayant un potentiel similaire).
1 : cohérence
2 : orientation
3 : toilette
4 : habillage
5 : alimentation
6 : élimination
7 : transferts (se lever, se coucher, s'asseoir)
8 : déplacements à l'intérieur
9 : déplacements à l'extérieur
10 : communication à distance.
7 variables dites « illustratives » concernant la perte d'autonomie domestique et sociale. Elles n'entrent pas dans le calcul du GIR mais apportent des informations utiles à l'élaboration du plan d'aide.
1 : gestion personnelle de son budget et de ses biens
2 : cuisine
3 : ménage
4 : transports
5 : achats
6 : suivi du traitement
7 : activités de temps libre

Chaque variable possède trois modalités

A : fait seul, habituellement et correctement les actes quotidiens ;
B : fait partiellement ou non habituellement ou non correctement ;
C : ne fait pas.
Les personnes âgées qui sollicitent de l'aide sont classées dans un des six groupes iso-ressources que compte la grille nationale, en fonction des aides à la personne ou aides techniques commandées par leur situation.

Les 6 niveaux de dépendance de la grille AGGIR

GIR 1 • Le groupe iso-ressources 1 concerne les personnes âgées confinées au lit ou au fauteuil, dont les fonctions mentales sont altérées et qui demandent une aide à domicile indispensable et continue.
GIR 2 • Le groupe iso-ressources 2 comprend les personnes âgées confinées au lit ou au fauteuil, dont les fonctions intellectuelles sont touchées et dont l'état demande une prise en charge pour la plupart des activités de la vie quotidienne.
GIR 3 • Le groupe iso-ressources 3 concerne les personnes âgées ayant conservé leur autonomie mentale, partiellement leur autonomie physique, et qui ont besoin d'une aide quotidienne.

GIR 4 • Le groupe iso-ressources 4 réunit les personnes âgées n'assumant pas seules leurs transferts mais qui se déplacent encore à l'intérieur de leur logement. Elles doivent être aidées régulièrement pour la toilette, l'habillage, les repas, etc.
GIR 5 • Le groupe iso-ressources 5 concerne des personnes âgées ayant besoin d'une aide ponctuelle pour la toilette, les courses, la préparation des repas et le ménage.
GIR 6 • Le groupe iso-ressources 6 réunit les personnes âgées toujours autonomes pour les actes essentiels de la vie courante.

Le plan d'aide à domicile peut être ainsi élaboré, il regroupe l'ensemble des besoins de la personne déterminé à partir de la grille AGGIR.

b. Le principal dispositif d'aide à la dépendance : l'APA

Les aides financières

Très importantes pour le bénéficiaire, les aides sont aussi indispensables pour maintenir l'emploi à domicile de manière déclarée.

> Un emploi chargé (charges sociales salariales et patronales) d'ADVF à temps plein revient à environ 25 000 à 30 000 euros par an. Combien de particuliers peuvent s'offrir ce service ? Régulièrement, les pouvoirs publics menacent de supprimer certaines de ces aides, mais cela représenterait une catastrophe pour la profession d'ADVF !

En fonction de la situation de la personne âgée, des aides financières sont possibles :
- l'allocation personnalisée d'autonomie (APA) ;
- l'aide accordée par les caisses de retraite pour des heures d'aide à domicile ;
- l'exonération de charges sociales dans le cadre de l'emploi à domicile proposé par des particuliers.

Nous ne verrons en détail que la principale aide qui est l'APA.

L'allocation personnalisée d'autonomie (APA) à domicile

L'APA a été conçue dans le but de favoriser le maintien à domicile des personnes âgées. Elle n'est versée que pour les GIR 1, 2, 3 et 4. Les GIR 5 et 6 peuvent bénéficier des allocations de leur caisse de retraite pour obtenir les services d'une aide-ménagère.

Qui est considéré comme « vivant à domicile » ?
(Rappel : voir la partie « Présentation de la profession »)
Les personnes âgées qui résident :
- dans un logement personnel ;
- au foyer d'un membre de leur famille ;
- en hébergement familial ;
- en foyer logement.

Que peut-on financer avec l'APA ?
Des services, professionnels de préférence, ADVF par exemple, qui vont permettre le soutien à domicile d'une personne âgée en perte d'autonomie.

L'APA finance aussi le soutien à la perte d'autonomie d'un résident en maison de retraite, une place en accueil de jour, de l'hébergement temporaire, des aides techniques, des travaux d'adaptation du logement.

Comment faire la demande d'APA ?
Il faut se procurer un dossier qui est délivré par les services du conseil départemental du département de la résidence de la personne :
- soit par l'intermédiaire du CCAS ou CCIAS (centre communal ou intercommunal d'action sociale) de sa mairie ;
- du CLIC (centre local d'information et de coordination en gérontologie) ;
- soit par l'intermédiaire d'un organisme d'aide à domicile (en général les associations aident à la constitution du dossier).

Le dossier doit être rempli puis adressé au président du conseil départemental du département de résidence de la personne âgée.
Un certain nombre de pièces justificatives doivent être jointes :
- copie du livret de famille ou de la carte nationale d'identité ou extrait d'acte de naissance ;
- copie du dernier avis d'imposition ou de non-imposition ;
- copie du dernier relevé de taxe foncière sur les propriétés bâties et non bâties ;
- relevé d'identité bancaire…

Le président du conseil départemental dispose de deux mois à compter du dépôt du dossier pour notifier l'attribution. Passé ce délai, l'APA est considérée comme accordée.

c. Le plan d'aide à domicile

L'aide prévue à cet effet est modulée en fonction du niveau de dépendance et du niveau de revenus de la personne.
Si la personne âgée vit chez elle et qu'elle relève d'une catégorie de 1 à 4 de la grille AGGIR, un plan d'aide lui est proposé qui prend en compte l'ensemble de ses besoins en fonction de son environnement :
- aide à domicile (aide-ménagère et/ou ADVF) ;
- portage de repas ;
- aides techniques pour aménager le logement ;
- frais de transport ;
- liaison de télé-alarme.

La personne âgée peut ensuite choisir d'embaucher directement quelqu'un pour l'aider ou recourir à des organismes (associations, entreprises, CCAS spécialisés).

Les montants de l'APA (chiffres 2015)

Un montant maximum est fixé, au niveau national, pour chaque GIR.
- GIR 1 : 1 312,67 €
- GIR 2 : 1 125,14 €
- GIR 3 : 843,86 €
- GIR 4 : 562,57 €
- GIR 5 et 6 : pas d'allocation

Le montant minimum est de 28,83 €. Le montant de l'APA versé est égal au montant du plan d'aide effectivement utilisé par le bénéficiaire, diminué le cas échéant d'une participation laissée à sa charge. Cette participation varie selon les ressources, sauf si ses revenus sont inférieurs à 710,31 €/mois.

3 Le vieillissement

Dans le monde du vivant, croissance et décroissance se succèdent dans le temps et constituent les étapes successives du programme de développement de chaque organisme.
La vitesse à laquelle se déroule le programme est profondément influencée par toute une série de facteurs endogènes (génétiques) et exogènes (environnement).
De tout temps l'homme a cherché la magie qui lui donnerait l'immortalité. Aujourd'hui, plus raisonnable, l'homme a compris qu'il est inutile de lutter contre la mort qui de toute façon arrivera, mais qu'il est du moins possible de bien vieillir.

Quelques définitions

- **Gérontologie** : ce mot vient de « géronte » qui veut dire vieillard et « logie » qui veut dire science.
  Étude de la vieillesse et du vieillissement sous leurs divers aspects : médical, psychologique, social...
- **Gériatrie** : branche de la médecine qui s'occupe des maladies des personnes âgées.
- **Sénescence :**

1) Vieillissement naturel des tissus et de l'organisme.
2) Baisse des activités, des performances propres à la période de vie qui suit la maturité.

La sénescence est un phénomène naturel et universel qui touche tout être vivant.

- **Sénilité** : détérioration physique et intellectuelle chez certains vieillards.
- **Vieillissement** : ensemble des modifications morphologiques, physiologiques, psychologiques et sociologiques, en raison de l'action du temps.

Le vieillissement ne survient pas fatalement à un moment précis, ni de la même façon chez chaque individu.

Il peut débuter prématurément et aboutir rapidement à une sénilité précoce comme au contraire se produire très lentement, ce qui ouvre la voie à la prévention.
Nous pourrions donc définir le vieillissement comme un processus continu qui ne peut être ramené à une succession d'étapes ou de phases.
À quel moment est-on vieux ? Faut-il tenir compte de l'âge ? Ou plutôt du moment où l'individu ne peut plus s'adapter ?

Le vieillissement porte principalement sur les constituants suivants

Les os	Raréfaction de la trame osseuse Les os se fragilisent, ils deviennent plus souvent sujet aux fractures (le col du fémur, notamment)	**Ostéoporose**
Les articulations	Usure et déshydratation du cartilage Les articulations perdent en amplitude, en mobilité, en souplesse, et deviennent douloureuses	**Arthrose**
Les muscles	Fonte de la masse musculaire Perte de la force et de l'endurance. Les muscles sont moins toniques	**Atrophie**
Le cœur	Baisse du débit cardiaque Diminution de la résistance à l'effort	**Insuffisance cardiaque**
Les vaisseaux	Durcissement des artères qui peut conduire à l'hypertension artérielle (HTA)	**Artériosclérose**
Les poumons	Baisse de la capacité respiratoire qui entraîne une moindre endurance à l'effort	**Insuffisance respiratoire**
Les nerfs	Diminution de la conduction nerveuse avec altération des réflexes	
Les yeux	Troubles de l'accommodation La vision de près est difficile tout comme celle de nuit, de plus la personne âgée est sujette à l'éblouissement	**Presbytie**
L'oreille	Baisse de l'audition Les troubles de l'oreille interne entraînent vertiges et troubles de l'équilibre	**Presbyacousie**

Par ailleurs on constate :

- une baisse du goût ;
- une baisse de l'immunité ;
- une baisse de l'excrétion rénale ;
- une baisse des sucs digestifs ;
- une baisse du péristaltisme (contraction de l'intestin permettant l'avancement des aliments) intestinal ;
- une baisse du métabolisme de base ;
- une baisse de la thermorégulation ;
- sans oublier l'arrêt de la reproduction chez la femme ménopausée.

Plus facilement observable :

- la taille : la personne âgée perd quelques centimètres (tassement vertébral), elle se voute (cyphose) ;
- le poids : au fil des ans la silhouette s'arrondit, s'épaissit pour se stabiliser, voire, plus tard, s'infléchir ;
- la peau se ride, les poils et les cheveux blanchissent et se font plus rares.

En conclusion

Bien que le vieillissement, inévitable et irréversible, fait son œuvre dès la naissance, l'être humain en prendra conscience avec la baisse de ses performances physiques et psychiques lesquelles seront variables d'un individu à l'autre.
De très nombreux facteurs influent sur ce processus, à savoir hérédité, maladie, multiparité, conduite addictive (tabac, alcool, drogue), guerre, famine, épidémie, pollution, stress, etc.
Pour autant, le vieillissement n'est pas seulement un cortège de pertes et de frustrations. Il a des aspects positifs qui sont de véritables trésors tels que maturité, expérience, sagesse.
Même si on a l'âge du plus vieux de ses organes, le respect d'une hygiène de vie avec un mental fort contribueront à ajouter des années à la vie mais aussi de la vie aux années !

4 Charte des droits et des libertés de la personne âgée dépendante

Fondation nationale de gérontologie 1999
Ministère de l'Emploi et de la Solidarité

La vieillesse est une étape pendant laquelle chacun doit pouvoir poursuivre son épanouissement. La plupart des personnes âgées resteront autonomes et lucides jusqu'au dernier moment de leur vie.
L'apparition de la dépendance, quand elle survient, se fait à un âge de plus en plus tardif.
Cette dépendance peut être due à l'altération de fonctions physiques et/ou l'altération de fonctions mentales.
Même dépendantes, les personnes âgées doivent continuer à exercer leurs droits, leurs devoirs et leurs libertés de citoyens.
Elles doivent aussi garder leur place dans la cité, au contact des autres générations, dans le respect de leurs différences.

Cette charte a pour objectif de reconnaître la dignité de la personne âgée devenue dépendante et de préserver ses droits.

Article I - Choix de vie
Toute personne âgée dépendante garde la liberté de choisir son mode de vie.
Elle doit pouvoir profiter de l'autonomie permise par ses capacités physiques et mentales, même au prix d'un certain risque.
Il faut l'informer de ce risque et en prévenir l'entourage. La famille et les intervenants doivent respecter le plus possible son désir profond.

Article II - Domicile et environnement

Le lieu de vie de la personne âgée dépendante, domicile personnel ou établissement, doit être choisi par elle et adapté à ses besoins.

La personne âgée dépendante ou à autonomie réduite réside le plus souvent dans son domicile personnel.

Des aménagements doivent être proposés pour lui permettre de rester chez elle. Lorsque le soutien au domicile atteint ses limites, la personne âgée dépendante peut choisir de vivre dans une institution ou une famille d'accueil qui deviendra son nouveau domicile.

Un handicap mental rend souvent impossible la poursuite de la vie au domicile. Dans ce cas l'indication et le choix du lieu d'accueil doivent être évalués avec la personne et ses proches. Ce choix doit rechercher la solution la mieux adaptée au cas individuel de la personne malade.

Son confort moral et physique, sa qualité de vie, doivent être l'objectif constant, quelle que soit la structure d'accueil.

L'architecture des établissements doit être conçue pour répondre aux besoins de la vie privée. L'espace doit être organisé pour garantir l'accessibilité, l'orientation, les déplacements et garantir les meilleures conditions de sécurité.

Article III - Une vie sociale malgré les handicaps

Toute personne âgée dépendante doit conserver la liberté de communiquer, de se déplacer et de participer à la vie de la société.

Les urbanistes doivent prendre en compte le vieillissement de la population pour l'aménagement de la cité.

Les lieux publics et les transports en commun doivent être aménagés pour être accessibles aux personnes âgées ainsi qu'à tout handicapé, et faciliter leur participation à la vie sociale et culturelle.

La vie quotidienne doit prendre en compte le rythme et les difficultés des personnes âgées dépendantes, que ce soit en institution ou au domicile.

Toute personne âgée doit être informée de façon claire et précise sur ses droits sociaux et sur l'évolution de la législation qui la concerne.

Article IV - Présence et rôle des proches

Le maintien des relations familiales et des réseaux amicaux est indispensable aux personnes âgées dépendantes.

Le rôle des familles, qui entourent de leurs soins leurs parents âgés dépendants à domicile, doit être reconnu. Ces familles doivent être soutenues dans leurs tâches, notamment sur le plan psychologique.

Dans les institutions, la coopération des proches à la qualité de la vie doit être encouragée et facilitée. En cas d'absence ou de défaillance des proches, c'est au personnel et aux bénévoles de les suppléer.

Une personne âgée doit être protégée des actions visant à la séparer d'un tiers avec qui, de façon mutuellement consentie, elle entretient ou souhaite avoir une relation intime.

La vie affective existe toujours, la vie sexuelle se maintient souvent au grand âge, il faut les respecter.

Article V - Patrimoine et revenus

Toute personne âgée dépendante doit pouvoir garder la maîtrise de son patrimoine et de ses revenus disponibles.

Elle doit pouvoir en disposer conformément à ses désirs, sous réserve d'une protection légale, en cas de dépendance psychique.

Il est indispensable que les ressources de la personne âgée soient complétées lorsqu'elles ne lui permettent pas d'assumer le coût des handicaps.

Article VI - Valorisation de l'activité

Toute personne âgée dépendante doit être encouragée à conserver des activités.

Des besoins d'expression et des capacités d'accomplissement persistent, même chez les personnes âgées qui ont un affaiblissement intellectuel sévère.

Développer des centres d'intérêt évite la sensation de dévalorisation et d'inutilité. La participation volontaire à des réalisations diversifiées et valorisantes (familiales mais aussi sociales, économiques, artistiques, culturelles, associatives, ludiques, etc.) doit être favorisée. L'activité ne doit pas être une animation stéréotypée, mais doit permettre l'expression des aspirations de chaque personne âgée.

Une personne âgée mentalement déficiente doit pouvoir participer à des activités adaptées. Les activités infantilisantes ou dévalorisantes sont à exclure.

Article VII - Liberté de conscience et pratique religieuse

Toute personne âgée dépendante doit pouvoir participer aux activités religieuses ou philosophiques de son choix.

Chaque établissement doit disposer d'un local d'accès aisé, pouvant servir de lieu de culte et permettre la visite des représentants des diverses religions.

Les rites et usages religieux s'accomplissent dans le respect mutuel.

Article VIII - Préserver l'autonomie et prévenir

La prévention de la dépendance est une nécessité pour l'individu qui vieillit.

La vieillesse est un état physiologique qui n'appelle pas en soi de médicalisation. La dépendance physique ou psychique résulte d'états pathologiques, dont certains peuvent être prévenus ou traités.

Une démarche médicale préventive se justifie donc, chaque fois que son efficacité est démontrée. Les moyens de prévention doivent faire l'objet d'une information claire et objective du public, en particulier des personnes âgées, et être accessibles à tous.

Article IX - Droits aux soins

Toute personne âgée dépendante doit avoir, comme tout autre, accès aux soins qui lui sont utiles.

Aucune personne âgée ne doit être considérée comme un objet passif de soins, que ce soit au domicile, en institution ou à l'hôpital.

L'accès aux soins doit se faire en temps utile, en fonction du cas personnel de chaque malade et non d'une discrimination par âge.

Les soins comprennent tous les actes médicaux et paramédicaux qui permettent la guérison chaque fois que cet objectif peut être atteint. Ces soins visent aussi à rééduquer les fonctions et à compenser les handicaps. Ils s'appliquent à améliorer la qualité de vie en soulageant la douleur, à maintenir la lucidité et le confort du malade,

en réaménageant espoirs et projets. L'hôpital doit donc disposer des compétences et des moyens d'assurer sa mission de service public auprès des personnes âgées malades.
Les institutions d'accueil doivent disposer des locaux et des compétences nécessaires à la prise en charge des personnes âgées dépendantes, en particulier dépendantes psychiques.
Les délais administratifs abusifs qui retardent l'entrée dans l'institution choisie doivent être abolis.
La tarification des soins doit être déterminée en fonction des besoins de la personne âgée dépendante et non de la nature du service ou de l'établissement qui la prend en charge.

Article X - Qualification des intervenants

Les soins que requiert une personne âgée dépendante doivent être dispensés par des intervenants formés, en nombre suffisant.
Une formation spécifique en gérontologie doit être dispensée à tous ceux qui ont une activité professionnelle qui concerne les personnes âgées.
Cette formation doit être initiale et continue en cours d'emploi, elle concerne en particulier, mais non exclusivement, tous les corps de métier de la santé.
Ces intervenants doivent bénéficier d'une analyse des attitudes, des pratiques et d'un soutien psychologique.

Article XI - Respect de la fin de vie

Soins et assistance doivent être procurés à la personne âgée en fin de vie et à sa famille.
Certes, les affections sévères et les affections mortelles ne doivent pas être confondues : le renoncement thérapeutique chez une personne curable constitue un risque aussi inacceptable que celui d'un acharnement thérapeutique injustifié.
Mais, lorsque la mort approche, la personne âgée doit être entourée de soins et d'attentions adaptés à son état.
Le refus de l'acharnement ne signifie pas un abandon des soins mais doit, au contraire, se traduire par un accompagnement qui veille à combattre efficacement toute douleur physique et à prendre en charge la douleur morale.
La personne âgée doit pouvoir terminer sa vie naturellement et confortablement entourée de ses proches, dans le respect de ses convictions et en tenant compte de ses avis.
Que la mort ait lieu au domicile, à l'hôpital ou en institution, le personnel doit être formé aux aspects techniques et relationnels de l'accompagnement des personnes âgées et de leur famille avant et après le décès.

Article XII - La recherche : une priorité et un devoir

La recherche multidisciplinaire sur le vieillissement et la dépendance est une priorité.
Seule la recherche peut permettre une meilleure connaissance des déficiences et maladies liées à l'âge et faciliter leur prévention.
Une telle recherche implique aussi bien les disciplines biomédicales et de santé publique que les sciences humaines et les sciences économiques.
Le développement d'une recherche gérontologique peut à la fois améliorer la qualité de vie des personnes âgées dépendantes, diminuer leurs souffrances et les coûts de leur prise en charge.

Il y a un devoir de recherche sur le fléau que représentent les dépendances associées au grand âge. Il y a un droit pour tous ceux qui en sont ou seront frappés à bénéficier des progrès de la recherche.

Article XIII - Exercices des droits et protection juridique de la personne

Toute personne en situation de dépendance devrait voir protégés ses biens mais aussi sa personne.

Ceux qui initient ou qui appliquent une mesure de protection ont le devoir d'évaluer ses conséquences affectives et sociales.

L'exercice effectif de la totalité de leurs droits civiques doit être assuré aux personnes âgées, y compris le droit de vote, en l'absence de tutelle.

La sécurité physique et morale contre toutes agressions et maltraitances doit être sauvegardée.

Lors de l'entrée en institution privée ou publique ou d'un placement dans une famille d'accueil, les conditions de résidence doivent être garanties par un contrat explicite, la personne âgée dépendante peut avoir recours au conseil de son choix.

Tout changement de lieu de résidence ou même de chambre doit faire l'objet d'une concertation avec l'intéressé(e).

Lors de la mise en œuvre des protections prévues par le Code civil (sauvegarde de justice, curatelle ou tutelle), il faut considérer avec attention que le besoin de protection n'est pas forcément total ni définitif :

- la personne âgée dépendante protégée doit pouvoir donner son avis chaque fois que cela est nécessaire et possible ;
- la dépendance psychique n'exclut pas que la personne âgée puisse exprimer des orientations de vie et doive toujours être informée des actes effectués en son nom.

Article XIV - L'information, meilleur moyen de lutte contre l'exclusion

L'ensemble de la population doit être informé des difficultés qu'éprouvent les personnes âgées dépendantes.

Cette information doit être la plus large possible. L'ignorance aboutit souvent à une exclusion qui ne prend pas en compte les capacités restantes ni les désirs de la personne.

L'exclusion peut résulter aussi bien d'une surprotection infantilisante que d'un rejet ou d'un refus de la réponse aux besoins.

L'information concerne aussi les actions immédiates possibles. L'éventail des services et institutions capables de répondre aux besoins des personnes âgées dépendantes est trop souvent méconnu, même des professionnels.

Faire toucher du doigt la réalité du problème et sa complexité peut être une puissante action de prévention vis-à-vis de l'exclusion des personnes âgées dépendantes et peut éviter un réflexe démissionnaire de leur part.

Lorsqu'il sera admis par tous que les personnes âgées dépendantes ont droit au respect absolu de leurs libertés d'adulte et de leur dignité d'être humain, cette charte sera appliquée dans son esprit.

5 Le handicap

Handicap : se dit d'une personne atteinte d'une infirmité ou défavorisée de façon quelconque.

Petit Larousse

a. Causes

- **Héréditaire ou génétique** (exemple : l'hémophilie ou la myopathie)
- **Congénitale** : pendant la grossesse ou à l'accouchement (rubéole, toxoplasmose, drogue, alcool, anoxie (manque d'oxygène), infection fœtale...)
  Exemple : malformations diverses, infirmité motrice cérébrale (IMC)...
- **Acquise** : suite à un accident sur la voie publique ou au travail
  Exemple : lésion de la moelle épinière, perte d'un membre...

b. Processus

- **Déficience** : atteinte d'une fonction ou d'un organe (cœur, respiration, muscles, vision, audition, intelligence...)
- **Incapacité** : résultante de la déficience (difficulté à marcher, respirer, communiquer...)
- **Désavantage** : au niveau social, l'incapacité se traduit par une limitation dans le fait d'aller et venir, d'exprimer ses besoins selon les normes

c. Catégories

- **Handicap physique**

– Altérant la motricité, donc le déplacement
– Altérant la mobilité, donc le mouvement

- **Handicap psychique**

– Touchant l'intellect, d'où déficience mentale
– Touchant le comportement, d'où maladie mentale

- **Handicap sensoriel**

– Majoritairement une déficience visuelle ou auditive

Comme on le voit, ce qui caractérise le handicap, c'est son extrême variété.
D'ailleurs la définition qu'en donne le Ministère de la Santé et de la Solidarité, en 2005 est très large : « constitue un handicap, toute limitation d'activité ou restriction de participation à la vie en société, subie dans son environnement par une personne, en raison d'une altération substantielle, durable ou définitive, d'une ou de plusieurs fonctions physiques, sensorielles, mentales, cognitives ou psychique, d'un polyhandicap ou d'un trouble de santé invalidant ».

La loi du handicap du 11/02/2005 (dont est issue la définition) recommande l'intégration des handicapés comme un devoir sociétal afin de rétablir une certaine « **égalité des chances** ».

5 thèmes sont abordés

1) Création de la **maison départementale des personnes handicapées** où une équipe pluridisciplinaire a une mission d'accueil et d'écoute, aide à définir un projet de vie et assure le suivi. Il existe une MDPH dans chaque département, fonctionnant comme un guichet unique pour toutes les démarches liées aux diverses situations de handicap.
2) Droit à compensation : aide sous forme de prestations en nature ou en espèces pour compenser les conséquences d'un handicap.
3) Scolarité : projet personnalisé de scolarisation en milieu ordinaire ou en établissement médico-éducatif.
4) Emploi : facilitation à l'embauche par différentes mesures (aménagement du poste de travail, accompagnement, incitation financière pour l'employeur...).
5) Accessibilité : transports, logement, services publics... dans les trois à dix ans connaîtront un aménagement.

6 Notions de vocabulaire médical

Spécifique au milieu de la santé, le jargon médical d'origine grecque ou latine n'est pas accessible à tout le monde.
Le diagnostic posé par le médecin, des résultats de laboratoire ou de radiologie peuvent laisser perplexes le destinataire.
Le décryptage peut se faire de différentes façons : chaque fois que possible, demander l'éclairage du médecin traitant ou d'un soignant intervenant à domicile. Sinon, mis à part le dictionnaire des termes médicaux, consulter Internet pour avoir la solution.
Voici une liste non exhaustive des principaux termes.

ORIGINE GRECQUE OU LATINE	SIGNIFICATION	EXEMPLE
A-	Absence ou privation	Asthénie : sans force
ARTHRO-	Articulation	Arthrite : articulation inflammatoire
BRADY-	Lent	Bradycardie : cœur battant lentement
CRYO-	Froid	Cryothérapie : traitement par le froid
CYSTO-	Vessie	Cystite : vessie inflammatoire
DYS-	Difficulté	Dysphagie : déglutition difficile
ENDO-	Interne	Endocarde : intérieur du cœur
HEM-	Sang	Hématome, hémorragie
HYPO-	Sous ou faible	Hypodermique : sous la peau Hypotension : tension basse
HYPER-	Excessif	Hyperglobulie Hypertension
HYSTERO-	Utérus	Hystérectomie : ablation de l'utérus
INTER-	Entre	Intercostal : entre les côtes
KINE-	Mouvement	Kinésithérapie : traitement par le mouvement
LEUCO-	Blanc	Leucocyte : globule blanc
MACRO-	Grand	Macrocéphale : grosse tête
MICRO-	Très petit	Micro-organismes : microbes
MYO-	Muscle	Myocarde : muscle cardiaque
NEPHRO-	Rein	Coliques néphrétiques
OTO-	Oreille	Otorhinolaryngologie : ORL (oreilles, nez, larynx)
PHLEBO-	Veine	Phlébite : veine inflammatoire
PHYSIO-	Fonctionnement	Physiologie : étude du fonctionnement
POLY-	Beaucoup	Polyarthrite : plusieurs articulations inflammatoires
PSYCHO-	Mental	Psychose : maladie mentale

ORIGINE GRECQUE OU LATINE	SIGNIFICATION	EXEMPLE
RACHI-	Colonne vertébrale	Rachianesthésie
SCLERO-	Dur	Artériosclérose : paroi artérielle dure
TACHY-	Rapide	Tachycardie : pouls rapide
THROMBO-	Caillot	Thrombose : caillot de sang dans un vaisseau
URO-	Urine	Urographie : radio du système urinaire

Mots se terminant par :

ORIGINE GRECQUE OU LATINE	SIGNIFICATION	EXEMPLE
-ALGIE	Douleur	Névralgie : douleur nerveuse
-CENTESE	Prélèvement du liquide	Amniocentèse : liquide amniotique prélevé
-ECTOMIE	Ablation	Appendicectomie : ôter l'appendice
-EMIE	Relatif au sang	Glycémie : sucre dans le sang
-GRAMME	Enregistrement	ECG : Électrocardiogramme
-ITE	Inflammation	Bronchite, otite...
-LOGIE	Étude	Hématologie : étude du sang
-OTOMIE	Incision	Laparotomie : ouverture de l'abdomen
-PATHE -PATHIE	Malade, maladie de	Myopathe, cardiopathie
-PLEGIE	Paralysie	Hémiplégie
-RRAGIE	Flux excessif	Hémorragie
-RRHEE	Écoulement liquide	Diarrhée, rhinorrhée
-STASE	Arrêt	Hémostase : arrêt d'un saignement
-SCOPIE	Examen visuel	Broncoscopie : visualisation des bronches
-MEGALIE	Augmentation de volume	Hépatosplénomégalie : gros foie et rate

II Compétence 1 : établir une relation professionnelle avec la personne et son entourage

1 Illustration de la compétence 1 : le cas de madame A.

Marie L. est ADVF, elle doit intervenir pour la première fois cet après-midi de 14 h à 16 h chez madame A. qui habite à la sortie du village où elle réside. Marie travaille pour l'association Domisiladoré, sa responsable lui a parlé de la situation de Mme A.
Mme A. a 83 ans, elle a été opérée récemment de la hanche, elle est sortie hier de rééducation. Elle marche aujourd'hui avec une canne et doit être prudente dans ses déplacements.
Mme A. vit avec son époux de 88 ans, qui fait ce qu'il peut pour faire face aux besoins du couple. Mme A. a droit à une aide, mais elle est restée évasive quant à l'utilisation des heures attribuées. Aussi, Marie a prévu de prendre le temps de discuter avec elle, pour définir son emploi du temps.
Marie arrive devant la porte de Mme A. « Nous y voilà », pense-t-elle, et elle arrange rapidement ses vêtements et sa coiffure.
Il est 14 h. Marie sonne chez Mme A. qui lui ouvre sa porte.
« Bonjour, je m'appelle Marie L., je suis assistante de vie, envoyée par l'association Domisiladoré. Vous êtes Mme A. je suppose.
– Vous êtes la femme de ménage ! Entrez ! C'est petit chez moi, je me demande comment on va s'organiser ?
On commence bien, pense Marie, il faudrait quand même que les gens comprennent qu'ADVF est différent de femme de ménage ! Mais elle ne répond pas. La première entrevue est importante, elle va prendre le temps de présenter les choses en expliquant bien son rôle au fur et à mesure de son intervention.
– Mme A., je viendrai tous les jours de 14 h à 16 h, c'est bien ce que vous avez prévu avec ma responsable ?
– Tout à fait !
– Vous disiez que vous aviez besoin d'aide pour votre ménage, je vais me mettre à l'aise si vous le permettez. Où puis-je me changer et me laver les mains ? »
Mme A. lui montre l'entrée, la salle de bains et en profite pour lui faire voir le reste de la maison : cuisine, salon, chambre à coucher.

Puis Marie chausse des souliers plats d'intérieur, attache ses cheveux, met un petit tablier, se lave les mains avant de revenir vers Mme A.
– Mme A. nous allons essayer de voir comment je pourrai vous aider pendant ces 2 h quotidiennes. Nous pourrions même essayer de faire un planning pour la semaine et le noter dans un cahier qui deviendra peu à peu un cahier de liaison, car j'ai remarqué que vous n'en avez pas, n'est-ce-pas ? Mais avant de parler calendrier et cahier, quelles sont les tâches urgentes que nous avons à faire aujourd'hui ? »
Mme A. hésite. Elle est rentrée hier soir et n'a pas eu le temps de réfléchir à son organisation.
– Mme A., avez-vous de quoi faire à manger pour ce soir ? Comment vous organisiez-vous avant votre hospitalisation ?
– Pas de souci, cela fait deux ans que le service communal nous apporte le repas du soir.
– Et pour le matin et le midi ?
– Mon mari s'occupe des courses, moi je vais attendre de retrouver la forme avant de me rendre au supermarché. En revanche, c'est moi qui cuisine pour midi, et je pense pouvoir continuer, je confectionnerai des plats simples. Nous avons de la salade au jardin, mon mari est encore actif à l'extérieur.
– C'est vous qui cuisinez ? Avez-vous pu cuisiner aujourd'hui ?
– Non, c'est ma sœur qui nous a fourni le repas. Elle habite à 1 km environ mais elle est à peine plus valide que moi !
– Je vois que la table est débarrassée. Voulez-vous que je fasse la vaisselle ?
Avec l'accord de Mme A., Marie se met au travail, elle lave rapidement les quelques ustensiles, les range et balaie les miettes tombées au sol. Ce faisant, elle remarque que les étagères les plus basses ne sont pas entretenues, les plus hautes non plus d'ailleurs. Normal se dit-elle, difficile de se baisser ou de monter sur un escabeau lorsqu'on est âgé ou handicapé !
Tout en travaillant, Marie continue de questionner Mme A.
– Et votre mari, vous disiez qu'il est actif à l'extérieur...
– Oui, il n'aime pas rester dedans. Le matin, sitôt debout sitôt au jardin, même s'il ne fait plus grand chose ! Mon souci est qu'à l'intérieur il ne voit pas le désordre, ni la poussière...
– Ne vous inquiétez pas, nous allons nous organiser. Que diriez-vous de nettoyer les étagères du bas qui ont pris la poussière pendant votre absence. Ensuite nous pourrions mettre les ustensiles de cuisine courants dans les étagères du milieu qui vous sont plus accessibles et nous pourrions ranger le matériel peu utilisé sur les étagères du bas ou du haut.
– C'est une bonne idée, ainsi je vais pouvoir continuer à m'occuper de nos repas.
– Allez, au travail. Je sors la vaisselle, dites-moi ce qui vous est utile dans tout cela.
Tout en s'occupant, Marie continue la conversation.
« Vous parliez du matin tout à l'heure, mais il doit être difficile dans votre situation, de vous lever, faire votre toilette et vous habiller ?
– Oh, je vais lentement, je suis prudente, mais j'ai appris à me débrouiller, pendant ma rééducation.
– Je m'occuperai de refaire votre lit et de ranger la chambre, si vous le souhaitez. Nous pouvons prévoir de passer l'aspirateur et la serpillère dans la semaine !
– Oui merci, le lit je ne peux pas, et l'aspirateur encore moins. Je vous expliquerai comment j'ai l'habitude de le faire.

– Entendu. Terminons la cuisine et passons dans la chambre !
Une heure plus tard, le travail est terminé. Au fil de la conversation, Marie a établi un climat de confiance, Mme A. s'est confiée. Marie comprend mieux le fonctionnement du couple, mais il lui reste un point à aborder.
– Voilà, la chambre est propre, nous avons établi notre programme de travail pour la semaine. Mais voyez, il nous reste un peu de temps, que diriez-vous de faire quelques pas dans votre jardin. Il fait si beau dehors.
– C'est une excellente idée, j'aimerais tellement voir mes rosiers, ils m'ont manqué pendant mon hospitalisation. Malheureusement, pour les atteindre il faut monter quelques marches et je ne pourrai jamais !
– Essayons, Mme A., je suis là pour vous aider, j'ai été formée pour cela.
Au moment du départ, Marie aide Mme A. à s'installer devant la télé car son émission favorite va commencer.
Marie évalue son intervention. Le logement est en ordre et les tâches de la semaine sont prévues. Mme A. est satisfaite, elle est en sécurité et sereine. Elle remercie chaleureusement Marie.
– Que ferais-je sans vous ?
– j'exerce mon métier » répond Marie, « À demain ».

2 L'essentiel à retenir

a. Débuter son intervention, c'est...

Mettre en place une relation professionnelle

- L'ADVF définit sa fonction et la précise au regard de la personne aidée.

– Aide à la personne : toilette, habillage, déplacements, courses, repas...
– Entretien du domicile : ménage, rangement...

- L'ADVF établit un climat de confiance, ce qui incite la personne à s'exprimer.
- Le dialogue est présent (écouter, reformuler, rassurer).

La conversation est là pour combler un vide : « Parler de la pluie et du beau temps » pour rompre la solitude par exemple.
Plus intéressante est la conversation qui permet un échange de points de vue sur les activités de la vie quotidienne qui sont l'objet de l'intervention de l'ADVF, toujours dans la perspective dynamique d'apporter la vie de l'extérieur et de connaître les besoins de la personne.

Identifier les caractéristiques de la personne

L'ADVF questionne la personne pour connaître ses besoins.
Aux yeux de la personne aidée, quelles sont les choses importantes à effectuer ? de quelle manière veut-elle qu'elles soient faites ?
Au début d'une relation, les tâches à effectuer sont souvent essentiellement des tâches ménagères. La personne en perte d'autonomie, ne peut plus faire face à l'ensemble des

activités qu'elle menait, elle délègue alors les tâches ménagères et essaie de maintenir le plus longtemps possible son indépendance pour sa toilette et sa mobilité.
C'est à la professionnelle de faire sa place au foyer de la personne.

S'adapter au contexte environnemental de la PA

L'ADVF s'enquiert du fonctionnement au quotidien de la personne.
Peut-elle compter sur quelqu'un dans son entourage ?
Quelles sont les activités qu'elle ne peut plus faire en raison des locaux, du matériel ?
Quels sont les autres professionnels qui interviennent à son domicile ?

Faire preuve de discrétion

Entrer chez autrui c'est déjà toucher à son intimité.
La conversation risque de déborder avec le regret de part et d'autre d'avoir trop parlé.
L'ADVF se doit d'être sympathique tout en gardant ses distances.

Maintenir une vigilance constante

Où sont les numéros de téléphone importants ?
Y a-t-il un cahier de liaison ? Faut-il en créer un ?

b. Développer son intervention, c'est...

Maintenir la relation professionnelle

Au fil des interventions, l'ADVF entretient une relation professionnelle pour travailler en accord avec la personne.
Pour une aide à la personne : toilette, habillage, déplacements...

- Elle explique avant l'action.
- Elle guide l'action par la parole.
- Elle conclut et félicite après l'action.

Effectuer ses activités tout en maintenant une communication authentique

L'ADVF doit apprendre à faire plusieurs choses à la fois : travailler et parler en priorisant la demande du moment.
Elle entreprend les tâches de son intervention tout en effectuant ses tâches ménagères ou d'accompagnement.
Elle communique avec une grande attention.

Rester vigilante

Elle suit l'objectif fixé en respectant les critères d'efficacité, de sécurité, d'économie de temps, de gestes, de matériel...

c. Terminer son intervention, c'est...

Effectuer une évaluation rapide de son travail

- La personne est en sécurité, elle est sereine.
- Les tâches prévues ont été réalisées.
- Un planning a été établi pour les jours suivants.
- Le logement est en ordre.
- Le cahier de liaison a été rempli.

Évaluer avec la PA la prochaine intervention

L'ADVF prend le temps de renseigner la personne sur sa prochaine intervention : Quand revient-elle ? Quelles tâches seront effectuées ?
Elle lui propose de réfléchir aux services qu'elle souhaiterait obtenir en priorité.

Garder une disponibilité pour prendre congé

L'ADVF remplit s'il y a lieu le cahier de liaison. Elle se change, lui dit au revoir et prend congé après s'être lavé les mains.

3 Le contexte professionnel

Les prestations demandées sont très variées. Pour se rendre compte de leur diversité, il est intéressant de consulter les annonces d'offres d'emploi. En voici quelques-unes :
Pour couple de personnes dépendantes dont une « Alzheimer » du lundi au vendredi. Courses, préparation des repas, ménage et linge. On recherche une personne responsable, calme, discrète avec expérience de ce métier – Durée hebdomadaire : 40 h.

Accompagnement d'une personne tétraplégique dans les gestes de la vie quotidienne (toilette, repas...). Vous devrez également emmener les enfants à l'école le matin. Horaires : de 6 h 30 a 13 h. Travail un week-end sur deux. Durée hebdomadaire : 35 h.

Recherche auxiliaire de vie, de préférence homme, pour aider un couple de personnes âgées : aide à la mobilité d'un homme hémiplégique à son domicile et accompagnement en véhicule adapté, à l'hôpital.

URGENT - Recherche pour personne âgée, une auxiliaire de vie, 3 heures par semaine pour douche à donner.

Cherche dame de compagnie dynamique et inventive pour personne âgée avec déficit visuel. 35 h/sem. De 11 à 18 h, pour courses, préparation de repas, sorties culturelles et petit administratif.

Nous recherchons une personne sérieuse, pouvant assurer l'entretien de la maison : ménage, lessive, repassage. Cette personne devra également s'occuper d'une femme de 70 ans, qui est handicapée.

4 Techniques mobilisées

a. L'écoute, la communication verbale et non verbale

La communication est tout un art à ne pas négliger

L'ADVF fait preuve d'une écoute empathique.
L'ADVF assure des échanges verbaux.
L'ADVF assure des échanges non verbaux
La disponibilité à écouter n'est pas innée et la disponibilité à comprendre ne l'est pas davantage. Combien de fois par distraction, lassitude, « nous loupons un épisode » et combien de quiproquos s'installent en raison de parasitages divers et variés ?

Les difficultés de communication

Elles sont souvent dues au fait que :

- nous ne savons pas toujours écouter, ni avec les oreilles, ni avec les yeux ;
- nous avons chacun, individuellement, notre propre système de croyance et nous interprétons les événements à travers lui ;
- nous pensons que tout le monde a le même cadre de référence et de valeurs.

Notre langage est régulièrement imprécis.

Attitudes à adopter en cas de difficultés de communication

- Rappeler les faits tels qu'ils se sont produits.
- Exprimer son sentiment par rapport au problème.
- Suggérer des solutions applicables : Il serait bon de...
- Citer des conséquences positives et questionner : Comment peut-on faire pour… ?
- Faire preuve de patience face à une surdité, une lenteur de compréhension.

b. Le cahier de liaison

C'est un document écrit, assurant une relation régulière entre des individus partageant un même centre d'intérêt (ici la personne aidée).
Il représente une preuve (ce qui est écrit reste) du passage, du travail accompli.
Il finalise la prestation.
Il engage la responsabilité de celui qui écrit.
Présentation du document par la méthode QQCOQP :

Qui ?

- Toute personne qui se sent concernée et qui veut communiquer.
- Par exemple : ADVF →une autre ADVF (pour passer le flambeau)
- ADVF pour elle-même afin de soulager sa mémoire lorsqu'elle a différents clients
- ADVF → la famille, les soignants, pour savoir qui fait quoi ? etc.

Quoi ?

- Action faite ou à faire (lessive étendue, shampoing à acheter...).
- Anomalie vue ou entendue (siphon bouché, essoufflement inhabituel...).
- Question nécessitant réponse.
- Déroulement de la prestation (le bébé a bien tété ; change à 10 h, selles bien moulées ; dormi 2 h).

Comment ?

- Peu importent les fautes d'orthographe ! Le principal est que l'écrit soit lisible et compréhensible.
- Chronologiquement, daté (heure si important) et paraphé (l'auteur s'engage).
- Utiliser des phrases courtes : sujet-verbe-complément ou/et adjectif. Souligner ou encadrer ce qui est important.
- Ne relater que les faits sans interprétation lorsqu'il s'agit d'aide à la personne.
- Utiliser des tableaux pour les actions à mener : les cocher ira plus vite.

Où ?

- Le cahier de liaison dédié aux messages n'a rien d'un brouillon.
- Le cahier est gardé à la même place connue des seuls intervenants.
- Le cahier est rangé (surtout si des informations sont confidentielles et par respect du secret professionnel).

NB : d'autres intervenants tels que SSIAD (Services de soins infirmiers à domicile) et HAD (Hospitalisation à domicile) peuvent avoir leur propre dossier sur lequel figurent l'état de santé et les soins. L'ADVF pourrait, avec autorisation, y noter son aide à la personne.

Quand ?

- À chaque intervention.
- Généralement (avec les mains propres) avant de s'en aller.
- Dès qu'intervient un événement particulier qu'on aurait peur d'oublier de consigner.

Pourquoi ?

- Partager des informations.
- Se donner des repères (planification des actions à venir).

III Compétence 2 : organiser les actes à accomplir avec la personne

1 Illustration de la compétence 2 : le cas de Monsieur B.

Marie, ADVF, travaille le mercredi matin chez monsieur B.
Monsieur B. est âgé de 86 ans, il est atteint de tremblements essentiels. Ce sont des tremblements des mains qui viennent avec l'âge et qui n'ont rien à voir avec la maladie de Parkinson, mais ils handicapent Monsieur B., lorsqu'il se lance dans des activités délicates.
Ce mercredi matin à 8 h 45 Marie est sur le chemin du travail. Elle pense à son intervention. Comme d'habitude, elle commencera par aérer la chambre de Monsieur B. puis refera le lit à fond, elle mettra les draps sales dans la machine à laver avec le linge de Monsieur B. et fera tourner une lessive. Pendant la lessive, elle ira au supermarché avec Monsieur B. afin de faire les achats des repas de midi du jour et du lendemain. Le supermarché est à 5 min de la maison, c'est pratique. En rentrant, suivant ce que Monsieur B. aura choisi pour son repas, suivant la durée de la préparation, soit elle se mettra tout de suite aux fourneaux, soit elle étendra d'abord le linge et cuisinera après.
Marie sonne à la porte de Monsieur B., la réponse tarde à venir. Enfin la porte s'ouvre. Monsieur B. apparaît, son pull et son pantalon tout trempés de café, Monsieur B. sort un mouchoir de poche et s'essuie les yeux : «Ah, Madame, c'est affreux de vieillir ! ».
Marie salue Monsieur B., entre dans la maison et découvre le bol renversé, le café s'est répandu sur la nappe, il a coulé sur la chaise et sur le sol.
Le temps de poser son sac, changer ses chaussures et enfiler un petit tablier a suffi à Marie pour modifier le plan de son intervention.
Elle s'occupera d'abord de Monsieur B. qui a bien besoin qu'on lui remonte le moral, mais il faudra qu'elle récupère ce temps. Impossible de le récupérer sur le temps des courses, car c'est un temps important pour Monsieur B. donc il faudra cuisiner quelque chose de rapide !
Aussitôt pensé aussitôt réalisé !

2 L'essentiel à retenir

a. Se repérer dans le temps et dans l'espace

Savoir se situer pour l'aidant est primordial.

Dans le temps

- Est-ce le jour de la grande lessive ou celui où j'ai promis une promenade ?
- Est-ce que j'ai le temps de faire les courses ou est-ce l'heure de préparer le repas ?
- Est-ce que je suis en avance ou en retard par rapport à ma planification ?

La mise en place d'un calendrier des tâches est nécessaire pour de nombreux clients. Certains employeurs en proposent à leurs salariées, mais si ce n'est pas le cas il est aisé d'en créer un, en faisant toutefois attention de prendre en compte certaines dimensions.

Tenir compte de la fréquence

L'aide à la personne (toilette, habillage) sera journalière et l'entretien de la salle de bains tous les trois jours, par exemple.

Tenir compte de la durée

Faire les courses, préparer le repas, aider à manger, prend beaucoup plus de temps que faire réchauffer et aider à manger un plat déjà cuisiné.

Deux calendriers sont nécessaires.

- Un calendrier hebdomadaire avec les activités en fonction des jours de la semaine et un code qui indique si la tâche a été accomplie « à fond ».
- Un calendrier mensuel pour certaines tâches (lavage des vitres) ou activité (accompagner la personne chez le kinésithérapeute) en fonction des semaines.

Dans l'espace

Chaque domicile étant très différent, l'aidant qui a plusieurs clients doit mémoriser la topographie des lieux pour s'adapter au plus vite.

Au début, un simple plan des lieux sur papier compulsé avant d'entrer peut être utile.

L'ADVF doit repérer rapidement « les pièges » du logement (un coin de table à angle saillant sur le passage, un tapis dont le bout relève, l'eau qui sort brûlante du robinet, etc.) car les accidents sont nombreux dans ce métier.

L'ADVF peut être parasitée ou à l'inverse encouragée par les impressions que le logement lui a laissées.

« C'est petit ou trop grand », « C'est fonctionnel ou pas », « C'est propre ou sale », « C'est chaleureux ou triste ».

Ces impressions peuvent influencer son humeur et sa disposition à aider.

> Se situer en présence de la personne aidée permet, à la personne âgée en particulier, de stimuler sa mémoire : « Aujourd'hui nous sommes lundi, c'est le jour de la lessive et de la promenade. Tous les premiers lundis du mois il y a un grand marché dans la rue, nous pourrions y aller. Rendez-vous compte, nous sommes en 2015, voilà 10 ans que ce marché existe. »

b. S'adapter au rythme variable d'un jour à l'autre de la personne aidée

À cause d'une analyse incomplète de la situation ou d'un imprévu, les plans de l'ADVF doivent être modifiés.

<u>Exemples :</u>

- Au moment de l'aide à la toilette au lavabo :
  « J'ai mal », « Je suis fatigué », « Je glisse », « J'ai envie de faire pipi », « Je me sens mal », etc.
- La personne veut se lever de son fauteuil, mais vous la sentez angoissée ou essoufflée, ou fiévreuse.
- Vous préparez le repas et vous vous apercevez qu'il vous manque un œuf sur les trois que prévoit la recette.
- Vous faites le ménage et, en changeant l'eau du seau, vous êtes victime d'une fuite d'eau.

Ces quelques déconvenues nécessitent un réajustement avec des choix de décisions

- Est-ce grave ou urgent ?
- Peut-on différer l'action en cours ?
- A-t-on une solution de remplacement ?
- Qu'en pense le client ?

Ceci suppose des qualités et compétences de la part de l'ADVF

- Savoir faire preuve de vivacité d'esprit.
- Savoir dédramatiser ou être persuasive.
- Savoir écouter le client.
- Savoir faire le bilan des ressources.

c. Organiser son intervention en fonction du contexte et des désirs de la personne aidée

Que ce soit pour le ménage, l'entretien du linge, le repas ou l'aide directe à la personne, il existe, sinon des grands principes, en tout cas des habitudes qui nous sont propres. C'est la raison pour laquelle nous devons dialoguer et confronter nos pratiques de façon à faire valider notre plan d'action.

Prenons des exemples.

Pour l'entretien de la maison, en règle générale, il faut :

- aller du plus propre au plus sale, du plus simple au plus compliqué ;
- le ménage à fond par définition est plus complet que l'entretien courant ;
- l'entretien des sols se fera après le rangement, le dépoussiérage et commencera à l'opposé de la porte ;
- chaque produit est utilisé selon son action : détergente, désinfectante, détartrante, lustrante.

Et pourtant... il y a ménage et ménage !

- Que signifie pour soi, pour l'autre, ménage à fond ?
- Quel est le taux d'exigence du client ?
- Quelles sont les préférences, voire les manies ?
- Quelles sont les priorités ?

Pour l'entretien du linge : disposant d'un lave-linge, il suffit de suivre les recommandations du produit lessiviel et d'utiliser le programme de lavage adéquat.
Cependant l'utilisateur régulier ferait-il de cette manière ?

- Différencie-t-il les couleurs du blanc ?
- Choisit-il un programme court ou plus complet ?
- Emploie-t-il un assouplissant, de la Javel ?

Pour l'hygiène corporelle, il est conseillé de se brosser les dents au minimum chaque soir au coucher et de changer de sous-vêtements tous les jours.
Malgré cela, ces recommandations ne sont pas toujours suivies et nous laissent perplexes sur notre conduite à tenir, surtout s'agissant d'une personne âgée toujours en bonne santé.

Sur les actes de la vie quotidienne que nous pensons maîtriser, nous devons tout à coup remettre en cause parfois des années d'apprentissage, questionner notre éducation ou faire preuve de persuasion si l'autre se trompe ou fait mal.
De fait, trois situations s'offrent à nous :
– Nous sommes d'accord sur la marche à suivre ; aucun problème.
– Nos points de vue sont divergents mais se valent : **c'est le client qui a raison**.
– Nous sommes en désaccord et le client à tort. Je me pose la question suivante : « Est-ce-que son erreur peut le mettre en danger ou nuire à son environnement ? »
Si c'est le cas, je mets à profit mes connaissances et mon expérience pour informer voire éduquer : « Vous devez comprendre que l'eau de javel ne se mélange à aucun produit, car il y a un risque de dégagement de gaz nocif » ou « Surtout ne prenez pas de sucres rapides en cas de régime diabétique, car cela contrarie votre traitement ».

d. Donner des explications sur son organisation à la personne aidée afin d'obtenir son accord

Quelques phrases pour se mettre d'accord.

- Je vous propose .... Qu'en pensez-vous ?
- Je pense qu'il faudrait .... mais c'est vous qui décidez.
- Que souhaitez-vous que je fasse en premier ?
- Quelles tâches me confiez-vous durant mon heure de présence ?
- Y a-t-il des objets que vous ne souhaitez pas que je touche ?

e. Préparer, exécuter, ranger sont les 3 étapes dans l'organisation d'une tâche

Une bonne préparation permet un bon enchaînement des actions. Elle réalise une économie de temps non négligeable pour l'intervenant et apporte une plus-value à l'ensemble de l'aide.

Exemple :

- Inventorier tous les ingrédients nécessaires pour réaliser un repas.
- Parcourir intégralement une recette de cuisine avant de se lancer dans sa réalisation.
- Lire consciencieusement la notice d'utilisation d'un nouveau produit ménager avant de l'employer.
- Regrouper tout le nécessaire pour le change du bébé sur la table à langer.
- S'assurer de la bonne température de la pièce, de l'eau du robinet avant d'entreprendre une toilette.
- Garantir le respect de la pudeur ou de l'intimité en fermant les rideaux.

Regrouper tout son matériel, anticiper l'action supposent de la part de l'aidant une clairvoyance et une connaissance de la fiche technique ou de la procédure.
La performance viendra avec l'expérience.

f. Suivre les principes qui mènent au développement durable

Mettre en pratique les gestes simples dont l'efficacité est aujourd'hui reconnue par tous :

- utiliser de préférence les transports en commun ou le vélo ;
- réduire sa consommation d'énergie : électricité, eau, chauffage ;
- recycler l'eau, pour arroser les plantes par exemple ;
- pratiquer le tri sélectif des déchets ;
- prendre des douches plutôt que des bains ;
- couper l'eau lors du brossage et rinçage des dents ;
- baisser la température des pièces de la maison de 20° à 18 °C ;
- pour les achats de tous les jours : préférer les achats en vrac plutôt qu'emballés ;
- vérifier les normes AAA sur le matériel électrique ;
- retourner les matériels hors d'usage chez les fabricants ;
- acheter moins de produits en matière plastique ;
- préférer les produits naturels ou faits maison ;
- acheter des produits locaux pour éviter les transports polluants ;
- etc.

IV Compétence 3 : prévenir les risques, faire face aux situations d'urgence et/ou mettre en place un relais

La situation d'urgence peut se définir comme un cas où la santé, la vie sont en danger. Elle résulte d'accidents de santé, de la vie courante ou domestiques.
Elle nécessite d'agir vite et bien par des gestes appropriés.
Souvent elle suppose l'intervention d'un personnel qualifié disposant d'un matériel adéquat afin d'assurer les premiers secours et le transfert dans un centre de soins : il est requis pour enrayer l'aggravation.

1 Une règle d'or : protéger, alerter, secourir

Les numéros de téléphone d'urgence (à mémoriser) permettent un appel gratuit. Ils sont accessibles 24 h sur 24 à partir d'un mobile ou d'un fixe. Ces numéros sont en contact les uns avec les autres.
Avec notre téléphone portable, nous pouvons, avec ou sans carte SIM, joindre en permanence un numéro d'urgence.
Ces téléphones sont autant de chances de sauver des vies en raccourcissant les délais d'alerte.
Ne pensez pas que d'autres ont déjà prévenu les secours, seule la présence d'un véhicule de secours sur les lieux nous dispense de donner l'alerte.

Le 15 : le centre 15 ou SAMU (service d'aide médicale urgente) est compétent en cas d'urgence médicale.
Le 18 : les Pompiers interviennent dans tous les cas de figure : urgence médicale, risque d'explosion, incendie, accident de la route.
Le 112 : c'est un numéro européen. Quel que soit le pays d'appel, la conversation se fera dans votre langue.
Le 17 : police/gendarmerie : en cas de problème avec un tiers ou pour joindre un médecin de garde.
Le 119 : Enfance maltraitée
Le numéro du centre antipoison le plus proche (voir tableau ci-après)

Le centre antipoison

Les centres antipoison sont des centres d'information sur les risques toxiques de tous les produits existants, médicamenteux, industriels et naturels.

Ils ont un rôle d'information auprès des professionnels de santé et du public et apportent une aide par téléphone au diagnostic, à la prise en charge et au traitement des intoxications (appel payant).

Centres antipoison	
ANGERS	02 41 48 21 21
BORDEAUX	05 56 96 40 80
LILLE	0 800 59 59 59
LYON	04 72 11 69 11
MARSEILLE	04 91 75 25 25
NANCY	03 83 22 50 50
PARIS	01 40 05 48 48
RENNES	02 99 59 22 22
STRASBOURG	03 88 37 37 37
TOULOUSE	05 61 77 74 47

Si le pronostic ne vous semble pas vital, contacter le médecin traitant qui est un très bon relai.

Renseignements à fournir lors de l'appel :

- adresse exacte et numéro de téléphone de l'appelant ;
- lésions, cause, âge et antécédents de la victime ;
- attendre l'autorisation de raccrocher.

Ne raccrochez jamais avant votre interlocuteur.

Restez sur place pour guider les secours.

2 Qui sont les victimes d'accidents domestiques ? et pourquoi ?

Les victimes se comptent parmi tous les âges de la vie, et en particulier le public dont s'occupe l'ADVF, car il s'agit d'une population à risques.

- **Le petit enfant** est particulièrement exposé : l'apprentissage de la vie dans un environnement mal maîtrisé, son esprit curieux d'explorateur échappant à la vigilance parentale, l'imitation de l'adulte... lui font prendre des risques non mesurés (lire aussi la partie consacrée à la compétence 8).
- **L'adulte handicapé**, qui par la nature même de son handicap est en difficulté dans un environnement qui lui est hostile. Ses efforts d'adaptation ne sont pas toujours récompensés.

- **La personne âgée**

  a) D'une part le vieillissement avec son cortège de pertes des réflexes, de force, d'équilibre, de vision... n'entraîne pas toujours, chez la personne âgée, une prise de conscience des risques, surtout dans des activités simples, automatiques, de la vie de tous les jours.

  b) D'un autre côté, l'isolement obligeant à agir seule, la personne âgée peut refuser d'accepter ses déficiences et, coûte que coûte, continuer d'agir comme avant.

  c) Enfin, à surveiller comme le lait sur le feu, la personne âgée ayant une atteinte de ses facultés intellectuelles (Alzheimer par exemple).

  Ce public, de par son comportement ou son état de santé, se met en situation d'insécurité quasi-permanente nécessitant l'aide de l'ADVF.

3 Quelles sont les situations d'urgence ?

- **Les chutes**, représentent 45 % des situations d'urgence à elles seules.
- **Coupure, choc traumatique** (coup par exemple)**, brûlure** représentent 50 % des situations d'urgence.
- **Piqûres, morsures, intoxications, électrocution, étouffement et noyades** pour le restant, soit 5 %.

Ces situations d'urgence peuvent être la conséquence de déambulations, jardinage, bricolage, utilisation d'eau, gaz, électricité, médicaments et produits plus ou moins toxiques.

Elles peuvent aussi être la conséquence de notre hygiène de vie et de notre état de santé.

a. Quand l'accident arrive-t-il ?

- Le plus souvent par un défaut de jugement : les risques sont négligés ou méconnus ; les capacités sont surestimées.
- Mais aussi lorsque notre attention est diminuée : la fatigue, le stress, l'énervement, l'impatience.
- Enfin en fonction du contexte : exigüité de l'espace, vétusté du matériel, mauvais éclairage, etc.

b. Où l'accident arrive-t-il ?

- **À l'intérieur du domicile**

Tous les lieux d'activité d'une maison : cuisine, salle de bains, escaliers, table à langer... peuvent être très dangereux, alors que le domicile renvoie l'image de confort et sécurité.

- **À l'extérieur du domicile** (dans son jardin, chez son voisin...)

Malaise, chute, traumatisme, morsure... La plupart des risques observés à domicile le seront aussi à l'extérieur. Pour une personne vulnérable, le danger est partout.

- **En ville**

Ce qui fait la différence, en ville, c'est que l'entraide peut faire intervenir un 2e sauveteur ou la police, facilitant ainsi la protection, l'alerte, le secours en parallèle.
Il s'agit d'éviter le sur accident sur la voie publique, de se protéger de la circulation et des badauds (l'attroupement intempestif des badauds peut gêner la manœuvre. Ne pas hésiter à réclamer un périmètre libre où interviennent seuls les sauveteurs).
Essayer de s'abriter des intempéries.

C. Quelles sont les sources de l'accident ?

Du fait de la personne

Avant de sortir, s'assurer de l'état de santé de la PA et de la bonne prise des médicaments. Un diabétique devrait toujours avoir du sucre sur lui. Un cardiaque ne doit pas non plus oublier la « trinitrine » si nécessaire.
Penser à placer à proximité de la PA ses aides techniques : canne, lunettes, prothèse auditive..., pour faciliter la déambulation et la perception.
Surveiller de très près les enfants, les déficients mentaux qui peuvent vous échapper : faire preuve de douceur ou d'autorité pour se faire obéir. À l'extérieur, les munir d'une pièce d'identité ou de coordonnées téléphoniques ou de l'adresse !

Du fait de l'environnement

À l'extérieur, le mauvais temps, pluie ou verglas, est responsable de chutes.
En hiver, bien chaussé, il faut sortir aux heures les plus chaudes de la journée.
En période de canicule, pour prévenir insolation et déshydratation, il faut éviter de sortir pendant les heures les plus chaudes, se couvrir la tête, boire, rechercher l'ombre.
Se méfier des phobies en lieux exigus (ascenseur) trop sombres, trop bruyants (fête foraine), etc.
Se méfier des agressions visuelles (lumières vives chez l'épileptique).
Se méfier des agressions psychologiques ou verbales (altercation avec un passant en état d'ébriété, par exemple).
Se méfier des zones mal éclairées et sans contraste pour les malvoyants.
Se méfier des bacs à sable, de la plage, où l'on peut être blessé par des débris de verre, des aiguilles de seringues...

4 Pourquoi et comment intervenir ?

Si le « pourquoi intervenir » est une évidence, il faut néanmoins insister sur le rôle de l'ADVF et sa responsabilité.
La non-assistance à personne en danger est l'engagement de la responsabilité pénale d'une personne qui n'interviendrait pas face à une personne courant un danger.
L'engagement a lieu si :

- la personne a connaissance du danger ;
- elle est en mesure d'agir ;
- l'action ne présente pas de danger pour la personne ni pour un tiers.

L'article 223-6 du Code pénal français condamne l'abstention volontaire de porter assistance à une personne en péril.
Quiconque pouvant empêcher par son action immédiate, sans risque pour lui ou pour les tiers, soit un crime, soit un délit contre l'intégrité corporelle de la personne s'abstient volontairement de le faire est puni de cinq ans d'emprisonnement et de 75 000 euros d'amende.
Sera puni des mêmes peines quiconque s'abstient volontairement de porter à une personne en péril l'assistance que, sans risque pour lui ou pour les tiers, il pouvait lui prêter soit par son action personnelle, soit en provoquant un secours.

Premier témoin de l'accident, elle aura à juger rapidement de la gravité de la situation, agir seule et/ou appeler du secours. Elle n'aura que quelques minutes pour sauver quelqu'un.

Avertissement : les pages qui suivent ne vous permettront d'adopter un comportement utile pour les victimes que si vous avez suivi au préalable une formation aux premiers secours de type : Prévention et Secours Civiques niveau 1 (PSC1) ou Certificat de prévention secours intervenant à domicile (CPS).
Vous pouvez vous renseigner ou consulter les sites de l'INRS, de la Croix-Rouge ou de la fédération de protection civile ou des sapeurs pompiers de votre ville qui sauront vous orienter vers les organismes les plus proches de votre domicile.
Cette formation est utile, efficace et indispensable à l'ADVF. En effet, 15 % des personnes formées pratiquent au moins un geste de secours dans l'année qui suit l'enseignement. De surcroît, si une personne est capable d'effectuer une réanimation cardio-ventilatoire (massage cardiaque + bouche à bouche), elle permet à la victime d'être « sauvable » à l'arrivée des secours. Dans le cas de l'urgence cardiaque, l'intervention dans les trois premières minutes est vitale.

Étudions « comment intervenir ? » dans différentes situations et « comment assurer une prévention primaire ».

- État de choc.
- Chutes, malaises (traumatisme crânien, fracture, plaie simple, séquelles psychologiques et psychomotrices).
- Blessures graves (coupure, choc traumatique, brûlure).
- Piqûres, morsures, intoxications, électrocutions, étouffements, noyades.
- Conduites addictives, maltraitance.
- Déshydratation.
- SIDA.

a. L'état de choc

Dans les secondes ou minutes qui suivent l'accident, la personne blessée peut présenter un visage pâle, transpirer, avoir froid, respirer faiblement et avoir un pouls discret et rapide : on dit qu'elle est choquée ou en état de choc.

Dans la crainte d'un évanouissement, l'ADVF doit allonger la victime, jambes surélevées, habits desserrés, la réchauffer avec une couverture et la rassurer en attendant les secours. Ne rien donner à boire, ni à manger, car la personne peut être prise de nausée ou de vomissement ou avoir ultérieurement besoin d'une anesthésie en vue d'une intervention.

Si l'état de choc évolue vers l'évanouissement

La personne ne répond plus et ne serre pas votre main. Il faut vérifier la respiration. En approchant son visage de celui de la victime, l'ADVF sent son souffle et voit le thorax bouger.

Il faut alors mettre la victime en PLS (position latérale de sécurité), c'est-à-dire sur le côté, un bras et une jambe repliés, tête en arrière, bouche ouverte dirigée vers le sol. Cela lui évitera d'inhaler ses vomissements ou d'« avaler » sa langue au risque de s'étouffer. Contrôler toutes les minutes sa respiration.

La PLS (position latérale de sécurité)

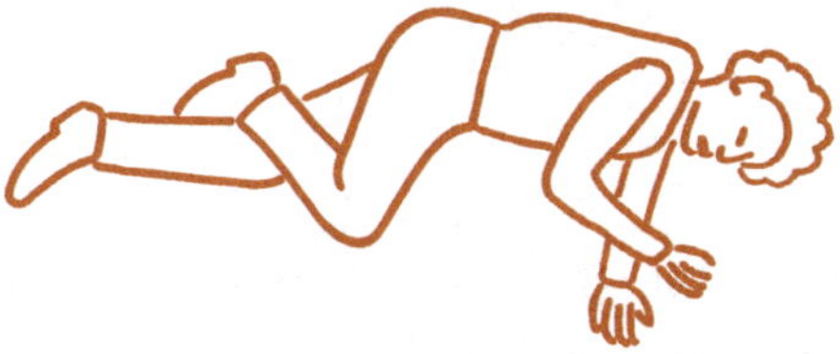

L'état de choc peut se compliquer d'un arrêt cardio-respiratoire

La victime est évanouie (perte de connaissance ; perte de conscience) et ne respire plus. L'ADVF vérifie le pouls carotidien en déprimant la gorge au moyen de ses doigts. Non perçu, elle est face à un arrêt cardio-respiratoire : il y a urgence absolue !

L'ADVF doit pratiquer immédiatement les gestes qui sauvent.

La victime est mise sur le dos, lui basculer la tête en arrière pour libérer les voies aériennes supérieures après avoir constaté que la bouche est libre.

Sinon, effectuer une désobstruction au doigt, crocheté et entouré d'un tissu fin.

Commencer le massage cardiaque suivi du bouche à bouche en alternant 30 compressions au milieu de la poitrine et 2 insufflations courtes.

Massage cardiaque

– Chez l'adulte : bras tendus, une main sur l'autre, doigts relevés, appuyer avec le talon de la main sur 4 ou 5 cm de profondeur sans relâcher l'appui. Attention de ne pas appuyer sur les côtes au risque de les fracturer.

– Chez l'enfant : même pratique avec une seule main sur la poitrine et une dépression de 3 à 4 cm.

Contrôler le retour du pouls toutes les 2 à 3 minutes. Stopper le massage quand il est à nouveau perçu.

Bouche à bouche

– Chez l'adulte : penser à pincer le nez et tirer le menton en avant. Les insufflations sont d'une seconde chacune.

– Chez l'enfant : selon son âge, on peut englober le nez.

Le bouche à bouche chez l'adulte

b. Chutes et malaises (entraînant traumatisme crânien, fracture, plaie simple, séquelles psychologiques et psychomotrices)

Les chutes

Définition : le fait de tomber (le plus souvent, de sa hauteur).

Causes : elles sont le plus souvent liées à l'état de santé (malaise cardio-vasculaire, neurologique, médicamenteux...) ou à l'environnement (sol, éclairage, encombrement...).

Conséquences : traumatisme (état général particulier résultant d'une fracture, d'une plaie, d'un saignement...), séquelles psychologiques et psychomotrices.

Rôle de l'ADVF : elle doit vérifier l'état de conscience, faire exprimer la douleur, constater les plaies et la gêne entraînées par la chute. Elle vérifie la capacité qu'a la victime de se mouvoir.

Si l'ADVF pense que la victime a subi :

Un traumatisme crânien

Si, malgré la douleur, le sujet est conscient et cohérent ; il peut se relever seul ou avec une aide.

L'ADVF doit surveiller :

- qu'il reste conscient, cohérent et mobile ;
- que la douleur ne s'amplifie pas ;
- qu'il n'y a ni vomissement ni convulsion ;
- que les pupilles sont de même diamètre.

Toute anomalie nécessite une évacuation d'urgence à l'hôpital.

En cas de perte de conscience même momentanée, un maintien en observation à l'hôpital est toujours nécessaire.

Une fracture d'un membre

Il y a douleur, impotence fonctionnelle, éventuellement déformation du membre qui est désaxé. Le membre supérieur sera mis en écharpe pour être immobilisé et soutenu.
Pour le membre inférieur, il faut éviter de bouger le blessé (cas de la fracture du col du fémur chez la personne âgée). On s'assurera de son confort par exemple en lui mettant un coussin sous la tête et une couverture sur le corps en attendant les secours.
Si la mobilisation est nécessaire, il faut réaliser une attelle en réunissant les deux membres inférieurs du blessé avec des serviettes ou mouchoirs utilisés comme liens.
Dans toute suspicion de fracture, un contrôle radiographique est souhaitable.

Avec ou sans conséquences, les chutes consécutives à un malaise seront signalées au médecin traitant (par l'intermédiaire de la famille ou du cahier de liaison...), seul habilité à en déterminer la cause.

Des plaies simples

L'abrasion cutanée sans saignement nécessite une désinfection avec un antiseptique (qui détruit les microbes ou arrête leur développement) non alcoolique.
Si la plaie est souillée de terre, par exemple, on utilise un antiseptique détergent (qui nettoie) ou de l'eau savonneuse suivie d'une désinfection.
Une plaie avec saignement modéré, en nappe, demande une compression légère pendant 5 minutes environ avec des compresses ou un petit linge propre imbibé d'eau oxygénée.
L'eau oxygénée est un antiseptique « doux » aux vertus **hémostatiques** (qui stoppe un léger saignement), **bactériostatiques** (qui contrarie le développement des bactéries), **détergente** (qui, grâce à son pouvoir moussant, fait remonter les salissures à la surface).

Dans tous les cas, une plaie étant la porte ouverte à l'infection, il faut désinfecter et protéger par un pansement sec. Il faut vérifier que la personne blessée est à jour de sa vaccination antitétanique.

Séquelles psychologiques

Suite à une chute, la personne âgée peut perdre confiance en elle et restreindre la marche et donc ses activités.
Il faut très rapidement encourager vivement la personne aidée à réagir et expliquer à l'entourage inquiet, de ne pas la surprotéger au risque de restreindre son autonomie.

Séquelles psychomotrices

C'est le syndrome post-chute où, en plus des signes précédents, on observe un refus catégorique de se lever, où la personne âgée se raidit et se cabre en arrière.
Psychologue et kinésithérapeute chercheront à lui redonner confiance.
L'enjeu est de taille car « un chuteur » que l'on néglige ira en institution faute d'être en sécurité à la maison.

Prévention primaire

Prévention de chutes liées au vieillissement

Arthrose (affection des articulations), ostéoporose (fragilité des os), faiblesse musculaire des membres inférieurs altèrent la posture et le déplacement de la personne âgée.
L'ADVF prendra soin de surveiller la marche, de soutenir la personne par le bras et de faire de petites étapes en permettant à la PA de s'asseoir.

Prévention de chutes ou malaises liées à la maladie

Exemples de maladies qui peuvent provoquer un malaise parmi tant d'autres :

- Les malades de Parkinson et les malades atteints d'Alzheimer.

Dans l'évolution de la pathologie, les malades ont une marche mal assurée.
La conduite à tenir est décrite au paragraphe ci-avant.

- Certains cardiaques font facilement un malaise lors d'un changement plus ou moins brutal de position.

L'ADVF doit respecter un temps lors du passage des positions couchée à assise puis debout, le temps que la pression artérielle se stabilise (prévenir l'hypotension orthostatique).

- Les diabétiques qui sont sujets à l'hypoglycémie.

L'ADVF doit s'assurer que le repas suit bien le traitement.

- Les consommateurs de neuroleptiques, somnifères, hypotenseurs, diurétiques..., dans leurs effets secondaires, induisent parfois des vertiges.

L'ADVF doit rester vigilante.

Prévention de chutes liées à un comportement à risque

- Alcools, drogues parasitent l'état de conscience.

L'ADVF doit dépister, éduquer et mettre en sécurité.

- Certaines personnes « casse-cou » présument de leurs capacités et ne perçoivent pas le danger.

Monter sur un tabouret branlant ou une échelle mal fixée, par exemple.
Sans l'interdire en première intention, l'ADVF doit aider la PA à analyser son comportement et agir en toute sécurité.

- Une grosse fièvre (hyperthermie), une grosse fatigue (asthénie), une déshydratation, une personne toujours pressée, une émotion forte, une douleur lancinante, un effort mictionnel, le chuteur récidiviste (la chute appelle la chute) sont autant de causes à risque.

De manière générale, l'ADVF doit anticiper l'action à risques chaque fois que possible, c'est-à-dire dissuader la PA mais répondre à son besoin.

Prévention de chutes liées à l'environnement (qui entrave la liberté de circuler facilement)

Les causes de chutes sont nombreuses (sol et rangement principalement). Certaines se préviennent facilement, d'autres supposent l'engagement de travaux :

- Sol rendu glissant : salle de bains sans revêtement antidérapant.
- Sol mouillé ou ciré, tapis non fixé.
- Sol non plan : carreau cassé, dalle en matière synthétique décollée.
- Sol encombré par des cordons électriques de luminaires.
- Tout ce qui dans une maison peut traîner (habits, articles de ménage, livres ou journaux, jouets, cartons, etc.)

La prévention pour une bonne déambulation au domicile oblige l'ADVF à être ordonnée et à ranger au fur et à mesure de l'utilisation terminée.
Une place pour chaque chose, chaque chose à sa place.
L'ADVF et la PA doivent réfléchir à un rangement fonctionnel (utilisation, accessibilité, encombrement, poids) :

- Prévoir de réparer ou changer les pièces de mobilier cassées.
- Prévoir des barres de maintien dans les sanitaires et les escaliers.
- Prévoir un éclairage des zones d'ombre et des marches d'escalier.
- Prévoir de bonnes chaussures et des vêtements ne gênant pas les mouvements.
- Et enfin prévoir d'apprendre à la personne âgée à se relever en cas de chute.

Chez les personnes âgées, il est vraiment utile d'apprendre à agir en cas de chute, à se relever et à prévenir les secours malgré son « impotence » passagère. Une technique capitale puisque, chaque année, 8 500 personnes âgées meurent des suites d'une chute.

En cas de chute, apprenons à nous relever

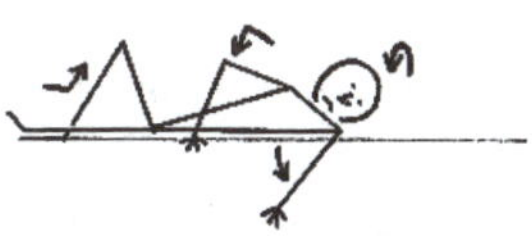

suite à une chute, plier bras et jambe d'un même côté,

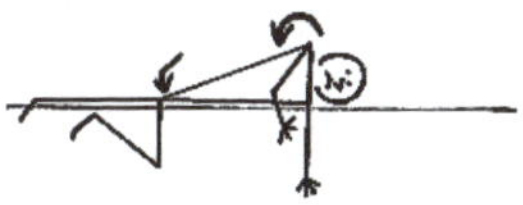

se retourner du côté opposé, puis sur le ventre.

Une fois retourné sur le ventre, se mettre à quatre pattes,

se rapprocher d'un meuble,

se hisser pour se relever.

Rôle de l'ADVF lors de son activité d'aide

Chaque fois qu'elle agit, elle doit veiller à la sécurité de ses gestes ou de sa sollicitation.

- Le ménage
  - Attendre que le sol soit sec avant de permettre la déambulation
  - Ranger seau, balai... à la fin
- Aide à la personne
  - Pour la toilette faire asseoir une personne fatiguée ou instable, pratiquer de même pour l'habillage et le deshabillage.

• Attention à la personne incontinente qui marche sur le sol qu'elle vient de souiller.
• Être sûre de sa technique ou de ses prises lors d'un transfert. Ne pas présumer de ses forces.
• Penser à mettre les freins avant d'asseoir quelqu'un sur un fauteuil roulant.
• Penser à redresser les barrières de sécurité sur un lit médicalisé une fois la personne couchée.
• Proposer le soutien au bras quand l'équilibre est précaire pour marcher.
• Ne jamais laisser un bébé seul sur sa table à langer ou sur sa chaise haute.
• Toujours ranger le matériel utilisé.

La prévention primaire en amont de toute chute reste l'hygiène de vie pour garder son autonomie

- Lutter contre la sédentarité par une vie active.
- Continuer à bouger : vérifier l'état de ses pieds (pédicure) et marcher tous les jours, bien chaussé.
- Faire sa toilette, s'habiller, faire son lit.
- Apprendre à se relever du sol.
- Faire de la gymnastique douce (Tai-chi par exemple).
- Avoir une alimentation saine, équilibrée, attractive et conviviale.
- Respecter son horloge interne : heures du réveil et du coucher, durée de sommeil, sieste(s).
- S'assurer d'un suivi médical, stabiliser une maladie chronique, faire contrôler sa vue et son audition, éviter la polymédication et bannir l'automédication ; ne pas banaliser un malaise, mais en rechercher sa cause.
- Préserver des activités sociales et culturelles.
- Aménager son espace pour éviter tout risque de chute.

C. Blessures graves : coupure, choc traumatique, brûlure

Vous êtes témoin d'un accident, la victime semble très touchée.
Laisser à jeun pour permettre une intervention chirurgicale précoce.

Coupure, choc traumatique

Saignement abondant d'un gros vaisseau par coupure
Comprimer la plaie au moyen de la main ou du poing de manière efficace pour stopper l'hémorragie et de façon permanente jusqu'à une prise en charge médicale.
Si la personne tousse ou vomit du sang, dans les deux cas l'installer au repos en position semi-assise ; rassurer en attendant les secours.
Si la personne saigne du nez, lui pencher la tête en avant en pressant la narine 10 minutes.
Fracture ouverte
Immobiliser, recouvrir la plaie d'un linge propre.
Si on constate une hémorragie, la stopper à distance : compression au pli de l'aine pour un membre inférieur, et sus claviculaire pour un membre supérieur.

Fractures multiples → Ne pas déplacer
Fracture du rachis → Ne pas déplacer
Membre sectionné → Le mettre dans un sac plastique propre contenant de la glace, en le retournant régulièrement pour éviter les gelures. L'envoyer avec le blessé, chez qui on aura réalisé une compression dans les plus brefs délais pour une réimplantation chirurgicale dans les 7 à 8 heures.

Prévention
- Ne pas laisser traîner tout ustensile coupant.
- Protéger la lame de tout ustensile coupant.
- Prévenir l'entourage, si l'objet vient d'être affuté.
- Débrancher l'électroménager ou les appareils de bricolage, après utilisation.

Le choc traumatique : forte poussée émotionnelle résultant des lésions provoquées par l'accident. Asseoir ou allonger, rassurer, surveiller l'état de conscience et agir sur la cause.

Brûlure

Quelles que soient sa gravité et son origine, il faut toujours refroidir avec de l'eau courante ; pendant 5 minutes pour une brûlure chimique, 10 minutes pour une brûlure grave, à souhait pour une brûlure simple, afin de stopper le processus et diminuer la douleur.
Si la brûlure est superficielle, rougeur sans perte cutanée de la grosseur d'une pièce de monnaie, la protéger d'une crème hydratante.
Dans les autres cas, il est préférable de consulter le médecin, voire d'évacuer en urgence, pour éviter l'état de choc ou l'infection.

Prévention primaire
- Toujours vérifier la température de l'eau avant la toilette.
- Éviter de laisser seul un petit enfant dans son bain au risque qu'il manipule le robinet d'eau chaude intempestivement.
- Positionner les casseroles, poêle... avec le manche vers l'intérieur de la table de cuisson.
- Prévoir une protection isolante pour la porte du four.
- Avant de manger, toujours vérifier la chaleur interne des aliments chauffés au micro-ondes.
- Attention à l'usage d'une bouillotte sans épaisseur de tissu ou protection.
- Prévoir un périmètre de sécurité entre le chauffage d'appoint et l'occupant. Éduquer les enfants le plus tôt possible.
- Cacher briquets et allumettes de la vue des enfants.

d. Piqûre, morsure, intoxication, électrocution, étouffement, noyade

Piqûre

Plus douloureuse que dangereuse (sauf dans la bouche), la piqûre peut devenir inflammatoire : douleur, rougeur, chaleur, gonflement et peut s'infecter.
Il faut craindre le terrain allergique, la piqûre dans la bouche, les piqûres multiples.
Comment agir ?
Si le dard de l'insecte volant est visible, l'enlever avec une pince à épiler, désinfecter et utiliser une pommade anti-inflammatoire.
Si la personne a été piquée plusieurs fois, ou dans la bouche, ou devant une réaction allergique, appeler les secours d'urgence.

Prévention

- Éviter de cueillir les plantes mellifères en saison et éviter d'exposer des produits sucrés qui attirent les insectes.
- Éviter de gesticuler, au contraire, rester calme devant une guêpe, une abeille, un frelon.
- Utiliser des répulsifs : produits pharmaceutiques, appareils insectifuges électriques, plantes (menthe, géranium, citronnelle).
- Utiliser une moustiquaire.

Morsure

La morsure d'un chien ou d'un chat peut saigner, s'infecter.
Les griffures de chat doivent être traitées de la même façon.
Comment agir ?
– Laver à l'eau savonneuse.
– Désinfecter avec un antiseptique non alcoolique.
– Couvrir d'un pansement sec.
– Consulter son médecin si nécessaire.
– En cas de gros dégâts (délabrement), aller à l'hôpital.
– En cas de rage endémique si le chien ou le chat n'est pas connu, consulter le médecin pour une vaccination antirabique (contre la rage).
La vaccination antitétanique peut aussi être préconisée.

Prévention primaire

- Respecter le chien quand il mange ou il dort ; demander à son maître d'intervenir s'il présente des signes d'agressivité.
- Apprendre à l'enfant les risques : ne pas approcher le visage trop près, ne pas marcher sur l'animal.

Attention, les chevaux mordent aussi.

Intoxication

La gravité est variable selon les produits, la quantité absorbée (par inhalation ou par ingestion), la réceptivité du sujet.

Dans tous les cas, ne jamais donner à boire, ni faire vomir.

- **Intoxication par produits** de ménage (lessive, détartrant, eau de Javel...), de jardinage (herbicide, fongicide...), de bricolage (acétone, white spirit, acide chlorhydrique...), ces produits occasionnent maux de tête, nausées, vomissements, brûlures.

Comment agir ?

Téléphoner au centre antipoison en donnant les caractéristiques du produit toxique pour la conduite à tenir.

Prévention primaire

- Mettre les produits hors de portée des enfants.
- Les laisser dans leur emballage pour une meilleure information.
- Ne jamais les transvaser dans un autre récipient, surtout lorsqu'ils ont un bouchon de sécurité.
- Toujours lire attentivement et mettre en pratique les recommandations d'utilisation.

- **Intoxication par monoxyde de carbone (CO)** en raison d'un chauffage défectueux (mauvais ramonage, mauvaise combustion) ; aux maux de tête, nausées, vomissements éventuels s'ajoutent fatigue, absences, somnolence.

Comment agir ?

Soustraire la victime en la mettant dans un endroit aéré.

Selon l'état de conscience, la ventilation, les battements cardiaques, ou non, envisager de mettre la victime en position PLS et effectuer une réanimation cardio-respiratoire, dans l'attente des secours.

Prévention primaire

- Vérifier que l'entretien des appareils de chauffage est fait régulièrement.
- S'assurer d'une ventilation correcte des lieux d'habitation.
- S'assurer de l'évacuation étanche des gaz brûlés s'il existe un raccordement à l'extérieur.

- **Intoxication par médicaments** qui occasionnent allergie, malaise, douleur, vomissement...

Comment agir ?

Mettre la personne en sécurité en la rassurant et téléphoner de toute urgence aux secours (18, 15, 112 ou centre antipoison) en donnant tous les renseignements possibles sur le médicament, la quantité, l'heure de l'ingestion et les signes observés.

Prévention primaire

- Les médicaments utilisés doivent être hors de portée des enfants, dans leur boîte d'emballage ou dans un pilulier.
- Les médicaments non utilisés (avec emballage et notice) doivent être rangés dans l'armoire à pharmacie, hors de portée des enfants, dans un lieu à température ambiante.
- L'armoire à pharmacie doit être inspectée régulièrement pour :
  – éliminer les produits périmés ;
  – éviter un stockage excessif de produits inutilisés (à rendre au pharmacien) ;
  – vérifier la présence en cas d'urgence d'antalgiques et antipyrétiques (contre la fièvre), compresses et pansements stériles, antiseptiques (contre les microbes)...

Intoxication alimentaire qui entraîne diarrhée, nausée, vomissement...

La personne âgée, dont les défenses immunitaires sont plus faibles, est particulièrement sensible à l'intoxication alimentaire.

Comment agir ?

Une diète hydrique (à base d'eau) devrait suffire avec visite chez le médecin pour une prescription médicale d'antidiarrhéique et d'antinauséeux.

Prévention primaire

- Dans ce cas la prévention, c'est l'hygiène alimentaire.
- Utiliser des produits frais, propres. Vérifier et respecter la date limite de consommation.
- Préparer le repas avec des mains propres et un matériel correct.
- Cuire les aliments suffisamment et les conserver au réfrigérateur.
- Le réfrigérateur doit être dégivré, nettoyé, désinfecté (eau de Javel diluée) régulièrement.

Intoxication par plantes toxiques d'appartement, ornementales ou d'extérieur

Elles peuvent être dangereuses par leurs feuilles, leurs fruits, et occasionnent divers troubles, tels que : sècheresse des muqueuses, crampes, accélération du pouls, vomissements ou diarrhée.

Comment agir ?

Appeler le centre antipoison avant la survenue des symptômes si possible.
Si la situation paraît grave, appeler le 15, le 18 ou le 112.

Prévention primaire

Disposer en hauteur les plantes toxiques, hors de portée du petit enfant.

Électrocution

Comment agir ?

Séparer la victime de la source électrique soit en coupant le courant en débranchant la prise ou au moyen d'un objet sec non conducteur en s'assurant soi-même.
Alerter les secours et procéder à la réanimation cardio-respiratoire : PLS ou bouche à bouche et massage cardiaque.

Prévention primaire
- Contrôle et réparation de tout câble dénudé, prise desserrée, appareil défectueux.
- Garder les appareils à l'abri de l'humidité.
- Toujours débrancher l'appareil avant de l'entretenir.

Étouffement

La personne suffoque, car l'air ne passe plus. Elle ne peut plus ni parler, ni tousser, son regard est apeuré, elle porte la main à sa gorge (c'est un signe universel).
La cause peut être une allergie suite à une piqûre d'insecte, un médicament, un aliment. Un œdème de Quincke apparaît avec gonflement de la gorge comprimant le larynx.
NB : ne pas confondre avec une crise d'asthme qui se traite spécifiquement par inhalation de bronchodilatateur personnel (pulvérisation de produit qui augmente le calibre des bronches).
Comment agir ?
Téléphoner aux secours d'urgence.
Sécuriser la personne pour éviter la chute.

Prévention primaire
- Éviter les promenades à proximité immédiate de rucher et zone fleurie de butinage.
- S'informer d'effets secondaires médicamenteux ou d'une intolérance alimentaire.

Obstruction par un corps étranger (objet ou aliment)
Comment agir ?
Avec le plat de la main, taper plusieurs fois entre les omoplates.
Si la personne tente de tousser, ne pas l'en empêcher.
Si elle ne parvient pas à extraire l'intrus en toussant, pratiquer la manœuvre de Heimlich.

La manœuvre de Heimlich

Ceinturer par derrière la victime. Au moyen d'une main placée sur l'autre (en poing), au niveau de l'abdomen (entre le nombril et la cage thoracique), exécuter une poussée ferme vers le haut 4 à 5 fois de suite.
Cette manœuvre doit permettre l'expulsion du corps étranger.
Si la manœuvre reste sans succès, appeler les secours.

Prévention primaire
- Éviter de laisser les petits enfants jouer avec des objets qu'ils pourraient avaler.
- Éviter les repas trop arrosés, couper la viande en morceaux de taille raisonnable.

Étouffement par noyade

Comment agir ?
Sortir la personne de l'eau par tous les moyens.
Selon son état, laisser tousser, mettre en PLS ou pratiquer la réanimation cardio-respiratoire.
Ne pas suspendre un enfant par les pieds pour faire sortir l'eau.

Prévention primaire :
- Éviter l'hydrocution en entrant progressivement dans l'eau et respectant la digestion.
- Mettre des bouées efficaces au jeune enfant qui ne sait pas nager.

e. Conduites addictives, maltraitance

Conduite addictive

Synonyme de conduite à risque ou de toxicomanie, c'est un comportement qui repose sur une envie répétée et irrépressible à l'égard de substances ou d'activités.
Exemples de substances : médicament (tranquillisant, somnifère...), drogue, alcool, tabac.
Exemples d'activités : jeux d'argent, jeux vidéo, Internet...
À un stade avancé, la dépendance est telle, que la personne se néglige, se désinvestit socialement, professionnellement et familialement.
Une conduite addictive représente une menace de santé publique.
Les troubles observés sont fonction de la cause et du sujet. Les relations de dépendance aux substances peuvent avoir de graves conséquences sur la santé et l'espérance de vie.
<u>*Quelques exemples :*</u>
Drogues : cocaïne, cannabis, héroïne, ecstasy, LSD... entraînent des troubles du comportement – euphorie, agitation, hallucination, somnolence, selon la drogue – voire la mort.
Alcools : bières, vins, alcools forts entraînent ivresse, coma, polynévrite (inflammation de plusieurs nerfs) , cirrhose (altération du foie), voire la mort.
Tabac : qu'il soit actif ou passif (la personne ne fume pas mais vit dans une ambiance enfumée), fumer entraîne bronchite, infarctus, cancer, accouchement prématuré.
Comment agir ?
Répondre à l'urgence.
Répondre aux besoins de maintenance (*nursing*).
Aider au sevrage lorsqu'il est institué ; la relation d'aide facilitera l'approche psychologique.

Maltraitance

La maltraitance se définit par tout acte ou omission portant atteinte à la vie, à l'intégrité corporelle ou psychique et à la liberté d'autrui, et par tout acte qui compromet gravement le développement de sa personnalité et peut nuire à sa sécurité financière.

La maltraitance est le plus souvent le fait de l'entourage de la victime.

Coups et blessures, injures, vexations ou ignorance témoignent en partie d'un tableau complexe tant dans la diversité que dans la gravité.

Les conséquences sont aussi variables : hématomes, griffures, brûlures, fractures, peur, repli sur soi...

Voici d'autres exemples pour comprendre l'étendue de la maltraitance :

- Forcer à manger rapidement.
- Ne pas respecter l'intimité lors de la toilette.
- Contenir au fauteuil systématiquement et abusivement.
- Obtenir un résultat par la menace.
- Ne pas respecter le choix exprimé.
- Tutoyer, infantiliser.
- Escroquer sur la monnaie rendue d'une commission.
- Modifier la posologie médicamenteuse.
- Empêcher de voter.
- Priver de visite, abandonner.

Comment agir ?

La maltraitance doit être dénoncée et les conséquences traitées.

En tant que telle la maltraitance ainsi que la non dénonciation sont punis par le Code pénal (emprisonnement, amende).

Comment prévenir la maltraitance ?

Témoignant d'un abus d'autorité, d'une dévalorisation de la part de l'entourage voire de l'aidant professionnel, maltraitance fait écho à intolérance, épuisement, incompréhension.

Les facteurs favorisants sont liés au contexte : démence de la victime, cohabitation dans un espace réduit, locaux ou matériel inadaptés aux besoins, couple disharmonieux.

Que l'ADVF en ait la certitude ou pas, elle a le choix de parler à son employeur, le médecin traitant, l'assistante sociale du CCAS, du CLIC, la police, une association œuvrant contre la maltraitance (ex. : ALMA [Allo maltraitance des personnes âgées ou handicapées, n° de téléphone 0 892 680 118] ou encore composer le 3977 n° national unique du lundi au vendredi de 9 h à 19 h).

Prévenir la maltraitance par la bientraitance :

- rester formé et informé ;
- savoir communiquer : relation d'aide avec l'intéressé, transmissions avec d'autres professionnels ;
- se faire aider ou passer la main ;
- changer ou faire changer le regard ;
- être correct en gardant une bonne hygiène de vie.

f. Déshydratation

Définition : le fait de faire perdre à son corps sa teneur en eau.
Causes : elles peuvent être liées au comportement de la personne âgée qui n'éprouve pas le besoin de boire ou qui est trop couverte car elle est frileuse (elle transpire).
Elles peuvent être liées à un environnement chaud : maison surchauffée en hiver ou été caniculaire, exposition prolongée au soleil...
Conséquences : à la transpiration, fait suite une élévation de la température corporelle, puis des signes neurologiques. Par ailleurs, une exposition au soleil estival, engendre le bien connu coup de soleil.
Comment agir ?
Soustraire la victime de la source de chaleur. L'apparition de signes neurologiques nécessite l'intervention du médecin.

Prévention

- **Par l'hydratation** : 1 litre à 1,5 litre par 24 heures

Tout au long de la journée (pendant et entre les repas).
Par petites quantités (équivalent d'un verre).
En variant les boissons : eau, tisane, thé, café, jus de fruit, lait... en évitant les alcools. Eau gélifiée si fausse route aux liquides.
L'apport d'eau sera complété par : fruits, légumes sous toutes les formes (crus, cuits, en bouillon, soupes, compotes), produits lactés (yaourt, flan...).
Il est important de diversifier pour obtenir la quantité désirée sans lasser ou écœurer la personne.
La façon de boire doit être engageante et permissive : au verre, à la paille, à la cuillère, à la bouteille... tous les moyens sont bons.
(Les personnes âgées transpirent peu donc ne pas inciter à boire plus que normalement)

- **En faisant en sorte que la personne garde sa température corporelle dans les limites de la normale**

Ne pas hésiter à faire prendre bain et douche fraîches dans la journée.
Brumisation régulière du visage et du cou.
Application de gant de toilette ou serviette mouillés.
Utilisation de vessie de glace ou poche de gel réfrigérantes sur la tête et au pli de l'aine.
Utilisation de ventilateur, de climatiseur, pendant les heures les plus chaudes.
Porter des vêtements amples, légers, en coton.
Alléger la literie.
Fermer les volets et les fenêtres avant l'ensoleillement direct et les rouvrir le soir afin d'aérer toute la nuit.
Éviter de sortir aux heures les plus chaudes, se couvrir la tête.
Éviter tout effort physique inutile.

- **Éviter l'isolement des personnes à risques en demandant des nouvelles régulièrement.**

L'ADVF, par ses conseils judicieux, l'observation d'anomalies (absence d'élimination, somnolence ou agitation, chaleur cutanée, sécheresse de la bouche et des aisselles...) évitera que l'état de santé de l'aidé ne se complique.
NB : la prévention de la canicule suit ces mêmes recommandations.

g. SIDA

ADVF et personne atteinte du SIDA : un risque mutuel

- **ADVF ⇨ Personne aidée sidéenne**

Pour le porteur du VIH (virus de l'immunodéficience humaine) au stade de la maladie : son immunité étant déficiente, son organisme ne peut se défendre contre toutes sortes de microbes.

L'ADVF peut le contaminer par son état (simple rhume, état pseudo-grippal) ou son comportement (mains sales).

- **Personne aidée sidéenne ⇨ ADVF**

Il faut que l'ADVF se souvienne que le VIH est en quantité suffisante dans le sang, le sperme, le liquide séminal, les sécrétions vaginales, le lait maternel, pour être transmis.

Le risque existe lors de l'aide ou des soins, au cours desquels une lésion de la peau représente une porte d'entrée au VIH.

L'ADVF, qui a risqué la contamination

Elle doit :

- désinfecter la plaie avec un antiseptique puissant (type Bétadine) ou un désinfectant (eau de Javel) ;
- téléphoner à son employeur et son médecin traitant pour la déclaration d'accident du travail, suivre une prophylaxie post-exposition VIH dans les 2 heures après l'exposition ;

en cas de suspicion de maladie chez la personne aidée, téléphoner systématiquement au médecin traitant du client pour obtenir le consentement éclairé à la recherche par test du VIH.

Prévention primaire

- Port de gants pour la toilette intime de la PA ou si l'aidant est porteur de lésions cutanées.
- Préférer le rasage électrique.
- Se laver les mains en quittant le domicile.
- Vis-à-vis du client, l'ADVF aura une attitude responsable si elle-même est malade : port de masque, de gants, lavage des mains, voire pas d'intervention dans certains cas.

5 Indicateurs de performance

Prenons l'exemple d'une brûlure.

a. Les risques potentiels en fonction de l'état de la personne sont identifiés, les conseils et propositions sont pertinents

Brûlure du premier degré superficielle, de petite taille, peau rouge sans cloque.
« Nous allons refroidir la brûlure sous l'eau 10 minutes, désinfecter et mettre une pommade hydratante. Tant que la peau est fermée, vous ne risquez pas d'infection » ou « Nous allons refroidir la brûlure sans enlever votre chemise car on risquerait d'arracher la peau ». Ne pas mettre de corps gras pour ne pas l'infecter.

b. La gravité des situations est correctement appréciée

Par ordre de gravité pour une même surface atteinte :

- brûlure du premier degré : en surface, peau rouge sans cloque ;
- brûlure du deuxième degré : cloques sur la peau ;
- brûlure du troisième degré : la peau est à vif, voire carbonisée.

Cependant, la brûlure du premier degré étendue est tout aussi grave que la brûlure du troisième degré localisée.
Mais aussi, attention à une personne brûlée qui dit ne pas souffrir, c'est qu'elle est en état de choc, car l'atteinte peut en réalité être profonde.

c. La sécurisation de la personne est correcte

La personne brûlée doit être assise ou allongée par crainte de malaise. Lorsqu'une évacuation est prévue, dans l'attente des secours, il vaut mieux couvrir la partie du corps brûlée d'un linge propre pour éviter le contact avec les insectes tels que les mouches.
Éviter aussi tout refroidissement en couvrant le reste du corps. Rassurer la personne si elle est inquiète.

d. Les procédures d'alerte sont connues. Les interlocuteurs compétents sont identifiés

« Maintenant que vous êtes en sécurité, je vais téléphoner au 15 ou au 18. SAMU ou pompiers seront tout aussi efficaces pour vous prendre en charge et vous évacuer vers l'hôpital. »

6 Savoir-faire généraux et techniques mobilisées

a. Observer la personne

Exemples :

Observation de la victime	Interprétations possibles
Mimiques, rictus, grimace	Douleur
Pâleur du visage, transpiration, frissons, respiration superficielle, pouls filant (faible)	État de choc Hémorragie
Lèvres et extrémités bleues (cyanose)	Problème cardio-respiratoire
Yeux, tête, membres agités (convulsions)	Forte fièvre Épilepsie
Visage dévié, contracté d'un côté, un côté du corps paralysé	Accident vasculaire cérébral
Toux non productive, visage apeuré, main portée à la gorge	Asphyxie par un corps étranger
Plaques rouges sur la peau	Allergie
Ecchymoses, griffures, brûlures de la peau…	Maltraitance
Inconscience, pause respiratoire et cardiaque	Arrêt cardio-respiratoire

b. Observer l'environnement de la personne

Exemples :

- Traces de sang
- Odeur de tabac, d'alcool, de gaz…
- Mobilier, vaisselle cassés
- Médicaments éparpillés

Autant d'indices utiles pour émettre des hypothèses et prendre les décisions qui s'imposent.

Estimer la gravité de la situation, mettre en œuvre des gestes de premiers secours

Si noyade, asphyxie, arrêt cardio-respiratoire ou brûlures sont graves, les autres situations peuvent le devenir.
Dans le doute, l'ADVF fera appel à des professionnels plus spécialisés.

Utiliser les supports de recherche d'information

Situation d'urgence ou pas, il est permis de ne pas (tout) savoir. Par contre, il est recommandé de combler une lacune ; d'autant que les normes et procédures changent et sont réactualisées. Par chance les sources d'information ne manquent pas.

- Le téléphone

L'annuaire des pages jaunes est fort utile :
– pour consulter les rubriques associatives, humanitaires, d'entraide, d'action sociale ;

– pour les numéros utiles (en premières pages) : 15, 17, 18, 112, mais aussi 115 : sans-abri, 119 : enfance maltraitée, centre antipoison de votre circonscription, centre régional opérationnel de surveillance et de sauvetage.
Entre autres : l'appel est gratuit d'un poste fixe.

Drogue info service	0 800 23 13 13
Écoute alcool	0 980 980 930
Écoute cannabis	0 811 91 20 20
Enfance et partage	0 800 05 12 34
Hépatites info service	0 800 845 800
SIDA info service	0 800 840 800
Viol femmes informations	0 800 05 95 95

- Internet

Source extrêmement riche d'informations qu'il faut savoir trier. Nombreux sont les sites dédiés à la santé.

- Les personnes ressources

Tous les intervenants médicaux et paramédicaux qui côtoient la PA sont des personnes ressources (y compris le pharmacien).

7 Démarche intellectuelle

Elle se doit d'être rapide et efficace. La **méthode SORA** peut parfaitement convenir à condition de ne pas paniquer !

- **S** comme SITUER – Définir le contexte : lieu public, domicile, endroit isolé.

Cause : coupure, intoxication, chute... (cause évidente ou à rechercher).
Degré de gravité à première vue : incident ou accident terminé (chute) ou en évolution (saignement).
Source à neutraliser : gaz, électricité, chien, tronçonneuse...

- **O** comme OBSERVER – Évaluation de la gravité

État de conscience : possibilité de communiquer, douleur exprimée...
Respiration : présente ou pas, râles, gargouillis, toux...
Pulsations : présentes ou pas, filantes...

- **R** comme RÉFLÉCHIR – « J'en viens à bout tout seul ou je demande de l'aide »

Se remémorer rapidement les gestes, leur chronologie.

- **A** comme AGIR – Protéger : faire asseoir ou allonger.

Les mots clés sont :

- Rassurer
- Protéger : éviter le suraccident en se mettant à l'abri.
- Alerter : 112, 15, 18 ou centre antipoison ; avec le téléphone fixe ou le portable.
- Secourir : appliquer les gestes d'urgence selon le cas de figure.

8 Capacités relationnelles et organisationnelles

a. Confiance en soi

Même si certaines personnes y parviennent mieux que d'autres, il n'est pas inné de savoir garder son sang-froid.
Les situations d'extrême urgence ne sont heureusement pas courantes. Mais parce qu'elles ne sont pas courantes, nous n'avons pas vis-à-vis d'elles, de conduite automatique.
Un recyclage régulier suite à une formation initiale sera une aide précieuse.
Faire ce qu'on peut, avec ce qu'on a et ce qu'on sait, vaut mieux que non-assistance à personne en danger.

b. Attitude rassurante

On ne peut pas rassurer sans être soi-même à l'aise ! Pour avoir le mot juste et se centrer sur la personne, dites ce que vous comptez faire. Soyez calme, positif, chaleureux sans exagération.

c. Vigilance et écoute de la personne

La vigilance passe par l'évaluation de la situation qui évolue.
Tant que la personne est consciente, même démente, laissons-la s'exprimer : douleur, crainte, connaissance du problème, allergie peuvent améliorer notre prise en charge.

V Compétence 4 : contribuer à l'autonomie physique, intellectuelle et sociale des personnes

Quoi de plus noble que de participer au maintien de l'indépendance de quelqu'un ?
Que ce soit pour un enfant, lui permettre de grandir, de s'affirmer, de voler de ses propres ailes.
Qu'il s'agisse d'un handicapé qui, après une éprouvante rééducation, entre dans la phase de réadaptation et envisage la vie différemment.
Ou encore d'une personne âgée, chez qui on stimule toutes les ressources pour prolonger une autonomie qui se réduit.

1 Illustration de la compétence 4 : le témoignage de Virginie

« Avant, je profitais de la vie, je travaillais le jour, mon travail me passionnait et je sortais souvent avec mes amis le soir.
Aujourd'hui, c'est fini. Ma vie a basculé il y a deux ans quand mon médecin m'a annoncé la sclérose en plaques.
Cela fait deux ans que je suis en arrêt maladie. La sclérose en plaques se manifeste par des poussées.
À chacune de mes poussées, j'ai été hospitalisée. On me prescrivait des corticoïdes.
Ce traitement était très difficile à supporter.
J'étais de plus en plus déprimée.
Depuis un an et demi, les douleurs aux jambes et les fourmillements n'ont pas disparu, mais grâce aux médicaments, je n'ai plus de poussée. Une assistante de vie m'aide dans ma vie quotidienne. Je trouve que cela m'apporte beaucoup. Une vraie bouffée d'oxygène !
Avec la sclérose en plaques, on peut être en forme une heure et ne plus être bien durant deux jours. Quand Marie, mon ADVF, arrive, je ne sais pas comment elle fait, mais elle trouve toujours les mots qui m'encouragent ou me réconfortent. Elle voit tout de suite si je suis en forme ou si je souffre. En quelques mots elle me comprend et fait ce qu'il faut pour améliorer ma situation. Quelquefois ce n'est qu'un oreiller relevé ou un rideau tiré pour laisser passer un rayon de soleil, mais c'est tellement important pour moi !
Vraiment, tous les jours, j'attends Marie avec impatience !

En fait, j'ai tendance à me renfermer sur moi-même et, elle, elle me booste. C'est elle qui me propose, suivant ma forme, d'aller faire les courses ou de l'accompagner, elle me convainc d'inviter une amie pour le café et, même lorsque je suis au plus bas, elle trouve le sujet de conversation qui va m'intéresser et me faire oublier la maladie un moment.
C'est un peu grâce à elle que j'ai recontacté mon employeur, il est d'accord pour faire adapter mon poste de travail, je pourrai peut-être reprendre mon travail à mi-temps, un mi-temps thérapeutique.
Ma maladie ne se guérit pas encore. Mais avec l'aide à domicile, je suis optimiste. »

2 L'essentiel à retenir

Participer à l'autonomie physique, intellectuelle et sociale des personnes, c'est faire avec quelqu'un qui a besoin d'aide.

- Que dit son corps ?
- Que dit sa tête ?
- Quelle attitude a-t-il à l'égard de son entourage ?

Une mauvaise compréhension des besoins, des attentes, du non-dit et c'est l'échec.

Il faut faire un bilan bio-psycho-social le plus juste possible.
Se fixer des objectifs simples, faciles à atteindre.
Savoir que rien n'est jamais acquis pour la personne fragilisée en perte de vitesse ; tout peut être à recommencer la fois suivante.
Évaluer son aide et réajuster.

a. L'ADVF doit évaluer les capacités de la personne qu'elle aide

Dès la première rencontre, l'ADVF questionne et observe afin d'essayer de connaître et comprendre de quelles capacités la personne aidée dispose, quelles capacités elle a perdues, de quelle manière elle tente de compenser ces pertes.
Tout est dans l'art de la communication avec des questions simples, courtes, intelligibles laissant le temps à la réflexion.

L'ADVF vérifie l'intégrité des cinq sens, laquelle peut être parasitée par des troubles circulatoires ou neurologiques

- **La vision** : diverses pathologies dont la cataracte (image floue…) ou simplement des lunettes sales gêneront l'appréciation des couleurs, d'un paysage, de son image dans le miroir.
- **L'audition** : la presbyacousie (baisse de l'audition en raison du vieillissement) ou un banal bouchon de cérumen feront obstacle à retrouver un cercle d'amis ou écouter de la musique.
- **L'odorat** : quelle que soit la saison où on l'attrape, le rhume neutralise le fumet d'un plat culinaire ou d'un parfum.

- **Le goût** : la saveur des aliments est altérée avec l'âge et oblige à avoir la main lourde sur les condiments.
- **Le toucher** : le tact est tout aussi utile. Pour s'en persuader essayons d'apprécier la température de l'eau avec des mains froides.

L'ADVF vérifie les fonctions intellectuelles permettant de comprendre, mémoriser, analyser et choisir

Exemple :
Le développement psychomoteur de l'enfant évolue positivement jour après jour contrairement à la situation de la personne atteinte de la maladie d'Alzheimer qui perd chaque jour un peu plus de ses capacités.
Selon que l'on est du soir ou du matin, notre degré de vigilance, d'éveil, aura une répercussion sur le raisonnement.

L'ADVF vérifie que la personne a la possibilité de choisir

Mais pour choisir il faut avoir matière à choisir, c'est-à-dire au moins deux éléments à comparer.

Exemples :
Vous préférez la robe bleue ou la verte ?
Voulez-vous faire la sieste ou non ?
Thé ou café ?

b. L'ADVF doit solliciter la participation de la personne aidée en tenant compte de ses ressources physiques et psychologiques

Exemple 1 :
En revenant du jardin d'enfant, Rémy, 3 ans, va passer à table après s'être lavé les mains. L'ADVF sans juger l'éducation parentale va vérifier ce que Rémy a compris de l'hygiène : les trois temps (bien laver, bien rincer, bien sécher) et l'accessibilité à un point d'eau, monter et descendre d'un tabouret en toute sécurité.
Ainsi, l'ADVF complète l'action des parents à propos de la propreté, favorise l'apprentissage de la gestuelle et félicite Rémy.
Exemple 2 :
J.-P., 33 ans, est de retour à son domicile après trois mois passés en centre de convalescence et rééducation. Il est paraplégique suite à une chute d'un échafaudage et se déplace en fauteuil roulant. Plutôt que de devancer les mouvements de J.-P. et sans préjuger des dispositions du client, l'ADVF observe et n'intervient que s'il y a danger. J.-P. parvient-il à effectuer les transferts, se servir d'aides techniques, circuler dans le logement ?

c. Dans la mesure du possible l'ADVF apporte son aide sans se substituer à la personne

Même si faire à la place permettrait de gagner du temps, la règle n° 1 est d'aider. C'est ce qui définit le rôle de l'ADVF. L'idée est de soutenir, de seconder, sans prendre la place.

Il faudra toutefois juger de l'inefficacité et de l'insécurité et ne jamais mettre ou laisser quelqu'un en situation d'échec.
Autre point : lorsque le niveau d'aide est tel que l'ADVF est en difficulté ou qu'elle a atteint les limites de ses compétences, elle n'hésitera pas à passer la main à des professionnels plus aguerris d'un SSIAD (service de soins infirmiers à domicile) ou d'un infirmier libéral.
Exemple :
J.-P., 90 kg, est encore en difficulté pour se coucher depuis son fauteuil. Sans lève-personne, l'ADVF attendra le passage du kinésithérapeute pour participer à l'action.
Si J.-P. reçoit des frictions dans le bas du dos pour rougeur et que celle-ci s'aggrave, l'ADVF laissera intervenir un infirmier libéral pour un pansement.

d. L'ADVF n'impose pas, n'émet pas de jugement mais encourage, suggère et ne se substitue pas à la personne

Exemples :
« C'est super, vous vous êtes coiffée toute seule ; demain nous recommencerons ! »
« Vous préférez commencer par le fromage, eh bien pourquoi pas ? »
« Vous aviez peur de sortir en ville avec tout ce bruit, vous avez pourtant réussi, bravo ! »
« Vous risquez d'avoir froid, je vous conseillerais une petite laine au cas où ... »
« Vous êtes arrivé à contrôler vos émotions devant vos enfants, formidable ! »
« Sans chercher à la perfection, c'est très bien comme ça ! »
« Faites à votre rythme »
« On n'est pas Miss Monde, mais au moins sa Dauphine ! »

e. L'ADVF valorise tout ce que la personne peut faire

Tous les psychologues vous le diront : avoir une attitude positive à l'égard d'une action ne peut-être que salutaire. La gratification renforce l'effet de la réussite. Elle apporte une valeur ajoutée. L'aidé se sent digne de l'estime porté par l'aidant.
Reprenons les exemples précédents :
« C'est super Rémy, on a enlevé les vilains microbes des mains ! »
« Très bien J.-P., le retour à domicile se passe plutôt bien ; la rééducation en centre est opérationnelle ici ! »

3 Le contexte professionnel

La personne a besoin d'être aidée juste ce qu'il faut suivant ses ressources physiques, intellectuelles et sociales, comme il a déjà été dit plus haut.
Mais l'aide doit être aussi adaptée à l'environnement de la personne, en tenant compte de son mode de vie, de ses habitudes, de ses goûts et des moyens dont elle dispose.

Quelques exemples :

• Depuis son accident de moto qui l'a laissé paraplégique, Henri, 35 ans, vit dans un T2 cossu, fonctionnel dans un quartier bourgeois. Il est ingénieur informaticien aimant la *High Tech*. Il est toujours en ville à la recherche de nouveautés. Son handicap nécessite l'aide à l'entretien de son appartement.

• Toinette a 55 ans. Refusant un logement social, elle vit depuis longtemps dans sa caravane qu'elle ne quitte que pour faire quelques courses. Les pigeons à qui elle donne régulièrement à manger sont ses seuls compagnons ; il faut préciser qu'elle est un peu simple d'esprit et sale de sa personne. Elle reçoit de maigres allocations et accepte depuis peu une aide à la toilette.

• Georgette, 77 ans, habite chez ses enfants à la campagne depuis qu'elle est atteinte d'un cancer généralisé. Elle garde le lit et écoute la musique classique dont elle raffole. Elle est très sociable et s'ennuie car ses enfants travaillent. Ceux-ci ont souhaité une aide surtout pour la compagnie et l'animation.

Ces 3 différents cas montrent la variété du travail qu'aura à accomplir l'ADVF avec des personnalités parfois opposées dans un cadre de vie tout aussi personnel.

La situation professionnelle de référence sera la photographie prise à l'arrivée et qui permettra de mesurer l'évolution de la personne à aider et les résultats grâce à l'aidant.

L'adaptation au contexte est primordiale.

> Chacun de nous est un être bio-psycho-social unique.
> Au savoir, vouloir, pouvoir de l'aidé, l'aidant calque son savoir, savoir-faire, savoir-être.

4 Savoir-faire et techniques mobilisées

a. L'ADVF et l'animation

- L'ADVF s'efforce de maintenir chez la personne l'envie de faire, de prendre soin d'elle, de participer et d'avoir une vie sociale.
- Pour maintenir une dynamique chez la personne aidée, l'ADVF devra faire preuve de patience, d'imagination et de persuasion. C'est un travail tout en finesse, un travail de « pro » !

Voici quelques conseils :

- ne pas se fixer d'objectifs ambitieux ;
- ne pas mettre la personne aidée en situation d'échec ;
- ne pas infantiliser, ni culpabiliser.

Mais plutôt se souvenir qu'en chacun de nous sommeille un enfant spontané qui ne demande qu'à s'éveiller, apprendre, jouer, faire la fête, et qu'en chacun de nous la partie parent maternant peut s'exprimer pour faire plaisir, pour aimer et partager.

L'animation par l'ADVF

Pourquoi ?
Animer c'est donner du souffle, du mouvement, du dynamisme, de la vie ou entretenir des relations, c'est le contraire d'inaction, tristesse, absence d'imagination et mort, c'est répondre à nos besoins fondamentaux ou encore stimuler les ressources existantes lors d'un soin pour rester autonome.
Qui ?
Tout intervenant au domicile est en capacité de contribuer à l'animation de la personne aidée, du « kiné » au voisin de palier en passant par le facteur jusqu'à l'ADVF.
Pour qui ?
La personne aidée en priorité et indirectement les gens de l'entourage qui vont influer sur elle.
Comment ?
Au travers d'activités occupationnelles ou ludiques dans le domaine du bio-psycho-social. La personne aidée peut être tour à tour spectatrice, collaboratrice ou actrice, l'ADVF sollicitant des ressources physiques, psychiques et sensorielles (cinq sens) en se basant sur l'observation, l'écoute, l'échange.
Quand ?
Il faut envisager la fréquence, le rythme, la durée, être particulièrement attentif en cas de deuil, maladie, syndrome de glissement, isolement, fin de vie.
Où ?
Au domicile et à l'extérieur sans modération.

La pratique de l'animation

L'animation peut être spontanée, instinctive, l'ADVF saisissant toute opportunité. *Quelques exemples :*
Le bonjour du matin permet de connaître l'état d'esprit du moment : « Comment allez-vous ? Avez-vous bien dormi ? Que voulez-vous faire aujourd'hui ? »
Une fraîche poignée de main en hiver fait parler de la météo ou plaisanter : « Main froide, cœur chaud ! ».
Le petit-déjeuner suscite des réactions : « Un vrai régal ce pain beurré croustillant, on dirait qu'il sort du four, et l'arôme du café tout chaud, hum ! »
L'animation peut être plus réfléchie, structurée, visant un objectif précis et à long terme (bien-être, valorisation de soi, indépendance).
Par exemple, lors d'un transfert réussi d'une personne handicapée, de son fauteuil roulant à sa voiture, l'ADVF pense à valoriser l'action et son auteur : « Super, je ne vous ai presque pas aidé, demain vous y arriverez certainement tout seul ! »
L'animation peut être planifiée sur la journée, la semaine, le mois et même l'année.
Par exemple, la journée peut être rythmée par des rituels du matin au réveil jusqu'au coucher, dans un ordre établi qu'il est bon de respecter sur la semaine. Mais au moment du week-end, il est aussi bon de chambouler les habitudes : proposer une grasse matinée, un repas en famille, organiser une partie de belotte, aller à la messe...
Les saisons sont aussi très riches en événements à organiser ou à fêter.

b. Une des techniques de communication : la relation d'aide

C'est une manière d'être centré sur la personne en demande (voire en souffrance). Le lien créé entre aidant/aidé doit permettre d'éclaircir une situation, de la voir évoluer.

Quelques cas nécessitant une relation d'aide

• Perte de l'estime de soi : « Handicapé, je ne suis plus bon à rien. »
• Isolement social : « Mes enfants sont loin, je ne vois personne. »
• Inadaptation au milieu : « Ma fille veut que j'habite chez elle, c'est trop petit, je n'ai plus mes habitudes. »
• Image corporelle perturbée : « Depuis l'amputation du pied, j'ai l'impression de sentir encore mes orteils qui bougent. »
• Angoisse face à la mort : « J'ai peur de ce qu'il y aura après. »
• Phase de deuil : « Après cinquante ans de mariage, c'est un grand vide. »
• Dysfonctionnement sexuel : « Depuis ce viol, tous les hommes me mettent mal à l'aise ».
• Risque de suicide : « Si j'avais un fusil… »

Il est sûr que certains cas seraient du ressort du psychologue. Pour autant, l'ADVF peut aussi intervenir à sa manière.
Elle doit se souvenir que par sa présence, son écoute elle permettra à l'autre de s'épancher, de traverser une épreuve, de la résoudre ou de s'en accommoder.
L'ADVF sert de catalyseur à l'aidé qui doit trouver **sa solution** !

Conduite à tenir

• Je suis disponible : je suis là pour m'intéresser à l'autre
• Je suis empathique : je ne juge pas l'autre, je l'accepte tel qu'il est.
• J'écoute en silence et activement : je suis attentivement les propos. Ceci me permet, lorsque le discours est riche, complexe ou que j'ai peur d'avoir mal compris et pas tout mémorisé, de reformuler.
• Reformuler, permet de faire le point, de faire repréciser ou de continuer la conversation. « Si j'ai bien compris vous m'avez dit que... c'est bien ça ? »
• Pour aider à la verbalisation je pose des questions : question fermée qui induit une réponse par oui ou par non (« Avez-vous envie de m'en parler ? ») ; question ouverte qui suggère un développement (« De quoi avez- vous envie que nous parlions ? »).
• Je me garde d'interpréter les propos.
• Je respecte les silences : au-delà des mots, le regard et le toucher contribuent à l'échange (communication non verbale).
• Enfin, je dois savoir prendre du recul pour mieux analyser : la relation d'aide ne résout pas tout en une fois.
• Par-dessus tout je reste maître de moi : capacités, limites, savoir passer la main à un professionnel plus compétent.

Dans les situations simples, la relation d'aide contribuera à l'autonomie physique, intellectuelle et sociale des personnes.

c. Agir avec le souci du confort physique et moral

– Apporter du confort par la mise en place d'aides techniques appropriées (voir la compétence 5)
– Apporter une assistance dans les démarches administratives
– Apporter le confort en facilitant le sommeil

Le **sommeil** se définit comme une perte de conscience réversible et répétitive.

Quelques chiffres

- 1/3 de notre temps est consacré à dormir, et nous passons 1 h 30 environ à rêver chaque nuit.

Nos besoins

- Le nouveau-né passe environ 20 h sur 24 à dormir.
- Un enfant de 10 ans passe 10 h sur 24 à dormir.
- Un adulte passe 7 à 8 h à dormir.

Mécanisme

4 à 6 cycles de 90 minutes se succèdent. Chaque cycle se compose de différentes phases : endormissement → sommeil léger → sommeil profond → sommeil paradoxal (rêves) → sommeil intermédiaire → avec réveil ou nouveau cycle.

Conséquences d'un mauvais sommeil : le sujet souffre de fatigue et/ou trouble du comportement (apathie, irritabilité), défaut de jugement, de mémorisation, d'assimilation des connaissances, troubles de croissance pour les enfants.

Pour faciliter le sommeil

- **Respecter l'horloge biologique** (gens du soir ou gens du matin, petit ou gros dormeur)

L'environnement (calme, avec des couleurs apaisantes, des lumières discrètes, une literie correcte, une température d'environ 18 °C).

Les rituels (un bain et/ou de la lecture, de la musique, une tisane...).

- **Éviter le repas du soir trop copieux**

Les excitants (café, cola).

Le sport juste avant de se coucher.

NB : le réveil en douceur, spontanément, ainsi qu'une courte sieste, sont salutaires à l'équilibre psychique de l'individu.

d. Disponibilité, posture de l'aidant et distance professionnelle

- **Être disponible**
  C'est s'organiser de telle sorte que l'ADVF libère du temps pour l'imprévu.
  Ce n'est pas être corvéable à merci.
  C'est aussi être ouvert d'esprit pour accepter le dialogue, une divergence de point de vue. C'est l'empathie.
- **L'aidant en accord avec l'autre et la tâche** (congruence) sait rester neutre, impartial évitant ainsi le « copinage » et la pitié.
- **L'ADVF doit rester professionnel avant tout.**

e. Connaissance des publics et des pathologies

La personne âgée

En raison du vieillissement inéluctable, mais variable d'un individu à l'autre, l'aide s'attachera aux fonctions perturbées ou plutôt à ses conséquences.

Exemples :

– Cœur fatigué → essoufflement → effort pénible
– Rhumatisme → douleur → amplitude du mouvement limité
– Baisse de la vision → hésitation à sortir → tristesse

Quelle que soit la cause, il y a au final une baisse de la mobilité et du déplacement.
« Je suis rouillée » nous disent parfois les personnes âgées.
Toutes les activités de la vie quotidienne deviennent complexes. Et moins on active la machine plus elle rouille.
L'immobilisme entraîne une fonte musculaire, une baisse du tonus, une décalcification des os mais aussi un risque de constipation ou d'encombrement bronchique. Garder le lit plusieurs jours peut se compliquer de phlébite (inflammation d'une veine), d'escarre (nécrose des tissus), de déprime.
L'ADVF va stimuler la mobilité le plus souvent possible, c'est-à-dire exploiter les ressources, aussi infimes soient-elles :

– se coiffer, même la moitié de la tête, avec le bras valide ;
– se raser : avec un rasoir électrique pour plus de sécurité ;
– se brosser les dents (ou les prothèses) ;
– boutonner sa veste, même un bouton sur deux.

Tout ceci oblige à préserver le geste fin, faire preuve de patience, garder la notion du schéma corporel, à s'adapter.
Bref, la PA stimulée, guidée, rassurée, gratifiée, fait ce qu'elle peut, l'ADVF termine.

Quelques pathologies ou symptomatologies de la personne âgée

• Maladie de Parkinson : maladie neurologique avec tremblement fin des extrémités au repos, rigidité musculaire, lenteur des mouvements, visage inexpressif.
• Maladie d'Alzheimer : démence sénile avec trouble du comportement et baisse des facultés intellectuelles (mémoire...).
• ICC : insuffisance circulatoire cérébrale avec lenteur à l'idéation…
• Désorientation temporo-spatiale : perte de la notion du temps et de l'espace.
• Perte du schéma corporel : perte de la notion de son corps, le sujet ne se reconnaît pas ou a du mal à se reconnaître.
• Syndrome de glissement : ensemble de signes indiquant un laisser aller. Refus de se lever, de se nourrir, de prendre ses médicaments...

En conclusion : l'ADVF mobilise son savoir-être : patience, diplomatie, écoute, il faut expliquer, rassurer, valoriser, situer...

• DMLA : dégénérescence maculaire liée à l'âge avec atteinte de la vision centrale donc gêne pour la reconnaissance des visages, la lecture ou une activité de précision.
• Cataracte : trouble de la vision sous forme de « chute d'eau » devant les yeux, les couleurs semblent ternes, les détails s'estompent.
• Aphasie : absence ou difficulté du langage souvent observée après une hémiplégie.

En conclusion : l'ADVF doit savoir communiquer autrement, en faisant preuve d'imagination faute de ne pouvoir se mettre à la place de l'autre.
Utiliser l'ardoise magique ou des images symboles pour l'aphasique ; ou encore en mimant pour le malentendant.
Rassurer le malvoyant par la voix et le toucher, sans changer ses repères.
Le toucher prend actuellement une dimension importante dans le domaine de la santé car il « réinvente » le soin.

• AVC : accident vasculaire cérébral ou « attaque » consécutif à un saignement brutal (accident hémorragique) ou une absence d'irrigation dans une zone du cerveau (accident ischémique ; si transitoire = AIT).
• Hémiplégie : paralysie de la moitié du corps dans le sens vertical droit ou gauche souvent consécutive à un AVC.
• HTA : hypertension artérielle d'origines diverses (insuffisance cardiaque, rénale, diabète…).
• Artérite : inflammation d'une artère plus ou moins bouchée ; limite le périmètre de marche lorsqu'un membre inférieur est atteint (sensation de crampe).
• Arthrite : rhumatisme inflammatoire limitant grandement la mobilité.
• Cancer : tumeur maligne. Prolifération de cellules anormales.

En conclusion : l'ADVF doit faire preuve de tact en présence de maladies invalidantes et parfois douloureuses.

• Diabète : trouble de l'utilisation des sucres qui de fait sont trop élevés dans le sang (hyperglycémie) avec son cortège de complications.
• Incontinence urinaire : relâchement du sphincter de la vessie entraînant une perte des urines.
• Adénome (ou hypertrophie bénigne) de la prostate occasionnant des troubles urinaires : dysurie, pollakiurie.

En conclusion : l'ADVF doit ici aussi être respectueuse et humaine.

La personne handicapée : les conséquences spécifiques à l'individu

L'ADVF, lors de ses interventions, pour mieux personnaliser son aide, aura à s'interroger sur les conséquences du handicap spécifiques à l'individu.
• Sur sa vie personnelle
– L'image corporelle est-elle altérée ?
– Y a-t-il des troubles d'identité ?
– Accepte-t-il son corps ?
– Peut-il vivre comme tout le monde malgré le degré de dépendance ? Un projet de vie a-t-il été élaboré ?

• Sur la vie familiale ou du couple
– Comment s'investit la maman auprès de son enfant handicapé ? Est-ce au détriment de la fratrie ? Appréhende-t-elle l'avenir ? Qui va prendre le relais ?

– Comment se conduit l'époux (ou l'épouse) valide vis-à-vis du conjoint handicapé : maternant, très protecteur ?
– Comment est vécu la perte d'autorité par le parent devenu invalide (irritable, démissionnaire) ?

• Sur la vie socioprofessionnelle
Comment est vécu le regard de l'autre ? Y a-t-il une volonté de s'insérer ou de se réinsérer ? Surtout si le handicap est récent !
Ainsi en complément d'aides techniques possibles, l'ADVF saura rester neutre et répondre aux besoins bio-psychosociaux.
Prenons un exemple de conduite à tenir pour chaque catégorie de handicap.
Il ne s'agit pas de remplacer un soignant mais d'aider à son niveau, sans chercher à dépasser ses compétences.

Exemple n° 1 Handicap physique :
Le paraplégique est paralysé des deux membres inférieurs d'où perte de la motricité ; troubles sphinctériens, sexuels et psychologiques.
– Perte de la motricité
Encourager à la rééducation, au transfert lit-fauteuil avec le concours d'une aide technique (potence, lève-personne).
Veiller à la propreté du fauteuil roulant, au gonflage des pneus, à la présence d'un coussin anti-escarres (nécrose cutanée).
Éviter les attitudes vicieuses : au lit, jambes dans le prolongement du corps ; au fauteuil, pieds bien installés sur le repose-pieds.
Lutter contre les rougeurs cutanées aux points d'appui, sacrum et talons principalement, par des massages doux.
– Troubles sphinctériens
L'incontinence urinaire : aider à l'hygiène (toilette et change) et stimuler à boire pour éviter l'infection urinaire.
NB : la rétention urinaire ou vessie spastique est vue par le patient lui-même ou prise en charge par un soignant.
Fonction intestinale : si perte de selles, aider à l'hygiène (toilette et change) ; à l'inverse si tendance à la constipation, conseiller une alimentation riche en fibres et stimuler pour boire (1,5 litre par jour). Préconiser des massages doux de l'abdomen dans le sens des aiguilles d'une montre face à la personne.
– Troubles sexuels
Être à l'écoute et renvoyer au médecin. Il existe différents moyens de pallier des troubles de l'érection par exemple.
– Troubles psychologiques
L'animation peut atténuer la tristesse, l'irritabilité. Pour une dépression, une mésentente familiale, la relation d'aide de première intention cèdera sa place au spécialiste.

Exemple n° 2 Handicap psychique :
L'autiste présente un repli sur lui-même, accompagné de la perte du contact avec le monde extérieur, d'où un défaut dans le développement de tout ce qui touche à la perception et à la communication, donc à la résonnance sociale.

– Troubles de la communication
L'autiste (souvent un enfant) ne parle pas, ou répète ce qu'il entend, émet un jargon sans signification. Le non verbal est mal maîtrisé.
L'ADVF doit simplifier son langage et donner autrement les informations en les présentant une à une, concrétisées par exemple par un objet, un pictogramme, une photo, une étiquette.
– Troubles du comportement
L'autiste a un besoin impérieux de se repérer constamment dans l'espace ; il répète souvent les mêmes mouvements, la même activité avec les mêmes objets.
Structurer l'environnement pour éviter dispersion et permettre la concentration. Ne pas modifier ses repères.
Réduire les stimuli en amont pour aider à focaliser l'attention sur l'activité du moment.
– Troubles des relations sociales
L'autiste est indifférent aux autres et se désintéresse totalement de la vie du groupe.
Rassurer par des câlins ou gratifier par des mimiques de satisfaction en présence d'autrui.
À l'inverse, ne pas imposer le contact lorsque la rencontre devient insupportable.
Quoiqu'il en soit, toujours se référer aux parents pour éviter de faire des impairs.

Exemple n° 3 Handicap sensoriel :
La presbyacousie est la diminution de l'audition due au vieillissement qui gêne la personne âgée ainsi que son entourage. Il y a peu à peu un désengagement de la vie sociale.
– Troubles de la compréhension
Bain au lieu de pain par exemple.
Parler en face et lentement, sans crier, ou à l'oreille la moins touchée. Bien articuler. Faire des phrases courtes. Au besoin, utiliser l'écrit. Ne pas hésiter à répéter.
– Troubles du comportement
Faire preuve de patience. Attention au sourire mal à propos et interprété comme une moquerie.
Conseiller la personne de se faire appareiller pour aller vers les autres et se tenir au courant des évènements de la vie. Si la prothèse auditive est impossible, suggérer la lecture d'un quotidien.
Éviter toute ambiance sonore excessive : fête foraine, course automobile, coktail party car le bruit de fond lui est pénible.
La malvoyance
Il existe différentes formes de malvoyance : vision centrale, périphérique ou associée.
La dégénérescence maculaire liée à l'âge entraîne une atteinte de la vision centrale : gêne pour la lecture, pour toute activité de précision et pour la reconnaissance des visages.
La rétinite pigmentaire entraîne une atteinte de la vision périphérique : vision tabulaire et gêne pour repérer sur le côté des véhicules ou des piétons.
La cataracte est une atteinte de la vision globale qui donne une impression de brouillard, les couleurs semblent ternes, les détails s'estompent.
Le glaucome est une atteinte globale, la vision est parsemée de taches gênant les activités quotidiennes et les déplacements.
La rétinopathie diabétique est une atteinte globale, la vision est floue et parsemée de taches.

Conséquences
Limitation des activités voire interruption (conduire un véhicule, regarder la télévision...). Irritabilité, dépression, tendance à confondre ou ne plus reconnaître les personnes de son entourage qui s'interrogent (faut-il assister, plaindre ?...).
Ressources personnelles
Réorganiser ses capacités, se fier à sa mémoire et à son intelligence en compensant et en mobilisant d'autres capacités (le tact, l'ouïe, l'odorat).
Ressources de l'entourage
L'aide doit rester discrète, ne pas bousculer les repères, prendre patience pour ne pas désengager la PA.
Les aides
Utilisation de loupes, de lunettes, d'un miroir grossissant, d'un téléphone à grosses touches, livres à gros caractères ou lecture audio...
À domicile
Éviter les chutes en améliorant l'éclairage, il faut ranger, ranger, ranger !
Mettre des couleurs vives dans le logement : boîtes de rangement, serviettes ou torchons, et contraster les couleurs (nappe, assiette, serviette, par exemple).

Réflexion sur le corps, dimension affective et intimité dans les actes essentiels de la vie

Réfléchir sur un corps, celui de l'autre est bien différent qu'il s'agisse d'un bébé ou d'enfant, d'une personne âgée ou encore d'une personne handicapée.
Quelle référence adopter ?
Celle des magazines à l'approche de l'été, remplis de photos de mannequins au bronzage à point ?
Celle des clips vidéo où se déhanchent des silhouettes sensuelles ?
Ou encore celle des publicités de toutes sortes avec des jeunes gens au sourire éclatant ? Ou enfin, la projection de soi-même ?
La réalité au quotidien est tout autre.
Il y a le premier regard et puis après ? La beauté est subjective, un polyhandicapé peut être beau et digne d'intérêt.
Par le filtre de nos yeux s'ajoutent des sentiments variés mêlant tour à tour attirance, rejet, inquiétude, pitié, impuissance...
À cette ambivalence, il faut ajouter la dimension affective accordée à l'aide : changer la couche d'un bébé est moins écœurant que celle d'un adulte.
Et il faut tenir compte du nombre : une personne à aider, ça va, trois personnes à aider, bonjour les dégâts ! Dans ce cas, il ne faut pas s'engager dans un métier d'aide.
Enfin, quel engagement pour quel salaire ?
Le risque est grand que l'investissement et l'épanouissement laissent la place, à la longue, à l'agressivité voire à la maltraitance. Mieux vaut se souvenir qu'il est toujours temps de se réorienter vers un autre métier.
Et pour finir, se souvenir que des relations trop intimes, trop amicales prennent toujours le pas sur le professionnalisme. Manquant de recul et de liberté, vous devenez moins efficace.

f. Les pathologies les plus rencontrées

La maladie d'Alzheimer

Définition

Maladie neuro-dégénérative du tissu cérébral qui entraîne la perte progressive et irréversible des fonctions mentales (dites cognitives). C'est la principale cause de démence chez les personnes âgées.

Si l'origine reste à ce jour méconnue, il y a une contribution de facteurs environnementaux et génétiques selon les spécialistes.

Quelques chiffres

- 24 millions de personnes atteintes dans le monde dont 1 million en France.
- Début 1900 : découverte de la maladie par un médecin allemand (docteur Alzheimer).
- En France, après 85 ans : 1 femme sur 4 et 1 homme sur 5 sont touchés.
- Alzheimer, la maladie des 4 « A » : amnésie, aphasie, agnosie, apraxie.
- En France, les 2/3 des malades vivent à domicile. Un plan « Alzheimer » est mis en place entre 2008 et 2012 pour la prise en charge des malades.

Diagnostic

Une batterie de tests neuropsychologiques en consultation spécialisée couplée à l'imagerie cérébrale (IRM : imagerie par résonnance magnétique) doivent être proposées précocement pour une prise en charge rapide.

NB : la certitude absolue est obtenue par l'autopsie post-mortem.

Début de la maladie et évolution

Troubles de la mémoire et du langage apparaissent en premier. Même de manière discrète, ils peuvent gêner au quotidien. Petit à petit s'installent une désorientation spatiale, un défaut de jugement, des troubles de l'humeur et du comportement qui nécessitent bien souvent l'intervention d'un tiers.

L'évolution se fait sur plusieurs années (5 à 15 ans) avec accentuation des signes conduisant vers une perte totale de l'autonomie, de l'altération de l'état général (dénutrition, épuisement) et le décès.

Conduite à tenir devant les principaux troubles cognitifs (liés à la connaissance)

La mémoire : les pertes (amnésie) pour les événements récents puis anciens peuvent irriter, déboussoler le malade. Faire preuve de patience, rassurer, entraîner à préserver le potentiel restant (utiliser des pense-bêtes, le calendrier).

La parole : hésitante, confuse ou absente (aphasie) suppose d'explorer le non verbal (toucher, geste, mimique, image, symbole...).

La gestuelle : les actions élémentaires deviennent compliquées (apraxie). Intervenir seulement sur ce que le malade ne sait plus faire (hygiène, alimentation).

La reconnaissance : la confusion des objets (agnosie) implique le guidage en permanence (la fourchette pour manger, le peigne pour se coiffer...).

Le temps et l'espace : la désorientation suggère de baliser les activités au fur et à mesure dans la journée. Garder les repères familiers dans le périmètre de déambulation.

L'anticipation : décomposer un enchaînement d'actions pour les appréhender successivement (vérification des stocks, liste des courses, achats, rangement, par exemple).

Le raisonnement : inutile de recadrer car le malade suit « sa propre logique », ne pas heurter, mais détourner la conversation.

La concentration : l'attention s'écourte, se focalise uniquement sur une chose à la fois ; en tenir compte dans les activités proposées.

Prise en charge

À ce jour, il n'existe pas de traitement curatif. Les médicaments dont on dispose stabilisent temporairement.

Tous les efforts de l'aidant se portent sur l'accompagnement.
– L'ADVF doit essentiellement accompagner l'aidant familial pour lui éviter l'épuisement.
– Nombreuses sont les associations, dont France Alzheimer qui, par leur engagement, sont aussi un réel soutien.
Le placement temporaire est possible, il peut permettre à la famille de souffler un peu.
On peut distinguer trois besoins essentiels du malade :
– Besoin de communiquer : face-à-face, droit dans les yeux, établir le contact. La voix doit être calme, posée, le discours clair, court (sujet, verbe, complément). Reformuler au besoin. Appuyer les propos par le geste, montrer un objet...
– Besoin de sécurité : aménager le lieu de vie pour éviter les accidents domestiques (gaz, chute, fugue).
Garder à l'esprit trois mots : sécurité, simplicité, stabilité.
Regarder le malade agir pour organiser l'espace a minima. Garder ses repères, ne jamais le brusquer.
À l'extérieur du domicile, ne pas quitter le malade des yeux.
– Besoin de vivre : permettre au malade, malgré ses défaillances, de continuer comme avant, le plus longtemps possible, ses activités, de maintenir son cadre de vie et son entourage.
Orienter la personne vers un accueil thérapeutique de jour pour renforcer l'aide.

Le Plan 2014-2019 des maladies neuro-dégénératives (Alzheimer, Parkinson, sclérose en plaques)

Le PMND est constitué de 96 mesures réparties en 4 axes et 12 enjeux.
1. Soigner et accompagner tout au long de la vie et sur tout le territoire :
– favoriser un diagnostic de qualité et éviter des situations d'errance ;
– favoriser une évaluation globale et partagée de chaque situation et garantir l'accès à un programme personnalisé de soins ;
– donner l'accès à des soins de qualité tout au long de la vie avec la maladie ;
– adapter la formation des professionnels pour améliorer la qualité de la réponse apportée aux personnes malades.
2. Favoriser l'adaptation de la société aux enjeux des maladies neuro-dégénératives et atténuer les conséquences personnelles et sociales sur la vie quotidienne :
– faciliter la vie avec la maladie au sein d'une société respectueuse, intégrative et volontaire dans son adaptation ;
– favoriser le lien social, les liens de proximité, l'innovation sociale et lutter contre l'isolement ;
– soutenir les proches aidants dont font partie les aidants familiaux ;
– atténuer les conséquences économiques de la maladie et aider au maintien d'un parcours professionnel pour les malades jeunes ;
– faire des droits de la personne et de la réflexion éthique un levier de la conduite du changement.

3. Développer et coordonner la recherche sur les maladies neuro-dégénératives :
– dynamiser et mieux coordonner la recherche sur les maladies neuro-dégénératives ;
– mieux comprendre les maladies neuro-dégénératives pour prévenir leur apparition et ralentir leur évolution.
4. Faire de la gouvernance du plan un véritable outil d'innovation, de pilotage des politiques publiques et de la démocratie en santé :
– rendre effective la démocratie sanitaire et structurer la gouvernance dans le cadre de la mise en œuvre du PMND.
Pour plus d'informations sur le PMND 2014-2019, un site : www.social-sante.gouv.fr

Animer un Alzheimer

Chez l'Alzheimer, travailler sur la mémoire, la parole, le geste, la reconnaissance, mais aussi sur les cinq sens, l'image corporelle, l'autonomie, l'espace et le temps.
De nombreux thèmes de la vie courante ou des loisirs sollicitent, à la fois, le corps, l'esprit, la vie en société ; à titre d'exemple : toilette, habillage, promenade, petit jardinage, danse, ménage, gym douce, décoration, chant, cuisine et enfin album photo, jeux de société, animaux, visites à des personnes familières.
Quelques conseils pour y parvenir : veiller à la sécurité, au calme. Entreprendre des activités simples sans contrainte de temps. Rester adaptable, tolérant. Savoir rassurer, encourager, féliciter. Tenir compte de la fatigabilité, du degré de concentration, des goûts et des capacités du moment. Varier les activités dans les domaines artistique, physique, intellectuel et social.
De tous ces éléments dépendra la réussite de l'animation.

Le cancer (tumeur maligne)

Définition

Toute prolifération anormale d'un organe ou d'un tissu. Maladie qui représente un réel danger pour la survie de l'être humain.

Mécanisme

Virus, radiations, substances chimiques (amiante par exemple) dites cancérigènes peuvent provoquer ou favoriser la dégénérescence de tissus qu'ils infiltrent. Il en résulte un tissu cancéreux de structure anarchique qui envahit les tissus voisins. Il peut se disséminer à distance par voie lymphatique ou sanguine et se fixer sur un autre organe ou tissu (métastases ou cancer secondaire).
Devant la grande variété de signes cliniques le diagnostic est établi par une biopsie avec examen anatomopathologique.

Traitement

Plus il est précoce, meilleur sera le pronostic. Bien souvent il associe chirurgie, chimiothérapie, radiothérapie, immunothérapie, spécificités des centres anticancéreux régionaux.

Prévention

– En premier lieu, l'hygiène de vie : éviter l'exposition prolongée au soleil, promouvoir la consommation de fruits et légumes, lutter contre le tabagisme et l'alcoolisme ; ce sont des thèmes de la santé publique.

– Ensuite, dépister sous différentes formes médicales (mammographie, frottis cervico-vaginal, recherche de sang dans les selles, dosage des PSA et toucher rectal...).
– La Ligue contre le cancer, grâce à ses comités départementaux, a une part très active dans la recherche (cancers professionnels et environnementaux par exemple).
– L'Institut national du cancer coordonne l'ensemble des acteurs et donne une visibilité internationale à la politique de recherche.

L'incontinence urinaire

Définition

Pertes involontaires et incontrôlées d'urine qui engendrent un inconfort social, professionnel, sexuel. Devenant chronique, on peut avoir une infection urinaire et des lésions cutanées locales dues au milieu humide.

Les causes

Souvent liées à une défaillance neurologique ou une faiblesse musculaire du périnée, les causes sont donc très diverses :
– une tumeur, la maladie de Parkinson, un AVC, une prostatite ;
– un effort physique, un accès de toux ou un éternuement peuvent provoquer ponctuellement une fuite urinaire ;
– une vessie hyperactive, une incapacité à se déplacer, la constipation, des infections urinaires répétées, l'obésité, certains médicaments.

Traitement

Par rééducation, traitement médicamenteux ou chirurgical, il s'attaquera à la cause.

Prévention

Une bonne hygiène de vie permet de diminuer les risques. Éviter le surpoids, la sédentarité, l'alcool, le tabac, la caféine. En cas d'incontinence nocturne, réduire sa consommation de liquide le soir sans diminuer la quantité journalière.
Savoir utiliser des protections à bon escient pour améliorer le confort.

Le diabète (diabète sucré)

Définition

Trouble du métabolisme dans la transformation et l'utilisation des glucides qui engendre des complications vasculaires et nerveuses.

Mécanisme

L'insuffisance de la sécrétion d'insuline en quantité et en qualité par le pancréas se traduit par un taux élevé de sucre circulant dans le sang (hyperglycémie) et sa présence dans les urines (glycosurie).
Il existe 2 types de diabète :
Diabète de type 1 : diabète de l'enfant, c'est le diabète insulinodépendant.
Diabète de type 2 : diabète de l'adulte (diabète gras) souvent découvert lors de complications.
NB : le diabète gestationnel (durant la grossesse) est en principe temporaire.

Symptômes

Polyurie, polyphagie, polydipsie, asthénie, augmentation des infections, retard à la cicatrisation.

Traitement

– Régime diabétique où les sucres rapides (sucre, confiture, miel...) sont proscrits.

– Injection d'insuline ou (et) hypoglycémiants oraux dont la posologie sera adaptée au dosage de la glycémie (0,8 à 1,2 g/l) pour éviter hypo ou hyperglycémie.

Prévention

L'hygiène de vie du diabétique : respecter le régime, contrôler régulièrement la glycémie et adapter le traitement, hygiène corporelle attentive (bouche, pieds), contrôle du poids, avoir une activité physique régulière.

Dépistage des complications

– Maladies cardio-vasculaires (AVC, IDM, HTA, rétinopathie, artérite, gangrène).

– Complications nerveuses : fourmillement des extrémités, douleurs, pertes de sensibilité).

– Acidocétose chez l'enfant.

Le SIDA

Définition

Syndrome d'**i**mmuno**d**éficience **a**cquise.

Il résulte de l'attaque du système immunitaire (de défense) par le VIH (virus de l'immunodéficience humaine).

Quelques chiffres

En France, 150 000 personnes vivent avec le VIH. Les régions les plus touchées sont : Guyane, Martinique, Guadeloupe, Île-de-France et PACA.

En 2013, 6 200 personnes ont découvert leur séropositivité (55 % d'hétérosexuels, 45 % d'homosexuels, 1 % de drogués par voie intraveineuse). Dans le monde, le continent africain est le plus exposé.

Début et évolution

Première phase ou primo-infection : contact avec le VIH qui se multiplie.

Le plus souvent asymptomatique on a parfois fébricule, malaise, éruption cutanée, ganglions douloureux, pharyngite (rien d'évocateur).

L'organisme réagit en produisant des anticorps pour lutter contre le VIH, détectables à la prise de sang qui signe la contamination.

La personne est dite séropositive, elle le restera à vie. Sans recherche, cette phase passe inaperçue, la personne devient porteur sain : elle peut à son tour contaminer autrui sans le savoir.

Deuxième phase, stade SIDA : la multiplication du VIH va dégrader le système immunitaire en un temps variable de quelques mois à quelques années. L'organisme, affaibli ne va plus pouvoir lutter contre les microbes et contractera des maladies opportunistes.

Sans traitement, l'altération de l'état général et le décès auront raison du malade sidéen.

Transmission du virus

Par voie sexuelle : pénétration vaginale, anale, fellation (bouche/pénis), cunnilingus (bouche/vagin). C'est une IST (infection sexuellement transmissible) au même titre que la syphilis, la gonococcie, l'herpès génital.

Par voie sanguine : partage de seringue intraveineuse, plaie accidentelle, transfusion sanguine à l'étranger, grossesse, accouchement.

Par allaitement : lait maternel.

Ce qu'il faut retenir
Le VIH contenu dans la salive, la sueur, les larmes, les vomissures, l'urine, n'est pas en quantité suffisante pour être contaminant.
Il n'y a donc aucun risque en cas de toux, éternuement, baiser, contact manuel, piqûre de moustique, baignade, W-C, restaurant...
Par contre il y a danger en cas de contact avec du sang, du sperme, du liquide séminal, des secrétions vaginales, le lait maternel. Dépistage et traitement précoces améliorent considérablement l'espérance de vie des séropositifs.

Protection

Préservatif pour les rapports sexuels, aux normes NF et non périmé.
Pour le personnel sanitaire, attention :
- au rasage et nettoyage du rasoir ;
- à la manipulation du matériel de glycémie chez le diabétique ;
- à la toilette intime : porter des gants à usage unique, sans bijou (risque de déchirure) et se surprotéger en se désinfectant les mains (solution hydro-alcoolique) après.

Se laver les mains consciencieusement en quittant le domicile.
Ces recommandations sont applicables vis-à-vis de tous les clients (porteur sain, sidéen ou l'individu lambda dont on ne connaît pas la sérologie).
Le risque augmente en cas de blessure profonde, de sang contaminant visible, de stade terminal du SIDA, d'absence de couverture antivirale après la contamination (post exposition), seule la prévention est de mise.
Si l'aidant s'est blessé accidentellement au contact du sang, il doit :
– stopper l'activité en cours, laisser saigner, nettoyer à l'eau et au savon, rincer abondamment, sécher ;
– réaliser l'antisepsie de la plaie par trempage pendant dix minutes dans du dakin ou alcool à 70 ° (pour les muqueuses ou l'œil, rincer abondamment à l'eau durant dix minutes). Déclarer l'accident du travail à son employeur dans les 24 heures ;
– Aller voir son médecin traitant, médecin du travail ou hospitalier pour une prise en charge : suivi sérologique avant le 8e jour (test négatif) puis 1er et 3e mois après l'accident si aucun traitement prophylactique (post exposition) n'est institué ; ou suivi sérologique avant le 8e jour (test négatif) puis 2e et 4e mois après l'accident si un traitement est prescrit et s'il y a de fortes présomptions de contamination.
NB : le médecin traitant du patient peut aussi obtenir l'accord de ce dernier (consentement éclairé) pour une recherche par test VIH. L'aidant n'est pas non plus à l'abri d'une contamination par l'hépatite. C'est le profil du patient qui orientera la recherche.

Traitement

Il associe généralement trois médicaments antirétroviraux. Il est contraignant par la durée et les effets secondaires et ne guérit pas (à l'heure actuelle) mais empêche le VIH de se répliquer.
Aussi la prévention est-elle très importante !

g. Comment accompagner la fin de vie ?

- Que reste-t-il à faire lorsqu'il n'y a plus rien à faire ?
- Quand a-t-on le droit de dire « cette personne est perdue, il n'y a plus rien à faire » ?
- Aider à mourir ou aider à vivre ses derniers instants ?

À question fondamentale, réponse fondamentale :

Chaque mourant est unique, chaque « mourir » est différent.

Il faut aider à mourir dignement sans acharnement thérapeutique ni euthanasie.

Depuis la connaissance du diagnostic-pronostic jusqu'à la mort, se succèdent différentes étapes plus ou moins longues ou intenses.

1. Choquée, abasourdie : « Ce n'est pas vrai », la personne se replie sur elle-même.
2. Refus, colère : « Pourquoi moi ? », « Qu'ai-je fait à Dieu ?», « Qu'on me laisse tranquille ! ».
3. Négociation, marchandage : « Si je prends correctement mes médicaments, je pourrais voir le baptême du petit dernier ».
4. Tristesse, dépression, résignation : vu l'inutilité de la lutte et des échecs thérapeutiques « C'est comme ça ! », « Je vais mettre mes affaires en ordre, établir mon testament... ».
5. L'agonie, dans un état plus ou moins conscient, suivie de la mort.

Les quatre premières phases peuvent se chevaucher, s'inverser.

Quoi qu'il en soit, l'aidant doit cheminer aux côtés, écouter, soutenir sans minimiser ni exagérer. Quelle vérité le mourrant veut-il et peut-il entendre ?

Tenir compte de l'opinion du mourant, le maintenir dans son environnement habituel, matériel et relationnel avec le confort physique et la sérénité comme objectif.

L'objectif du médecin sera de supprimer la douleur et l'angoisse et de diminuer petit à petit les autres médicaments devenus superflus.

L'ADVF en fonction de ses compétences répondra aux besoins fondamentaux :

- Assurer les soins d'hygiène corporelle jusqu'au bout ; le confort minimum au final se limitant à la toilette génito-anale, massage doux des zones douloureuses, protection contre l'urine et les selles, soin de bouche, brumisation du visage.
- Alimenter et surtout hydrater aussi naturellement que possible ; par la bouche autant que possible. Présenter des petits repas fractionnés tout au long de la journée en faisant plaisir au mourant. Les repas seront riches en protéines (contre les escarres) et non contraignants à la mastication-déglutition (laitages, compotes...).

Même lorsque l'alimentation devient difficile, l'hydratation reste essentielle (canard, pipette, cuillère, seringue, compresse humide, tant qu'il n'y a pas de fausse route et dans ce cas, tenter l'eau gélifiée).

- Essayer de mettre en place une atmosphère calme selon la fatigabilité du mourant.
- Favoriser la présence des proches (soutien naturel) ou du culte suivant la demande.
- Maintenir la communication ; au-delà des mots : regard, mimique, geste de la main, savoir toucher et, enfin, savoir écouter ou être présent tout simplement.

En adoptant une conduite médiane entre acharnement thérapeutique et euthanasie, on peut très bien accompagner une fin de vie au domicile (dans un cadre rassurant et entouré des siens).

La désignation d'une personne de confiance ou l'appel d'association pour les soins palliatifs peut faciliter l'approche de la mort et préparer la phase de deuil pour ceux qui restent.

VI Compétence 5 : mettre en œuvre les techniques et gestes professionnels appropriés dans l'aide à la toilette et à l'habillage, aux déplacements, à l'alimentation

1 L'aide à la toilette et à l'habillage

Le but de la toilette est d'assurer l'hygiène et la propreté du corps :

- Assurer l'hygiène c'est faire en sorte d'éviter les maladies.
- Assurer la propreté c'est retirer la saleté et les mauvaises odeurs.

L'histoire nous montre que la propreté correspond davantage à un fait culturel qui dépend de la société et de l'époque où l'on vit. Les thermes romains étaient légion, mais sous Louis XIV on ne se lavait guère, à ce moment, on croyait même qu'il était dangereux de se laver. A la cour on préférait se poudrer, se parfumer !

Aujourd'hui, nombreux sont ceux qui au contraire pensent que ne pas se laver est indécent voire morbide. Notre société aseptisée occidentale considère comme sales des choses qu'autrefois d'autres trouvaient propres, et fait la chasse aux mauvaises odeurs qui nous dérangent aujourd'hui.

Il faut garder à l'esprit trois choses :

- Chacun de nous a sa propre idée de la propreté. Les personnes âgées ont souvent d'autres normes culturelles que les nôtres ; tout simplement parce qu'elles ont gardé les habitudes de leur jeunesse (une douche ou un bain le week-end par exemple et toilette au lavabo pendant la semaine).
- L'ADVF doit être attentive avant tout au désir de la personne.

Ne pas insister pour effectuer une toilette que la personne ne souhaite pas (sauf si la personne est souillée).

- Si la situation devient critique, demander par voie hiérarchique une prescription médicale.

Faire sa toilette, c'est aussi se coiffer, s'habiller, se parer, se maquiller, se parfumer...

a. L'ADVF respecte des règles dans l'aide à la toilette

Respecter le règlement de la profession

L'ADVF aide à la toilette, lorsque celle-ci est assimilée à un acte de la vie quotidienne et n'a pas fait l'objet de prescription médicale.
Dans ce cas, la personne aidée est active.
Si du personnel soignant intervient, elle apporte son aide sous la responsabilité du professionnel.
Dans ce cas la personne est souvent confinée au fauteuil ou au lit.
En cas de nécessité, hors présence soignante et avec son accord, l'ADVF peut répondre à un besoin express de propreté, d'hygiène, de confort (toilette intime avec change, lavage des cheveux, des pieds, etc.).

Ce qui est interdit
L'ADVF ne se substitue pas au soignant chargé de la toilette lorsqu'il y a une prescription médicale.
L'ADVF n'assure aucun soin d'escarre ou de plaie au moment de la toilette.
L'ADVF n'intervient pas dans la coupe des ongles des pieds ou des mains.

Respect de l'autonomie en stimulant les ressources

Aucun geste que la personne aidée est capable de faire ne sera fait à sa place.
À chaque intervention :

- Évaluer les capacités : la forme, la fatigue, peuvent changer d'un jour sur l'autre.
- Adapter l'aide au déficit : penser à évaluer les conséquences des rhumatismes des mains, des troubles visuels, qui font que la personne a des difficultés pour réaliser les gestes de la toilette.
- Utiliser la méthode QQCOQP (Qui, Quoi, Comment, Où, Quand, Pourquoi ?) pour la préparation de l'intervention.

Le verbe précédera toujours l'action : guider sans brusquer.
Durant le *nursing*, une mobilisation en douceur et graduelle maintiendra une liberté articulaire et une tonicité musculaire.

Respect de la pudeur

L'ADVF doit apprendre à rester naturelle même si au début elle ressent de la gêne.
Laisser la personne nue le moins longtemps possible.
Toujours laisser à portée de main un peignoir, une robe de chambre....

Respect des habitudes et les choix

Avant de procéder à l'aide à la toilette, se renseigner auprès de la personne sur ses habitudes, sa manière de faire (l'horaire qui lui convient le mieux, l'ordre des étapes, les produits utilisés : savon, crème lavante, shampoing doux, etc.).

Respecter les choix de la PA :
<u>*Exemple :*</u>
Le gant de toilette est plus ou moins apprécié et son utilisation est variée.
Certains préfèrent se laver :
– à main nue, car le gant est un nid de microbes ;
– avec un gant, car le gant décape les peaux mortes et contient l'eau sans qu'elle dégouline :
• pour une hygiène parfaite, utiliser 2 gants par jour et par personne ;
• le gant jetable en intissé est plus propre et finalement plus économique ;
– avec la fleur de douche qui permet de faire mousser le savon et gomme les cellules mortes ;
– avec la main pour laver les parties plus fragiles (le visage et les endroits intimes).
Ce qui est sûr c'est que pour garantir une distance professionnelle l'aidant utilisera un gant ou un support équivalent. S'il doit resservir, veiller à bien le rincer pour ne pas être malodorant. Éviter de maintenir un savon ou savonnette qui « baigne dans son jus » car c'est un véritable bouillon de culture. Le laisser s'égoutter sur une grille.
La toilette engendre des idées bien personnelles, qu'il faut respecter, mais attention quand même à l'absence de toilette ou au contraire à l'excès d'hygiène.

Respect de la sécurité

Avant de procéder à la toilette :
1. Veiller à disposer le tapis de douche antidérapant.
2. Faire chauffer la salle de bains.
3. Allumer les lumières.
4. Préparer le matériel de toilette (tout doit être à portée de main).
5. Disposer le siège au lavabo, le siège de douche ou de baignoire.
Tapis antiglisse + barre de maintien + siège pour s'asseoir = sécurité assurée

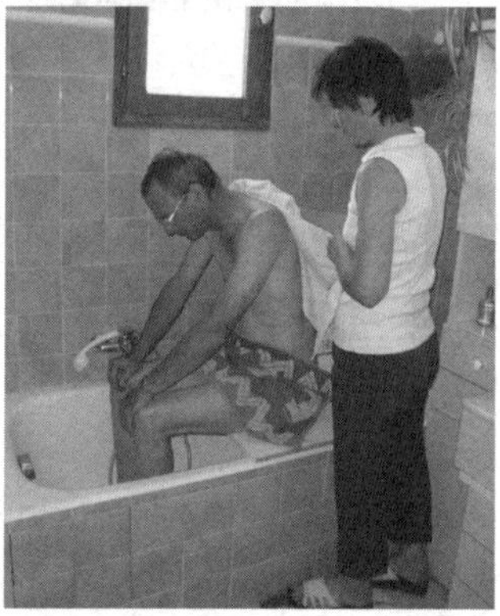

Entrée et sortie de la baignoire, ainsi que la toilette sont plus aisées.

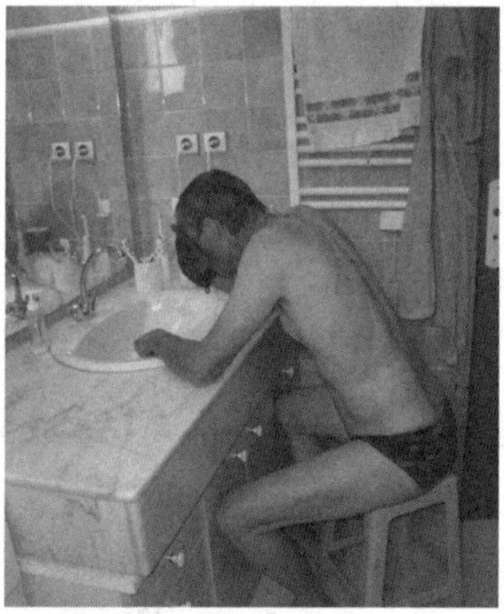

Au lavabo, la position assise est confortable.

Respect de l'hygiène

Bien laver, bien rincer, bien sécher avec une attention particulière aux plis, replis, orifices : aisselles, forte poitrine, région génito-anale, pieds, mains, cou...

b. Le lavage, le rinçage et le séchage de la peau

Le lavage

Le lavage consiste à enlever :
- la crasse : poussière, terre, graisses... ;
- les traces d'urine et de selles ;
- les sécrétions de la peau : sueur, sébum... ;
- les cellules mortes de la peau.

En définitive tous les supports aux micro-organismes !

Attentions particulières

La peau de la personne âgée est fragile. Il faut donc veiller à ne pas frotter fort ou utiliser des produits agressifs (utiliser des savons surgras).

La sécheresse cutanée est le principal facteur d'irritations, de démangeaisons. Il ne faut donc pas ôter de la peau, la fine couche protectrice qui lui permet d'être moins sèche.

Autant que possible l'ADVF laisse à la personne le soin de se savonner.

Mains et pieds recommandent sa vigilance : hormis le fait que les mains sont un merveilleux outil, elles se salissent très facilement et véhiculent bon nombre de germes ; aussi faut-il les laver assez souvent (*cf.* fiche spécifique) surtout avant de passer à table.

Le bon état des pieds peut assurer plus de mobilité à la personne et par conséquent une sociabilité plus intéressante. Aussi un bain de pieds sera-t-il salutaire de temps en temps avec intervention du pédicure chez les plus âgés.

Le vieillissement apporte des changements importants aux pieds : l'arthrite, les déformations osseuses, l'apparition de callosités et de cors douloureux... Les ongles changent également ; ils deviennent plus épais, plus durs et s'incurvent, favorisant ainsi l'ongle incarné. C'est la raison pour laquelle l'ADVF se contentera de limer les ongles, laissant la coupe au pédicure par exemple.

Suivant l'autonomie et à la demande de la personne

L'ADVF intervient auprès d'une personne active, au lavabo, à la douche ou au bain.

Elle peut être là, simplement pour veiller à la sécurité, tendre les produits ou la serviette, et n'intervenir que si on le lui demande.

Elle peut aider simplement à laver les épaules et le dos, les jambes et les pieds car la personne âgée a souvent du mal à lever les bras ou à se baisser.

Elle peut apporter une aide plus importante, sachant que le geste doit rester doux sur les zones délicates. Insister au niveau des espaces interdigitaux.

Pour la toilette génitale de la femme : procéder de la vulve vers l'anus et non le contraire pour éviter de souiller par des microbes fécaux (risques d'infection urinaire en particulier).

Chez l'homme, penser à décalotter puis recalotter.

Auprès d'une personne inactive, malade ou fatiguée, au lit, elle agit de manière ponctuelle. Si la situation de la personne ne s'améliore pas rapidement, l'ADVF doit en avertir sa hiérarchie et demander une prescription médicale, afin qu'un soignant prenne la toilette en charge.

Laver les zones malades
La personne peut présenter des lésions cutanées : brûlures, piqûres, boutons, escarres, plaies...
La personne s'occupe de sa toilette et l'ADVF vérifie que les lésions sont bien rincées et séchées. Si la personne a besoin d'aide, il vaut mieux ne pas mettre de savon et demander conseil à l'infirmier.
Le problème des pansements ou assimilés : ne pas les mouiller !
Un plâtre : cela le détruirait (pour un membre, protéger des éclaboussures avec un sac poubelle = système D).
Une contention en résine : car l'eau peut s'infiltrer entre la résine et la peau, et on ne pourrait pas la sécher.
Un pansement : les pansements modernes sont faits pour rester en place plusieurs jours, le fait de les mouiller peut les décoller.

Le rinçage

Il consiste à passer de l'eau en quantité suffisante pour enlever le mélange savon/crasse.
Il faut rincer avec soin sous peine de provoquer des irritations dues au savon.
L'ADVF doit donc intervenir si la PA n'y arrive pas seule, pour rincer les parties sensibles (plis, orifices...).

Le séchage

Il faut sécher méticuleusement toutes les parties du corps, surtout dans les plis, entre les orteils, derrière les oreilles... La méthode de séchage est très importante : si on frotte on crée une irritation mécanique et on enlève la couche protectrice ; il vaut mieux tamponner la peau avec la serviette.
L'ADVF doit intervenir si la PA n'arrive pas à se sécher complètement tout le corps car les irritations, l'apparition de mycoses (champignons) sont liées à un mauvais rinçage et un mauvais séchage.

C. Hygiène de la bouche, des yeux, des oreilles, des ongles et des cheveux

Hygiène de la bouche

Indispensable pour garder des dents saines et une bonne haleine !
Le brossage des dents lutte contre le tartre propice au développement microbien et donc prévient les caries et les gingivites : recommandé après le repas et au minimum le soir avant de se coucher avec une brosse à dents à poils souples (à changer dès qu'usée) ; brossage, de la gencive vers la dent, d'abord vertical puis circulaire pendant 3 minutes avec du dentifrice qui complétera l'effet mécanique. Terminer par un rinçage de la bouche.
Sous forme de jeu « faire comme papa ou comme maman », le brossage peut s'apprendre très jeune et devenir automatique.
L'entretien de prothèse se fera avec le même soin.
Même édenté, un bain de bouche avec du dentifrice dilué améliore le confort en procurant une sensation de bien-être.

Incontournable : la visite annuelle chez le dentiste.
Alimentation pauvre en sucres purs.

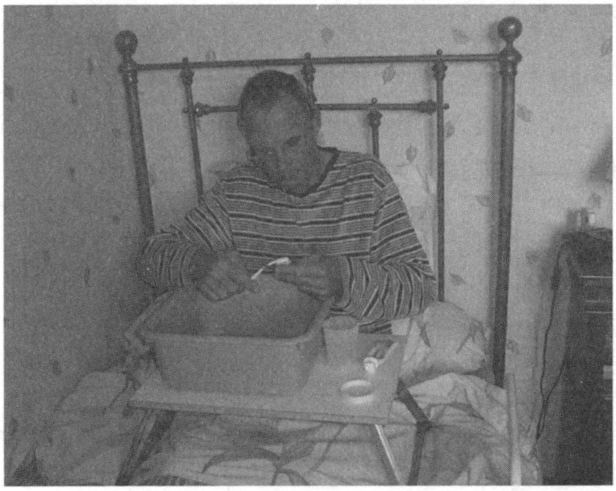
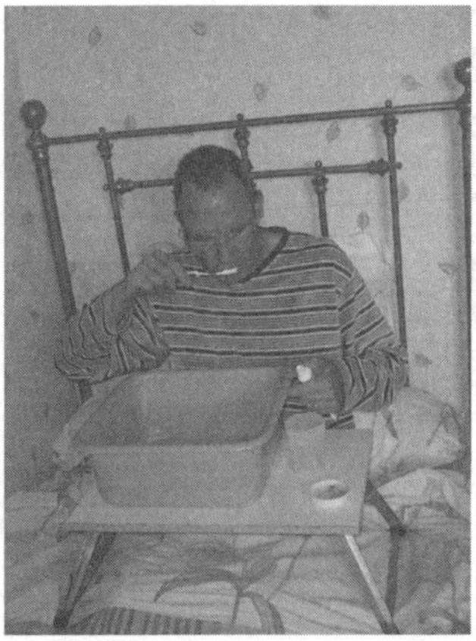

Brossage des dents et entretien d'une prothèse.
Veiller à un support stable et protéger la literie

Hygiène des yeux (ou plutôt des paupières et cils)

Avec eau et savon ou sans savon pour ne pas piquer, cils et paupières doivent être lavés comme toute autre partie du visage. Peut-être avec plus de douceur cependant car les yeux sont fragiles.

Hygiène des oreilles

Indispensable à la communication, il ne faut pas refouler le cérumen avec un coton-tige dans le conduit au risque de créer un bouchon. Savonner le pavillon et rincer. Le coton-tige servira davantage pour sécher les abords du conduit.

Hygiène des ongles

Prolongement de nos mains, les ongles sont très vite remarqués ! Ils doivent retenir notre attention et être brossés.
Profiter d'un lavage des mains ou des pieds. Les faire tremper dans de l'eau chaude savonneuse peut les débarrasser plus facilement des salissures.
La lime à ongle est plus sécurisante que des ciseaux ou un coupe-ongles.

Hygiène du cheveu

L'état du cheveu reflète l'état général.
Shampoing tous les jours, un jour sur deux, hebdomadaire, etc. Autant d'habitudes qui agissent seulement sur la partie visible et non la cause.
De manière générale, il faut laver les cheveux lorsqu'ils sont sales !
Utiliser un shampoing doux, effectuer un massage doux du cuir chevelu, bien rincer, renouveler l'opération si utile. Une fois secs, peigner et brosser les cheveux pour être présentable.
En cas de pédiculose (poux de tête), l'hygiène sera plus rigoureuse.

d. La toilette doit rester un temps de relaxation et de plaisir

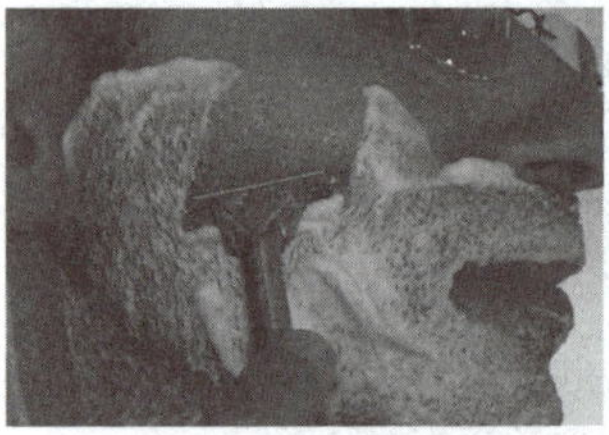

Le principal risque à éviter, c'est la coupure.

Le rasage

Les hommes se rasent tous les jours ou tous les deux jours, à la main ou au rasoir électrique. L'ADVF peut être amenée à raser un homme trop fatigué pour le faire lui-même ou simplement empêché par un problème de main ou de bras. Il est important de faire du rasage, un moment de bien-être.
Si la personne dispose d'un rasoir électrique, la tâche sera plus commode et plus rapide pour l'ADVF.
Si ce n'est pas le cas, le rasage manuel demandera plus d'attention.
Laver le visage à l'eau chaude pour assouplir la peau, laisser la crème à raser agir sur le poil avant de commencer le rasage proprement dit. Éviter les gestes brusques qui peuvent entraîner des coupures. Il est préférable de raser dans le sens du poil.
Rincer les traces de savon et terminer par l'application d'après-rasage qui atténuera le « feu » du rasoir.

La coiffure

Après la douche, si les cheveux ont été lavés, l'ADVF prendra soin de sécher la chevelure en donnant un pli avec une brosse ronde, ou il se peut que la femme coquette demande quelques bigoudis.
Le domicile n'étant en général pas prévu pour plus de soin, un rendez-vous chez le coiffeur répondra aux exigences.
Aller chez le coiffeur est symbole du plaisir de vivre. Quand une femme ne peut plus s'y rendre, c'est le coiffeur qui peut venir à domicile, pour faire un shampooing, une coloration, un brushing... Il vient avec un mini-salon portatif, pour le même prix qu'au salon.

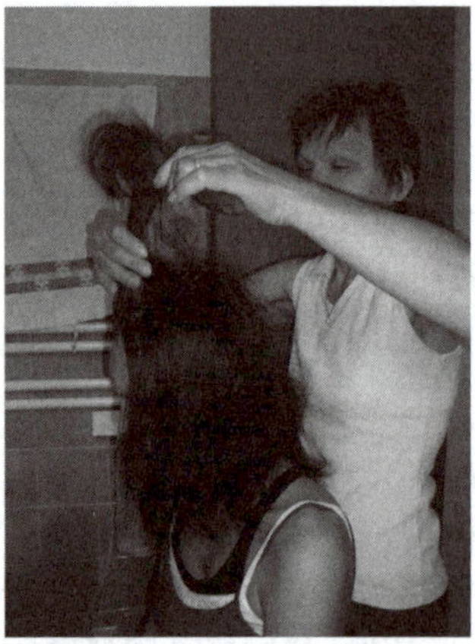

Doigté pour les cheveux qui s'entremêlent

Utilité du miroir pour suivre les étapes du maquillage

Le maquillage, l'eau de toilette...

Ne pas oublier l'effet d'un peu de maquillage ou de parfum sur le moral.

Témoignage :

« En rentrant de l'hôpital, lorsque j'ai retrouvé mes produits de maquillage, une envie de féminité m'a envahie. Je me suis essayée à suivre le contour des lèvres pour mettre mon rouge favori, j'ai appliqué un peu de poudre sur mes joues et, en redécouvrant le parfum de mon eau de toilette, je me suis sentie quelqu'un d'autre, j'avais retrouvé une envie de plaire. »

Se soucier du confort de la personne, surtout en cas de fatigue, douleur, insuffisance respiratoire, est une évidence.

Le respect des souhaits apportera une plus-value à une aide standardisée.

Tenir compte des manières de faire ouvre le débat sur efficacité et sécurité, nous obligeant à nous remettre en cause. Et « si tous les chemins menaient à... la propreté ? »

e. Posture de l'aidant et distance professionnelle

La toilette est un temps d'échange et d'émotion autant pour le soignant que pour le soigné. Soins intimes et manutention rapprochée peuvent engendrer gêne ou sentiment équivoque. Il faut alors faire preuve de professionnalisme en se centrant sur la tâche, c'est la meilleure parade. L'aidant peut s'imaginer aussi être à la place de l'autre ou bien y voir quelqu'un de sa famille. Ne pas hésiter à recadrer diplomatiquement, en rappelant la mission, si l'aidé devient entreprenant.

Réussir ce contact, c'est permettre à la personne de garder l'estime d'elle-même et de se sentir bien dans sa peau.

L'aide à la toilette, au-delà de l'hygiène, est le point de départ d'un cheminement vers le « prendre soin ».

f. L'aide à l'habillage et au déshabillage

L'habillage est difficile pour les personnes très fatiguées, avec des difficultés de préhension, ou limitées dans leurs mouvements.

Tout comme pour la toilette, les mêmes règles sont à respecter :

Respect de l'autonomie, la pudeur, les habitudes, la sécurité et l'hygiène

D'une manière générale, il faut choisir des vêtements amples ou de texture extensible à gros boutonnage, choisir des fermetures éclair ou velcros.

Il existe aujourd'hui des vêtements faciles et élégants afin d'éviter l'éternel jogging. Par ailleurs les pantalons et les jupes préférés peuvent être retravaillés : les boutons et fermetures peuvent être remplacés par un élastique, par exemple...

Chez la personne âgée, l'aide concernera souvent le bas du corps.

- Si la personne peut et veut se débrouiller seule, il existe des aides techniques : enfile-bas, chausse-pied à long manche évitant de se baisser ; lacets élastiques...

- Si la personne à besoin d'une aide : en cas de difficulté de mobilité (arthrose, hémiplégie) pour l'habillage, commencer toujours par le membre le moins mobile et faire le contraire pour le déshabillage, c'est-à-dire finir par le membre handicapé.

2 Assister les personnes qui se déplacent avec difficultés

a. L'aide à la marche

Aide à la marche sans aide technique

Côte à côte, l'aidant propose un léger soutien (première photo), puis se place de manière à éviter la chute en arrière (deuxième photo).

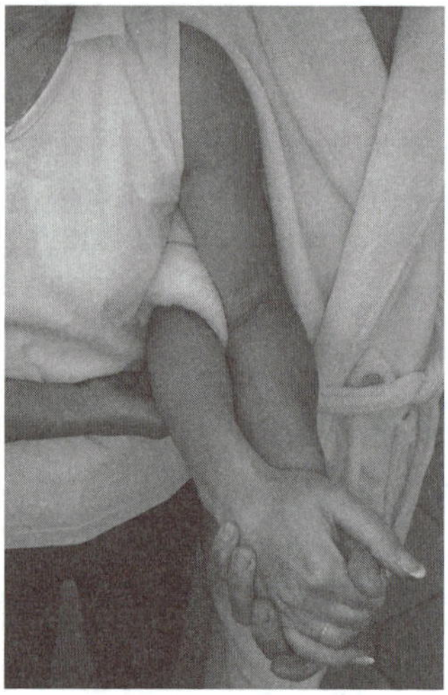

Éviter la chute en avant

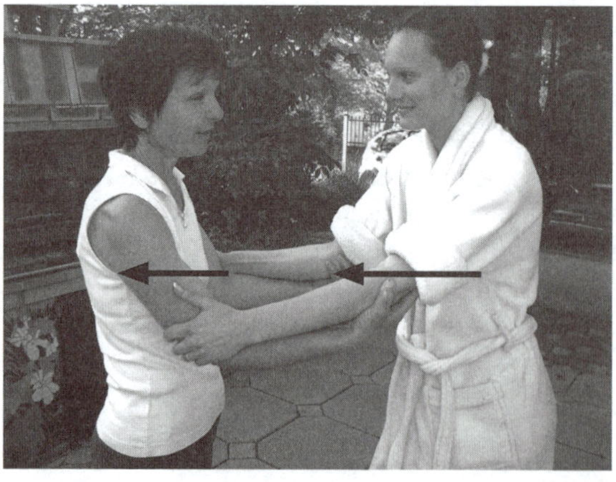

Face-à-face rassurant ; éviter la chute en avant. L'aide marche, pas à pas, à reculons.

Utilisation d'aides techniques

Pour garder leur indépendance, la plupart des handicapés utilisent une aide technique (cannes, béquilles, fauteuil roulant, déambulateur, chien-guide pour malvoyant…) pour se déplacer.
L'aide technique peut être complétée par l'aide de l'ADVF qui apportera plus de sécurité.

Canne tripode pour plus de stabilité

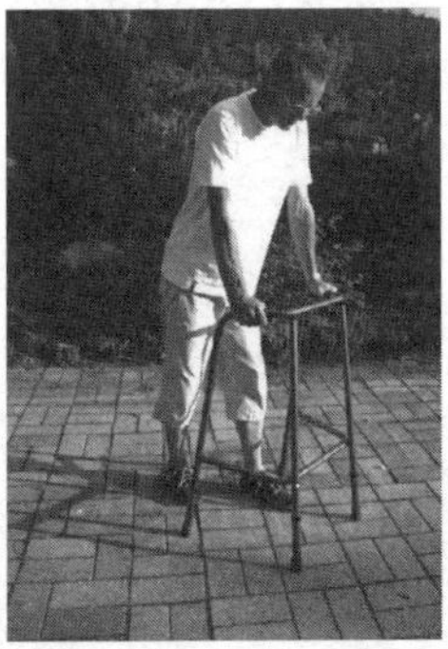

Déambulateur ou cadre de marche simple (sans roulettes)

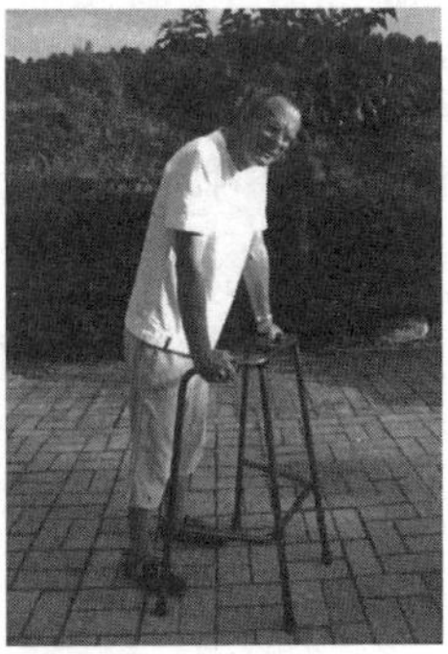

Ces matériels se règlent en hauteur

Déambulateur en position assise

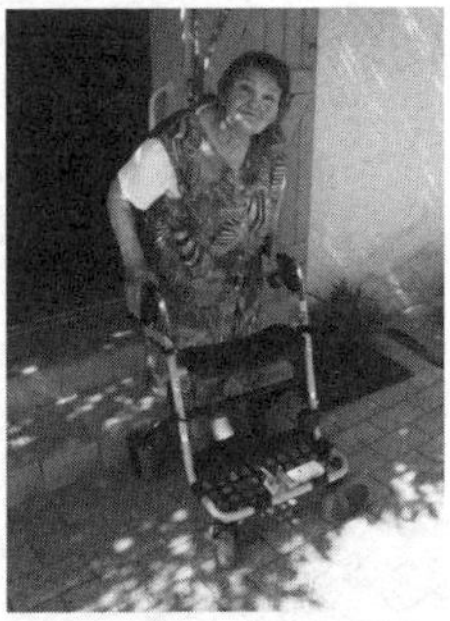

Déambulateur 4 roues

L'aide à la marche avec une aide technique

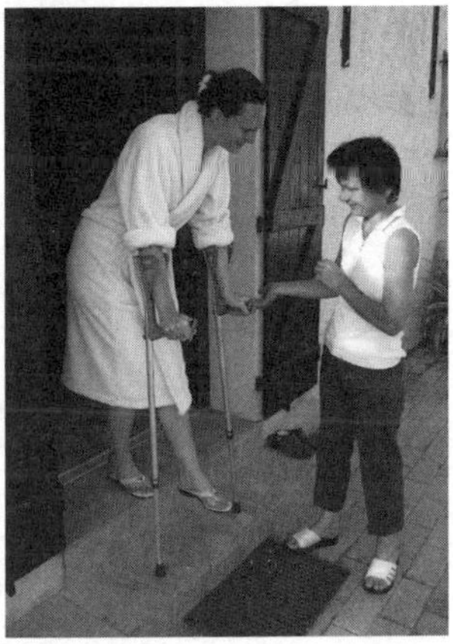

Veiller à ce que la personne aidée porte des vêtements confortables et des chaussures bien stables, adaptées à ses pieds.
Si la PA utilise une canne du côté de la jambe faible, l'ADVF se met de l'autre côté et le couple marche bras dessus bras dessous. L'ADVF est attentive à la fatigue et propose des pauses.

Pour monter et descendre des marches d'escalier

Instinctivement la PA avancera d'abord sa bonne jambe pour monter et sa jambe faible pour descendre, l'ADVF se placera sur la marche inférieure pour rattraper une chute.

Passer une porte

L'ADVF passe la porte en premier et la tient ouverte tout en surveillant le passage de la PA qui, en cas de besoin, s'appuiera sur la poignée et/ou sur sa canne.

À l'intérieur du domicile

Généralement, les pièces les moins faciles d'accès sont les sanitaires : salle de bains et/ou W.-C.

Il convient de s'assurer que les trajets (chambre-W.-C. par exemple) permettent une liberté de déambulation : retirer le petit mobilier, sièges, tapis. Envisager si nécessaire de retirer une porte inutile qui devient gênante. Des travaux sont parfois obligatoires pour le maintien à domicile : aménagement de la salle de bains, pose d'un monte-escalier...

Une aide financière peut être obtenue pour ces travaux. Demander à la caisse de retraite ou à la MDPH (maison départementale des personnes handicapées).

b. L'aide à la mobilisation et aux transferts

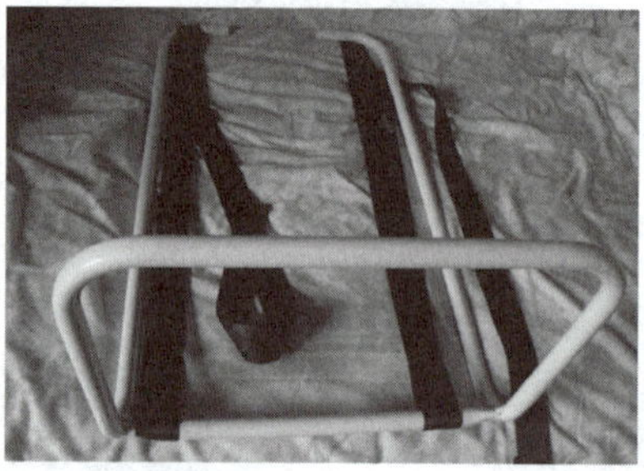

Barre de lit à fixer entre sommier et matelas

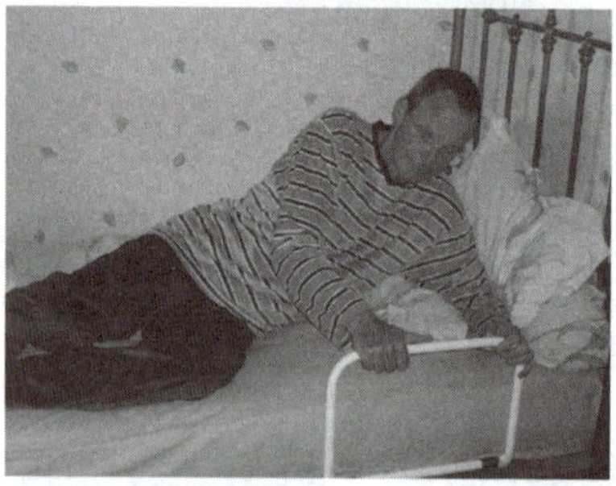

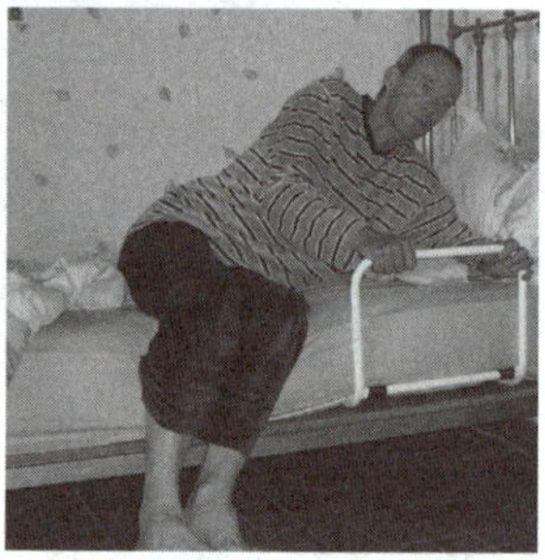

S'asseoir ou se recoucher seul grâce à une barre de lit

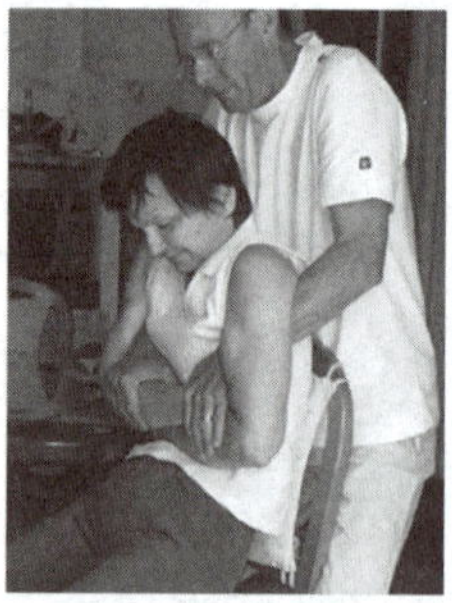

L'aidant repositionne la personne qui a glissé de sa chaise (ou fauteuil)
Il protège son dos en redressant l'aidé

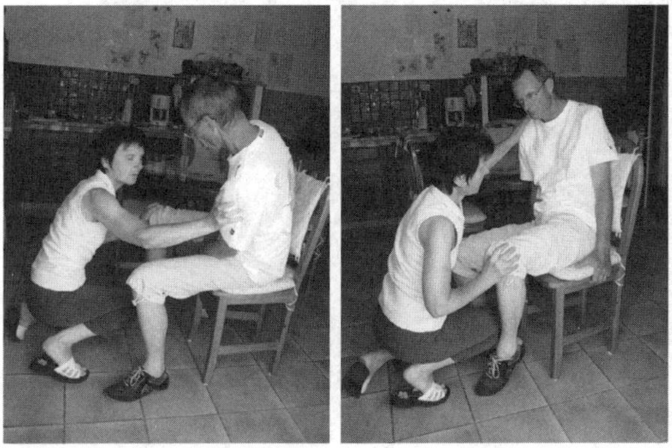

L'aidant repositionne la personne qui a glissé de sa chaise (ou fauteuil)
⇨bascule et soutien épaule
⇨poussée du genou côté opposé
⇨alterner côté droit et côté gauche

Asseoir ou lever quelqu'un : l'aidant accompagne par effet miroir

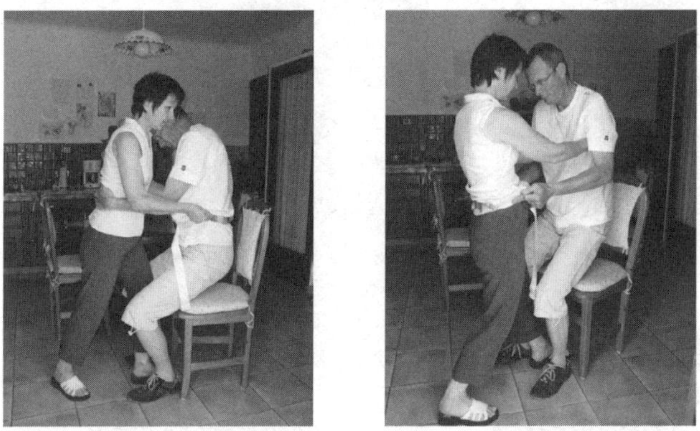

Asseoir ou lever au moyen d'une ceinture de transfert spéciale mise à la taille du patient ou de l'aidant qui opère en fente avant et assure ses prises

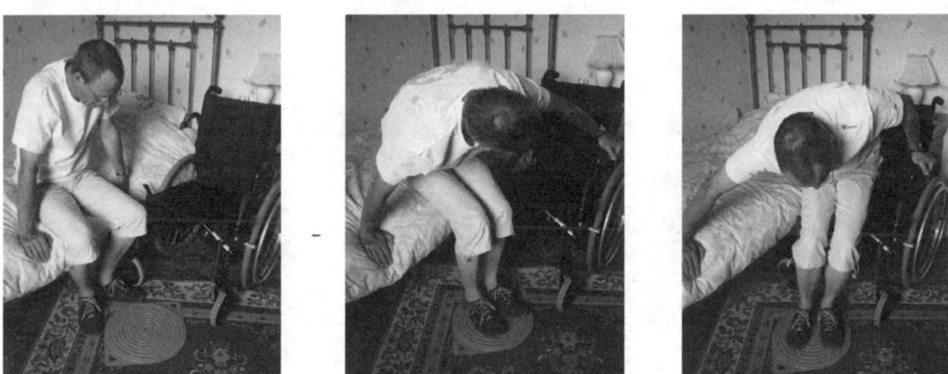

Le disque de transfert, une aide utile en peu de volume

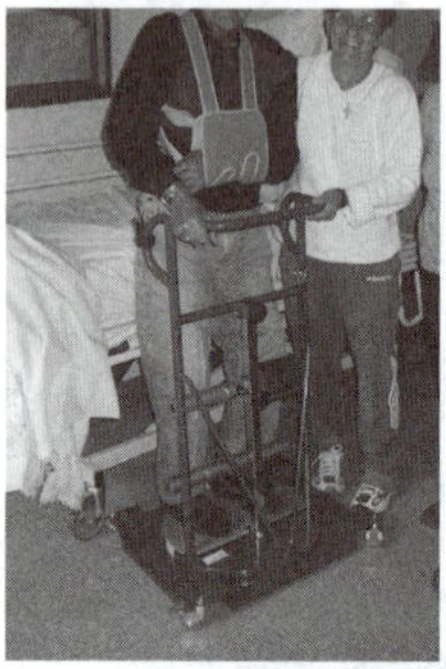

Guidon-disque de transfert du lit au fauteuil (et vice-versa) permettant la verticalisation

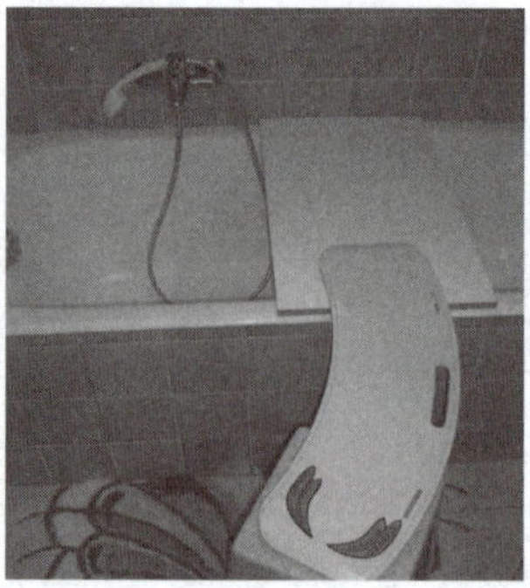

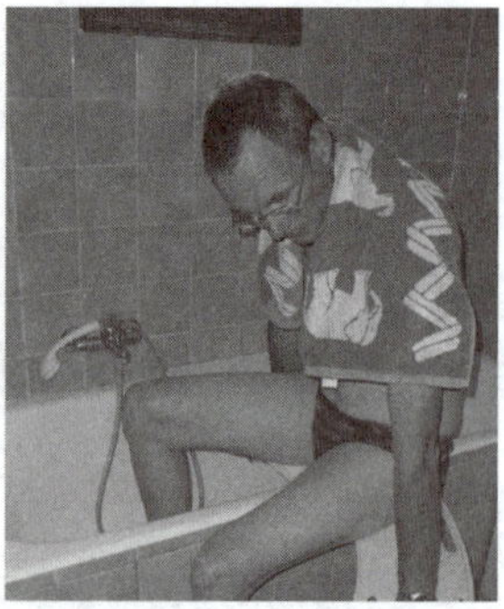

Planche de transfert (ou banane) assurant le glissement de l'intérieur à l'extérieur de la baignoire

c. L'aide au coucher et au lever

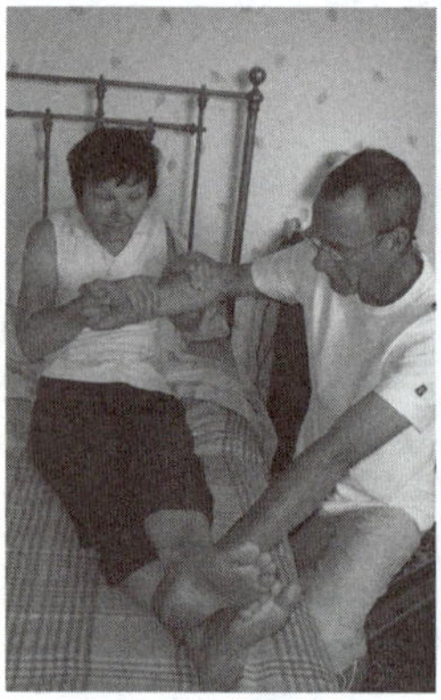

Sortir du lit : aidant, un genou à terre faisant pivoter l'aidée qui s'agrippe

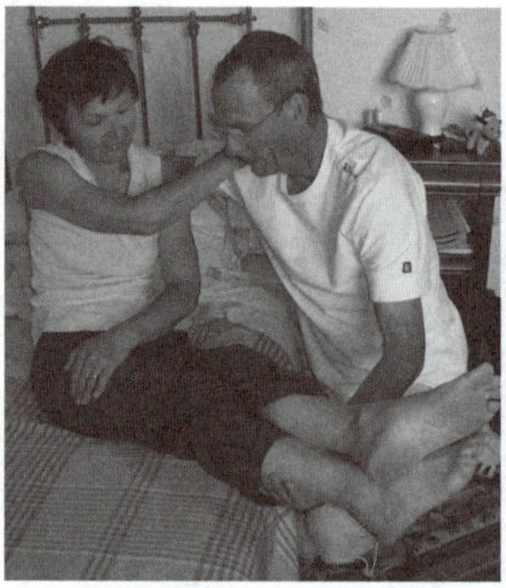

Sortir ou se remettre au lit : aidant, un genou à terre, enveloppant l'aidée de son bras

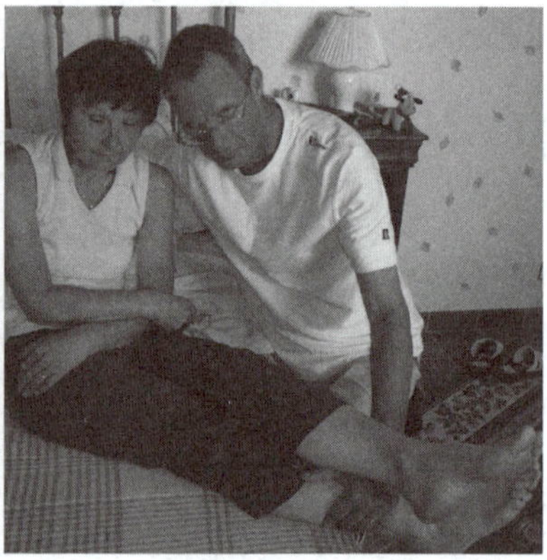

Sortir du lit, l'aidée étant invalide

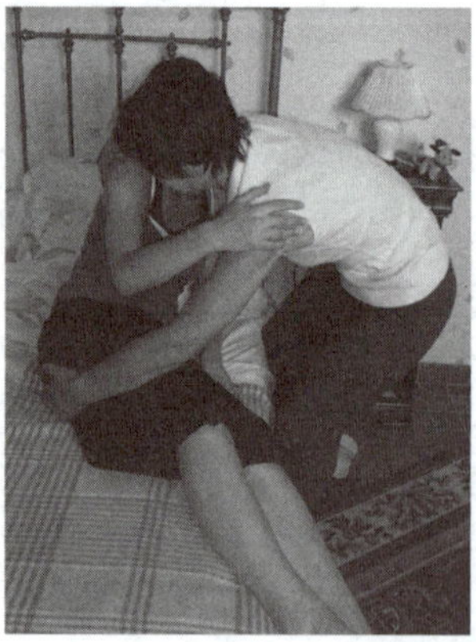

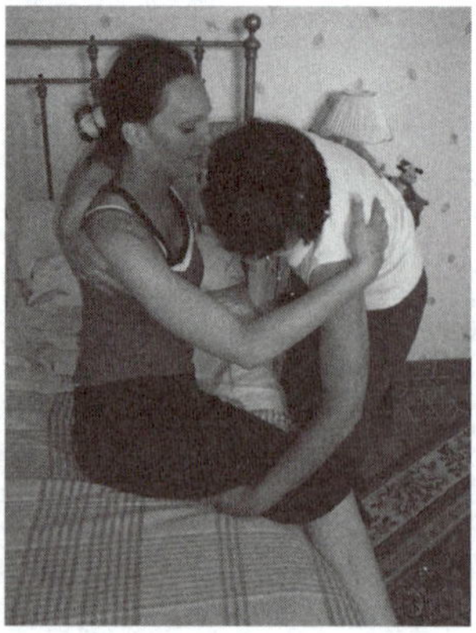

Variante pour sortir du lit :
1– l'aidant faisant une prise fessière. 2 – fin de la manœuvre

d. L'installation et les déplacements en fauteuil roulant

Accoudoir escamoté, freins verrouillés, le passage d'un fauteuil à l'autre s'exécute seul ; les sièges sont toujours perpendiculaires l'un à l'autre.

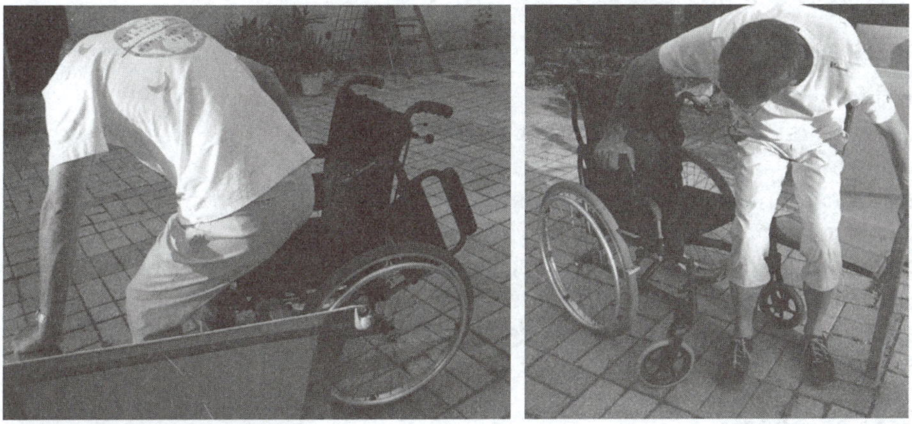

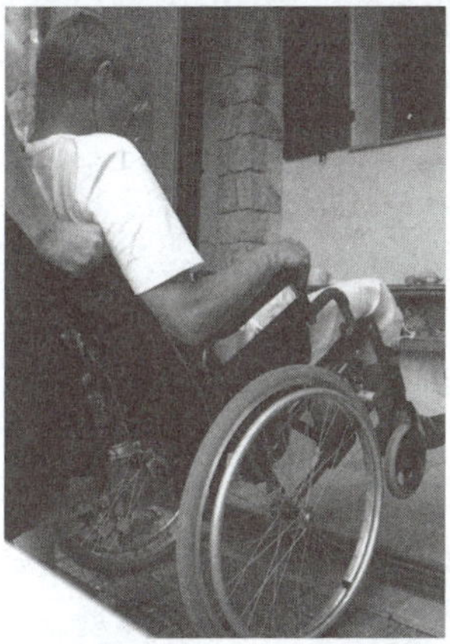

Bascule du fauteuil en arrière pour passer un obstacle

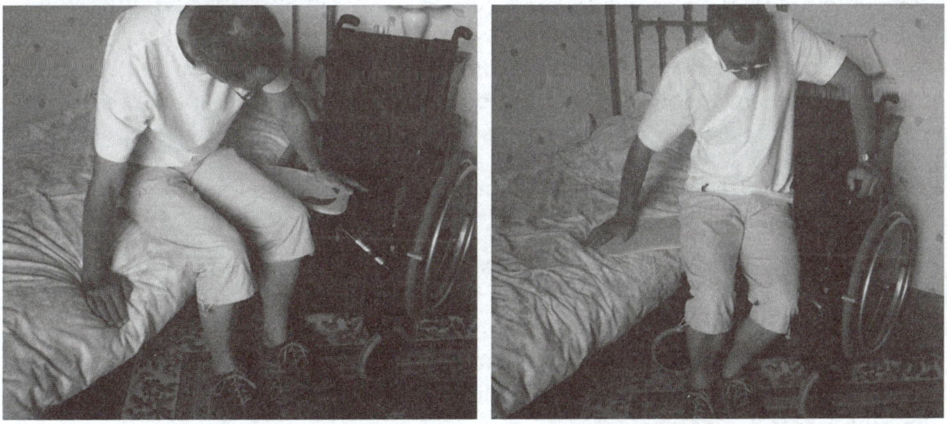

Transfert du lit au fauteuil par l'intermédiaire d'une banane

3 Veiller à une bonne alimentation de la personne

a. Quelques définitions

Les nutriments

L'organisme humain a besoin pour assurer une vie normale :

- de substances qui servent à bâtir et à remplacer les tissus usés : les protides (ou protéines) ;
- de substances qui fournissent l'énergie nécessaire au fonctionnement de l'organisme : les lipides (ou graisses) et les glucides (ou sucres) ;
- de substances qui sont indispensables pour la transformation et l'utilisation des autres substances : les vitamines, les sels minéraux, l'eau.

On appelle ces différentes substances **des nutriments** (elles sont nutritives et entretiennent la vie).

Rôle des aliments

Pour mener une vie normale, il faut :

- avoir un corps bien constitué et qui fonctionne en permanence (ou des aides techniques qui le lui permettent) ;
- être en bonne santé (ou équilibré par un traitement) ;
- pouvoir travailler, se déplacer, pratiquer des activités culturelles, sportives : bref être actif !

Ces fonctions doivent être assurées à chaque instant simultanément.
Notre alimentation doit apporter régulièrement des aliments bâtisseurs, protecteurs et énergétiques à chacun des repas.

La diététique est la science des apports d'aliments nécessaires chaque jour et des équilibres nécessaires entre les différents nutriments pour une assimilation maximale.

La diététique s'efforce de nous apprendre quels sont les aliments utiles à notre santé.
Elle précise le choix et la quantité d'aliments à consommer.
Lorsqu'on connaît mieux les besoins de l'organisme et la composition des aliments on peut plus facilement établir des menus équilibrés, appétissants, capables de procurer force et santé.

La ration alimentaire est la quantité d'aliments indispensable à l'entretien du corps et à la production d'énergie pendant 24 heures.

Pour comprendre pourquoi et comment nous devons nous nourrir, nous devons constater deux choses : nous avons un corps, qui doit être bâti et entretenu.
Notre corps est toujours en mouvement :

- mouvements volontaires : travail musculaire qui permet tous les déplacements ;
- mouvements involontaires : battements du cœur, circulation du sang, respiration, mouvements de l'intestin.

b. Les grandes familles d'aliments

Il n'existe pas d'aliment « parfait » qui rassemble tout ce qui nous est nécessaire.
Pour l'équilibre nutritionnel comme pour le plaisir de manger, il faut puiser tous les jours dans chacune des 7 grandes familles d'aliments déclinées dans le tableau ci-après.

Le lait et les produits laitiers	Indispensables pour se faire des os solides (calcium) à tous les âges de la vie. À consommer à tous les repas.
La viande, le poisson, les œufs	Ils apportent de la force car ils nourrissent les muscles. C'est bien d'en manger mais il n'est pas nécessaire d'en manger deux fois par jour. 100 g/jour suffisent. Ne pas oublier le poisson au moins deux fois par semaine !
Les légumes et les fruits	Leur consommation doit être encouragée Salade, tomate, banane, pomme… On peut les manger crus ou cuits, natures ou préparés, frais, surgelés ou en conserve, ce qui importe c'est d'en consommer au moins cinq portions par jour. Ils sont plein d'éléments bénéfiques pour la santé.
Le pain, les pâtes, le riz, les pommes de terre, les légumes secs et les autres céréales	Ils nous donnent de l'énergie (sucres lents) pour toute la journée. Ils aident à ne pas avoir faim jusqu'au prochain repas. Il est recommandé d'en consommer à chaque repas.
Les corps gras	Il faut en varier les sources : beurre sur les tartines (2 noisettes au petit-déjeuner), huiles pour les cuissons et les vinaigrettes (2 cuillères à soupe par jour).
Les sucres et les produits sucrés	Les bonbons, les gâteaux, la confiture... Ils donnent de l'énergie tout de suite mais pour une courte durée (sucres rapides). On peut en manger une fois de temps en temps pour se faire plaisir et, bien sûr, on pense à bien se brosser les dents après !
Les boissons	L'eau est la seule boisson dont on a tous besoin (1 l à 1,5 l/jour). Il est très important d'en boire suffisamment pour être en forme toute la journée. Les autres sont à boire avec modération (en particulier les alcools).

PS : ce tableau est l'image de la nutrition telle qu'on la considère en Occident. Au Japon, en Inde, dans les pays africains, on mange différemment. La classification des aliments est autre, sans pour autant que les populations se portent plus mal.
Par exemple, même en France, nombreux sont ceux qui jugent que la consommation de lait est un non-sens. Le premier argument avancé est que l'homme est le seul mammifère à en boire encore à l'âge adulte, le deuxième argument est que les trois quarts des habitants de la planète n'en boivent pas, tout en se portant bien.
L'ADVF fera donc preuve d'adaptation en respectant les choix de la personne concernant son alimentation.

c. Les principaux régimes

Nom du régime	Définition	Pathologie	Règles à respecter
Hyposodé	Régime sans sel	Hypertension artérielle Rétention d'eau	Éviter le sel et les aliments très salés
Hypoglucidique	Régime sans sucres purs	Diabète	Éviter les sucres rapides et augmenter les sucres lents (amidon)
Hypocalorique	Régime amaigrissant	Obésité	Pas de graisses et peu de sucres
Hypolipidique	Régime sans graisses	Hypercholestérolémie	Diminuer les graisses et les sucres
Hypoprotidique	Régime pauvre en protides	Insuffisance rénale	Diminuer les viandes, poissons, œufs, boire beaucoup d'eau
Hyperprotidique	Régime riche en protides	Cancereux Brûlés Anorexiques Escarres	Augmenter viandes, œufs, poissons, fromages
Épargne digestive	Régime allégé	Avant ou après une opération chirurgicale	Pas de graisses cuites, pas de fibres pour limiter l'activité des intestins
	Régime pauvre en fibres	Maladies du tube digestif	Pas de fibres, diminuer les légumes pour ne pas irriter les intestins
	Régime sans lait	Personnes diarrhéiques	Diminuer le lait et les fibres et augmenter les boissons pour réduire le nombre de selles

d. L'ADVF veille au respect des régimes, elle conseille en fonction des besoins de la personne

Il n'y a pas meilleur spécialiste que le malade lui-même. Lorsqu'il a reçu une éducation thérapeutique, il peut faire comprendre sa maladie, les facteurs de risques à l'ADVF qui se conformera aux indications pour choisir les aliments et cuisiner suivant le régime imposé. L'ADVF aura alors plus un rôle de coach qui rappelle à la raison le malade tenté par un aliment interdit ou qui, au contraire, l'encourage devant un plat peu engageant à son goût.

Exemple :

Refréner l'envie de la personne en surpoids d'ajouter une noisette de beurre ou une cuillère de crème fraîche sur son plat de viande ou raisonner le diabétique devant la tentation d'une tartine de confiture.

Plus difficile, inciter une personne dénutrie à manger sa viande, ruser en ajoutant du fromage râpé afin d'enrichir l'assiette de pâtes ou de légumes...

Si la personne n'est pas autonome face à sa maladie, l'ADVF doit se fier à la prescription médicale ou aux indications de la diététicienne.

L'ADVF puise dans ses connaissances et les complète par des recherches sur Internet, par exemple pour trouver l'alimentation correspondant à la prescription.

L'ADVF informe le malade des tenants et aboutissants du régime afin de le responsabiliser et obtenir un comportement adapté.

Exemple :

Expliquer les conséquences d'une alimentation trop salée sur l'organisme : rétention d'eau, surpoids, fatigue de la pompe cardiaque. Proposer d'essayer des épices ou des herbes pour donner du goût, chercher de nouvelles recettes pour varier les repas...

e. Diététique du troisième âge

Freinant le vieillissement par son rôle énergétique et plastique, la nutrition est tout un art, celui de la diététique.

Celle-ci se heurte chez la personne âgée à trois catégories de problèmes à l'origine bien souvent de malnutrition ou dénutrition :

- Facteurs socio-économiques : petite retraite, veuvage, placement mal vécu en institution...
- Déficiences : insuffisance dentaire, prothèses mal ajustées, salivation pauvre, digestion lente, perte du goût, diminution de la soif, inappétence par abus de médicaments...
- Préjugés alimentaires : idée selon laquelle la personne âgée doit moins manger que l'adulte, la viande favoriserait l'hypertension artérielle, action tonique de l'alcool, tel ou tel aliment provoque une indigestion voire une allergie, d'où des régimes abusifs !

La personne âgée doit manger comme un adulte sédentaire : 2000 kcal/jour environ.

Pour garder le plaisir de manger :

- aiguiser l'appétit par la stimulation des sens (vision, goût, odeur) ;
- mettre les petits plats dans les grands : nappe, décoration florale et libre conversation ;
- assouplir le régime le dimanche et les jours de fête ;
- rechercher la qualité plus que la quantité ;
- éviter la monotonie culinaire par la variété ;
- respecter 3 à 4 repas équilibrés par jour ;
- remédier aux problèmes cités ci-dessus.

4 Savoirs associés et techniques mobilisées

a. Prévention des TMS

Assistant(e) de vie aux familles : un métier physique

L'ADVF déploie des efforts importants pour l'entretien du logement de ses clients.

Les appartements peuvent être anciens, petits et encombrés, mal commodes, et le matériel de nettoyage (électroménager) ancien, usé et/ou lourd.

l'ADVF doit souvent faire vite pour boucler son travail dans le temps imparti.

L'ADVF effectue de nombreux trajets : entre le domicile de chacun de ses clients, pour effectuer les courses de certains ou pour accompagner d'autres dans leurs déplacements.

L'ADVF doit aider à la mobilité : aide à la marche et aux transferts, manipulation du fauteuil roulant.
Pour toutes ces raisons, le mal de dos, les tours de reins et les douleurs articulaires et musculaires, les tendinites menacent les aides à domicile.
Les dorso-lombalgies représentent un coût non négligeable : humain (douleurs et gênes dans les mouvements), pour l'employeur (arrêt de travail, reclassement professionnel) social (traitement médical ou chirurgical).
La prévention passe par la formation en gestes et postures et l'utilisation de matériel d'aide.

Notions d'ergonomie

Deux définitions de l'ergonomie
a) Étude quantitative et qualitative du travail dans l'entreprise visant à améliorer les conditions du travail et accroître la productivité.
b) Recherche d'une meilleure adaptation entre une fonction, un matériel et son utilisateur.
Son intérêt est la prévention des troubles musculo-squelettiques (TMS) et en particulier chez l'ADVF la prévention des dorso-lombalgies.

Quelques conseils pour économiser son dos

- Réfléchir avant d'agir :
- Ne pas sous-estimer la charge ni surestimer ses capacités.
- Se rapprocher de la charge.
- Ne pas porter inutilement.
- Utiliser les ressources de la PA ou une aide technique.

- Agir :
- Utiliser ses membres inférieurs comme ascenseur : se baisser, se redresser, jambes fléchies, dos droit (verrouillage lombaire et caisson abdominal).
- Se mouvoir en fente : latérale ou frontale (avant-arrière).
- Se positionner pieds écartés, bien stable, pour une bonne prise manuelle.
- Trouver des appuis en avant avec main, genou ou front.
- Éviter les mouvements extrêmes : rotation, hyperflexion ou hyperextension du tronc, surtout lorsqu'ils sont brusques et répétés.
- Éviter les postures prolongées dans une position fatigante.
- Utiliser les aides techniques : sangle, ceinture, bâche, alèse, barre d'appui...

b. Les bases de l'hygiène de vie

On adhère à 100 % à la campagne médiatique « Manger, bouger », surtout quand on connaît les dégâts provoqués par une immobilisation au fauteuil ou un alitement prolongé.
Bien manger, c'est se faire plaisir en préservant sa santé, et ce n'est pas si compliqué : il s'agit en fait de privilégier la consommation de certaines catégories d'aliments et limiter celle de certaines autres comme nous l'avons vu dans les paragraphes précédents.
Cuisiner ne veut pas dire passer des heures à réaliser une recette compliquée !

Proposer un repas équilibré ne coûte pas plus cher et ne prend pas plus de temps à qui fait preuve d'imagination.
Bien bouger : il n'y a pas que le sportif de compétition qui ait à s'entraîner. La personne âgée en particulier devrait pouvoir aller jusqu'à son dernier souffle debout.
L'aide à la marche et de manière plus large, l'aide à la mobilité (monter les escaliers, porter des charges, jardiner...) vise à la recherche de l'autonomie (désir d'indépendance) de l'estime de soi (image corporelle, narcissisme) et du maintien en santé (perceptions sensorielles, tonus musculaire, tonus cardio-vasculaire, capacité respiratoire, capital ostéo-articulaire...).
Les problèmes de préhension, d'agilité, de force du client ne doivent pas rebuter ou décourager l'aidant. Sans mettre en échec, il devra toujours rechercher l'adaptation avec le potentiel restant ou utiliser des aides techniques.

L'être humain est plein d'imagination et de solutions.

5 Démarche intellectuelle et méthode de travail

L'acquisition d'une méthode de travail est nécessaire aussi bien dans la vie courante que professionnelle pour appréhender une situation. La démarche d'aide proposée permet à l'ADVF ou à l'aidant familial une prise en charge adaptée et individualisée.
Cette démarche comporte les étapes ci-dessous :

a. Recueil de l'information par l'observation, l'entretien, l'analyse de documents

L'observation : elle met en jeu nos capacités perceptives visuelles, auditives, tactiles, olfactives.
Exemple : Monsieur P. a un regard inquiet, grimace de douleur, gémit, a les mains froides et sent l'urine.
L'entretien : il utilisera le questionnement (qui, quoi, comment, combien, où, quand, pourquoi ?)
Exemple : « Monsieur P., avez-vous mal ? Pouvez-vous me préciser cette douleur ? » Sa fille pense qu'il exagère !
L'analyse de documents nécessite parfois la connaissance du vocabulaire médical.
Exemple : Le cahier de liaison mentionne des douleurs (polypes vésicaux ?) du bas ventre de Monsieur P. et qu'il suit un traitement antalgique pour ça.
Ce recueil d'informations, limité précédemment à un problème perçu du moment, peut être très fouillé par une approche (à l'image d'un dossier médical) des besoins fondamentaux ou utilisation d'outil comme le MTVED (maladie, traitement, vécu, environnement, dépendance).

b. Analyse de la situation avec identification du (des) besoin(s) perturbé(s) ou problème(s)

Esprit d'analyse et de synthèse, connaissance du normal et déduction guideront l'aidant.
Exemple : le comportement verbal et non verbal de Monsieur P., les transmissions écrites, nous indiquent une souffrance occasionnant un mal-être. L'incontinence urinaire est-elle en rapport avec la localisation de la douleur ? Le traitement est-il efficace, est-il suivi ?
La douleur étant par définition subjective, quel crédit accorder au dire de sa fille ? Veut-il attirer l'attention de l'ADVF ?
En conclusion : douleur plus ou moins rebelle au traitement, gênant les auto-soins.

c. Recherche des solutions adaptées : se fixer des objectifs, analyser les ressources, choisir des actions à entreprendre

Se fixer des objectifs.
Exemple : Monsieur P. doit être capable de supporter sa douleur si l'on en croit sa fille.
Monsieur P. ne doit éprouver aucune gêne pour être capable de prendre soin de lui.
Analyser les ressources : physiques, psychiques de l'intéressé, les relations avec sa fille et les possibilités environnementales.
Exemple : Monsieur P. veut s'en sortir. La fille rend visite à son père tous les après-midi. Le logement est petit, fonctionnel, la déambulation y est aisée. Le médecin de famille est estimé et consciencieux.
Choix des actions à entreprendre :
Exemple :
- Vérifier que le traitement est bien pris. Est-il suffisant ? Faire le point avec le médecin.
- Faire diversion, occuper son esprit, encourager les activités occupationnelles.
- S'intéresser aux raisons de l'incontinence urinaire. Lui proposer d'être mis au propre.
- Échanger son point de vue et le choix des actions avec sa fille.

d. Réalisation des actions, évaluation et réajustement

- Réalisation : les actions sont envisagées selon leur importance dans le temps et l'espace, la priorité étant la gestion de la douleur (dans cet exemple) de celle-ci, découle le reste.
- Évaluation : l'efficacité de la prise en charge se mesure pour chaque action et aussi de manière globale. Il faut régulièrement (à chaque passage de l'ADVF) contrôler la situation : ce que comprend, ressent ou exprime la personne aidée, ce qu'elle veut ou souhaite, ce qu'elle peut physiquement ou psychiquement entreprendre.
- Réajustement : cette phase n'intervient que lorsque l'action menée se solde par un échec. Il faut recueillir à nouveau des informations plus pertinentes, réviser ses objectifs, moins ambitieux, solliciter toutes les ressources existantes pour une aide personnalisée.

Avant chaque départ, l'ADVF s'appliquera à faire des transmissions significatives (cahier de liaison).

Partie 3

Activité 2 : relayer les parents dans la prise en charge de leurs enfants à leur domicile

Préambule

Jusqu'au XVIIIe siècle, l'enfant n'était pas considéré comme une personne à part entière. L'enfant était vu comme un adulte « imparfait », en réduction.

J.-J. Rousseau a introduit une idée importante dans *Émile ou De l'éducation*, livre II - La nature veut que les enfants soient enfants... » (1762) :

« La nature veut que les enfants soient enfants avant que d'être des hommes. Si nous voulons pervertir cet ordre nous produirons des fruits précoces qui n'auront ni maturité ni saveur et ne tarderont pas à se corrompre ; nous aurons de jeunes docteurs et de vieux enfants. L'enfance a des manières de voir, de penser, de sentir, qui lui sont propres. »

L'enfant devient alors un être unique avec ses caractéristiques propres, et il est nécessaire de respecter ses capacités d'expérimentation.

C'est par l'expérience et l'éducation que l'enfant va devenir adulte.

Les missions d'accompagnement de l'ADVF :

- accompagner l'enfant vers l'autonomie physique et affective, participer à l'acquisition de la propreté ;
- aider l'enfant à se socialiser, participer à l'acquisition du langage ;
- participer à son éveil et à son épanouissement personnel ;
- assurer sa sécurité.

I Connaissances générales

1 Les connaissances associées à l'activité

a. Le développement du langage et psychomoteur

C'est en agissant (souvent grâce à la stimulation de l'adulte) que l'enfant se construit. L'activité (par le jeu) permet à l'enfant de découvrir et de s'approprier son environnement, d'entrer en relation avec les autres, de s'exprimer.

> Le besoin d'activité est un besoin vital tout comme l'alimentation, le repos…
> Le travail de l'adulte qu'il soit parent, éducateur ou assistant de vie aux familles, est d'agir sur l'environnement, l'aménager, pour que l'enfant y trouve de quoi agir.

NB : plus l'enfant est jeune, plus son développement change sur une courte période : de semaine en semaine la première année. Les fourchettes trimestrielles et semestrielles du tableau n'ont qu'une valeur indicative.

Âge	Développement du langage		Développement psychomoteur
	Compréhension	**Expression**	
De 2 à 3 mois	• Réagit à la présence : porte qu'on ouvre ou à la préparation du biberon	• Début des vocalises • Imite les mimiques : ex. : ouverture et fermeture de la bouche	• Suit des yeux un gros objet • Tient sur ses avant bras quand il est à plat ventre • Succion du pouce • Gigote et peut se tourner sur le côté
De 3 à 6 mois	• Regarde du côté d'où vient la voix • Réagit à la voix maternelle • Cesse de pleurer lorsqu'on lui parle • Commence à réagir à son nom	• Premiers rires et petits cris de joie • Premiers « areu »gazouillis • Jeux de variation d'intonation • Rires	• Peut rouler sur le dos • Tourne sa tête • Attrape avec ses deux mains • Met à sa bouche • S'amuse avec son hochet
De 6 à 9 mois	• Regarde attentivement une personne qui parle • Réagit au « non » • Donne un objet sur demande • Comprend « non », « bravo », « au revoir »	• Babillage • Vocalise face à un jouet • Chantonne • Rires adaptés à la situation • Imitation de sons produits	• Tient assis sans soutien • Couché, saisit ses pieds et touche ses orteils • Peut rouler du dos au ventre • Préhension en pince • Transfère un objet d'une main à l'autre, prend et lâche volontairement • Cherche un objet hors de sa vue • Joue à jeter les objets par terre • Commence à ramper, se met debout en se tenant et retombe

Âge	Développement du langage		Développement psychomoteur
	Compréhension	**Expression**	
De 9 à 12 mois	• Début de la compréhension des mots familiers • Compréhension d'une trentaine de mots	• Fait « non » avec la tête • Fait « au revoir » et « bravo » • Apparition des premiers mots	• Marche à 4 pattes • Se met debout • Boit seul à la timbale • Marche seul en se tenant aux meubles • Explore et aime emboîter • Se baisse pour ramasser un objet
De 12 à 18 mois	• Compréhension de 100 à 150 mots • Compréhension de courtes phrases • Répond à des consignes simples (« viens », « dis bonjour »)	• Production d'une cinquantaine de mots, surtout des noms • Babillages avec intonation • Ébauches de mots-phrases	• Marche seul, monte l'escalier, à 4 pattes • Se met à genoux, debout, sans aide • Aime jeter, envoyer, pousser • Fait une tour de 2 cubes • Tient une cuillère, tourne les pages d'un livre • Court bras et jambes écartés mais tombe souvent • Recule • Explore la maison • Fait des gribouillis en dessin
De 18 à 24 mois	• Compréhension de plus en plus de mots • Montre du doigt des objets des animaux puis désigne sur des images • Obéit à des consignes	• Répond « non » • Répétition, imitation de mots • Petites phrases de 2 ou 3 mots • Début de l'acquisition du genre et du nombre • Dit son nom	• Monte et descend l'escalier seul • Saute sur ses 2 pieds • Passe rapidement de debout, assis, à genoux • Peut ouvrir une porte et allumer la lumière • Veut tout toucher et tout goûter • Sait se laver le visage et enlever ses souliers • Tape dans un ballon et pédale sur un tricycle • Encastre toutes les formes simples • Dévisse un bouchon et revisse • Mange seul à environ 2 ans
De 2 à 3 ans	• Comprend : haut/bas, dedans/dehors, sur/dans, avant/après • Différencie : gros/grand/petit • Oppose présent/passé/futur • Obéit aux ordres complexes • Converse avec ses jouets	• Fait des phrases de 3 ou 4 mots • Utilise : toi, lui, moi, je • Fait des crises d'opposition • Questionne beaucoup	• Peut enfiler ses chaussures et s'habiller seul • Propreté diurne et nocturne • Se sert de la fourchette • Ne mesure pas encore les dangers • Connaît quelques couleurs et parties de son corps • Dessine un bonhomme têtard • Joue avec les autres

Âge	Développement du langage		Développement psychomoteur
	Compréhension	Expression	
De 3 à 4 ans	• Comprend les questions : où ? et pourquoi ?, les notions devant/derrière, à côté, dessus/dessous, hier, ce soir, bientôt, demain	• Lexique de plusieurs centaines de mots • Se nomme • Fait varier les temps • Raconte ce qu'il a fait	• Commence à faire du vélo tricycle • Se promène seul, a ses repères dans l'espace • Veut faire tout seul • S'habille correctement • Recopie un carré, dessine
De 4 à 5 ans	• Comprend bien les questions quand ? comment ? les termes : entre, au milieu, autour de • Notion de nombres et de différences • Obéit à des consignes impliquant des objets non présents	• Utilise le passé, le futur • Conjugue • Joue avec les mots, • Utilise des mots grossiers • Tous les sons de la langue sont acquis (sauf che/ze/je)	• Fait la différence entre ce qui est permis et interdit • Saute bien à cloche-pied • Se lave seul et se sert du couteau • Tient le crayon entre pouce et index • Dessine un bonhomme complet recopie des lettres et des chiffres • Apprécie tailles, formes et couleurs
De 5 à 6 ans	• Tout le langage est compris même les principaux mots abstraits • Souhaite apprendre à lire	• Dit ses nom et adresse ainsi que son âge • Raconte de façon claire et ordonnée	• Lace ses souliers • Distingue la droite de la gauche • Recopie son prénom • Fait des classements d'objets selon taille et couleur
Après 6 ans	• Le temps : apprentissage des saisons et mois de l'année, de la date, de l'heure • L'espace : apprentissage des termes : à l'envers, l'un à côté de l'autre, l'un devant ou derrière l'autre, à gauche à droite, vertical, horizontal, oblique	• Formulation des questions avec négation et inversion sujet/verbe (n'as-tu pas vu ... ?) • Augmentation continue et tout au long de la vie du stock de mots	• Graphisme de l'écriture • S'assoit sans ses mains à 8 ans • Marche le long d'une ligne à 9 ans • Recopie un cube à 10 ans • Investissement dans la vie scolaire et sociale

Développement	Enfance de 4 à 7 ans	Grande enfance de 7 à 12 ans	À la puberté
morphologique et fonctionnel	• Ralentissement de la croissance • Amincissement • Musculature peu développée	• La taille augmente sensiblement, le poids aussi • Le thorax prédomine sur l'abdomen • Le tonus d'attitude est encore faible (surveiller le dos)	• Poussée importante de croissance • Développement progressif des organes génitaux • Disharmonie fonctionnelle • Troubles de l'appétit, insomnie, variation de l'humeur • Grande fatigabilité
moteur	• Acquisitions motrices rapides • Bonne coordination globale du mouvement spontané • Âge de la « bougeotte », grand besoin d'activité	• Période d'épanouissement de tous les gestes naturels, acquisition rapide d'automatismes • Les mouvements deviennent précis • L'équilibre s'affermit (patinage, ski, etc.)	• Instabilité motrice vers : hyper-impulsivité, hypo-ralentissement • Incoordination passagère
psychologique	• Comportement d'identification aux parents • Phase d'opposition avec refus de coopérer • Bouffée de turbulence, d'agitation, d'espièglerie • Âge des merveilleux	• Gros progrès de développement psychologique • Essais de formulation critique • Devient plus disponible face à l'adulte. • Besoin d'initiative et d'indépendance • Découverte de la règle du jeu	• Toutes ces transformations inquiètent. • Réactions de prestance (fou rire) • Jeu verbal (ne veut pas avoir tort) • Esprit très critique, jugement de valeur souvent outrancier • Négativisme et obstruction • Va de l'enthousiasme à la dépression.
social	• Compétition avec parents, détachement du monde des adultes • Association avec enfants du même âge • Alternance entre activité solitaire et associée • Peu de différence de comportement entre garçon-fille	• Équilibre entre intérêts intérieurs et extérieurs à la famille • Revendique une certaine liberté • Apparition du désir de compétition • Début de ségrégation entre garçons et filles	• Recherche de l'ami, du confident • Option sur la vie professionnelle, vie politique, religieuse • Opposition aux structures familiales, scolaires, sportives

b. Les besoins fondamentaux de l'enfant

BESOINS de bien-être et confort	BESOINS liés aux apprentissages
Manger et boire Se reposer et dormir Être propre Avoir chaud Être en bonne santé ...	Découvrir Comprendre Communiquer, échanger Imaginer, inventer Parler ....
BESOINS d'affection et de sécurité	**BESOINS d'activités**
Être en sécurité Être reconnu comme un individu unique Être respecté, être aimé Être avec les autres, être entouré Devenir autonome ...	Bouger, se dépenser Exercer son corps, ses sens Jouer, imiter Manipuler Explorer ...

c. Jouer, la meilleure façon de grandir

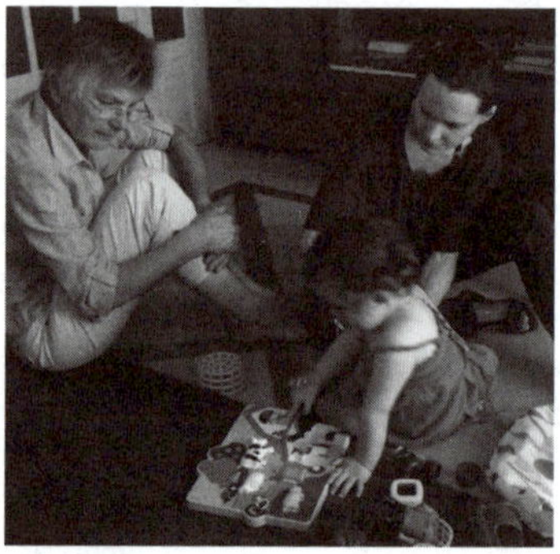

Avant le jeu proprement dit, il y a la découverte par le bébé de ce qui l'entoure ou de son propre corps : mains pieds, forme, couleur, quelque chose qui bouge, lumière, un bruit... Tout est curiosité et attire son attention.
Lorsque la préhension est permise il étend ses connaissances motrices et sensorielles ; s'appropriant l'objet, il glisse vers le jeu.
Plus riche est son univers, plus vite il s'épanouira.
Alternant avec cette dynamique, des phases de repos sont aussi nécessaires pour « digérer ».
Vu de cette façon, le jeu n'est pas pour lui seulement une distraction mais une activité nécessaire, normale comme manger et dormir.
Il développe des compétences motrices (force, équilibre, gestes fins) psychologiques (créativité, raisonnement, confiance en soi) et sociales (communication, appropriation, partage).
Pour l'enfant, jouer c'est exercer ses forces, s'entraîner sur des gestes fins, essayer des mots nouveaux, développer sa créativité, bref, faire travailler son intelligence et sa motricité, sa sociabilité...
Plus l'enfant joue, plus il est épanoui et plus il développe ses compétences.
Plus grands, les jeux de construction, les jeux de société, les jouets qui permettent de raconter des histoires et de développer l'imaginaire (figurines, dînettes, poupées, univers miniatures), permettent aux enfants d'enrichir leur pensée, leur langage, leur vocabulaire.
Grâce aux différentes expériences que les jouets les amènent à faire, ils s'exercent à réfléchir, à trouver des solutions et à accéder à l'abstraction.

C'est pourquoi le choix des jouets est important, il faut que le jouet soit adapté au niveau de développement de l'enfant. Le tableau ci-dessous donne une idée des jouets et jeux qui peuvent faire partie de la panoplie de l'enfant suivant son âge.

Âge	Développement de l'enfant	Jouets, jeux, activités
Jusqu'à 4 mois	L'enfant découvre sons et couleurs	Hochets de couleurs vives, bouliers, mobiles, chansons et musiques douces
8 mois	Il se sert de ses mains	Jouets de forme et de matières différentes qu'il peut prendre, presser, gratter, tâter...
12 mois	Il aime jeter le plus loin possible. Il aime faire du bruit	Jouets qui ne se cassent pas, en caoutchouc, plastique, mousse, peluche
18 mois	Il aime pousser, tirer, empiler, emboîter. Il s'intéresse aux images, à la musique, il commence à copier l'adulte	Porteur, animaux à bascule, jeux de construction à grosses pièces, boîtes gigognes Livres d'images, jouets musicaux, poupées, crayons de couleur
2 ans	Il touche à tout, déménage transporte, fait du bruit, construit	Petites voitures, train, xylophone
3 ans	Il s'intéresse à tout dont jeux relationnels et activités artistiques	Poupées, dînettes, voitures, avions, animaux de la ferme, personnages, peinture coloriage, pâte à modeler, chansons, marionnettes, livres, tricycle...
3-4 ans	C'est l'âge de l'imagination	Panoplies, jeux de construction, poupées, petites voitures, engins de travaux, et toujours livres d'images, histoires chansons comptines, bicyclette, ballon, puzzles
7 ans et après	Les jeux de groupe et les activités physiques	Jeux créatifs comme perles de rocaille, déguisements, jeux de cartes, jeux de mémoire, jeux de société, jeux vidéo, circuit Jeux d'extérieur : vélo, roller, ballon...

Attention aux jouets dangereux

L'ADVF doit vérifier le jouet avant de le donner : le jouet peut être abîmé ou dangereux, une pièce pointue ou susceptible d'être avalée peut se détacher, ou tout simplement le jouet est sale, poussiéreux. Attention aussi aux piles, il ne faut pas qu'elles soient accessibles à l'enfant.

L'enfant doit choisir lui-même l'activité ou le jeu au moment qui lui convient, c'est pourquoi, l'habitude est prise dans les familles de disposer d'un coffre ou d'un grand panier rempli de jouets qu'il choisira comme il voudra.

Attention, on ne peut pas demander à un enfant de moins de 4 ans de ranger ses jouets, il ne comprendra pas. En revanche l'ADVF peut lui demander de l'aider à remettre les jouets dans le coffre, pour lui c'est un nouveau jeu qui commence, et peu à peu il s'habituera à l'ordre.

Le milieu dans lequel l'enfant évolue va nécessairement influencer son comportement dans le jeu et sa façon de grandir :

- Enfant unique ou avec frères et sœurs.
- Niveau social : intellectuel, sportif, matérialiste, stimulant, minimaliste.

d. Communiquer avec l'enfant

Comprendre les pleurs

Les pleurs représentent le premier mode de communication du bébé.
C'est toujours une épreuve pour l'adulte d'entendre pleurer un bébé et cela engendre inquiétude et fatigue.
Il y a toujours une raison qui motive ces pleurs, mais il n'est pas toujours aisé de la découvrir, surtout lorsque l'ADVF ne connaît pas encore bien l'enfant.
Même s'il est difficile d'interpréter les pleurs, il faut se montrer disponible et chercher à comprendre. Le fait de chercher à savoir d'où viennent les pleurs montre à l'enfant qu'on s'occupe de lui, qu'on ne le laisse pas seul et qu'une solution va être trouvée.

La faim ou/et la soif

L'ADVF suit le rythme alimentaire de l'enfant qui a été indiqué par les parents. En cas de pleurs, si le prochain repas est encore loin, commencer par proposer de l'eau et vérifier les autres motifs avant de proposer de la nourriture.

L'inconfort

L'enfant est peut-être dans une position inconfortable ou sa couche est sale et ses fesses irritées.
Il a peut-être trop chaud ou froid, vérifier la température de la pièce et l'épaisseur de ses vêtements.
Il a peut-être mal au ventre, même s'il a fait « son rot », il vaut mieux le prendre et le maintenir en position verticale pour un nouveau renvoi.

La douleur, la maladie

L'enfant pleure car il a probablement une poussée dentaire (gencives rouges), un rhume, une otite, une maladie infantile. En général d'autres signes apparaissent : fièvre, abattement, nez qui coule...

La fatigue, l'angoisse, la tension, la peur...

L'enfant agité, énervé, peut avoir du mal à s'endormir. Il faut l'aider, en l'installant au calme, en lui parlant doucement, en lui caressant la main ou la joue, en lui chantant une berceuse, proposer la sucette à l'habitué.

La colère

Les pleurs dus à la colère se reconnaissent facilement. L'enfant contrarié pousse des cris de rage. Il faut tenter de le calmer tout en essayant de comprendre les raisons de cette colère.
L'idée de le distraire en lui proposant un jouet peut lui faire oublier l'objet de sa colère.
Certains enfants sont inconsolables et ne se calment que lorsqu'ils sont portés.
C'est avec l'expérience et une meilleure connaissance de chaque enfant que l'ADVF apprendra à distinguer les différentes formes de pleurs et à y répondre.

L'ADVF communique avec le bébé

Parler au bébé est une des choses les plus importantes pour son développement, et il n'est jamais trop tôt pour commencer.

La capacité à reconnaître les sons est présente dès la naissance.
À environ 6 mois, l'enfant « parle » tout seul dans son lit.
Au départ la plupart des vocalises des bébés sont des monosyllabes comme « maa », « paa », « baa », mais il est capable de comprendre bien avant d'être capable de prononcer les mots.

Pour aider le bébé à se développer, à la fois sur le plan du langage et sur le plan social

L'ADVF explique ce qu'elle fait, au moment où elle le fait. Si elle met le pyjama elle le lui explique avant, afin de le prévenir, puis parle du pyjama et décrit ses gestes. L'enfant voit le pyjama et entend le mot « pyjama » c'est ainsi qu'il crée le lien.
L'ADVF garde la discussion centrée sur le moment présent et sur le monde du bébé. Elle utilise des phrases courtes et des mots simples. « Bravo, Loïc a tout mangé ! ». Elle utilise des mimiques qui accompagnent la phrase « Écoute le chien ! » et elle colle la peluche du chien à son oreille.
Elle utilise des noms pour bien identifier les choses : « Où est le biberon ? », plutôt que « Où il est ? ».
Elle utilise souvent le prénom de l'enfant et son propre prénom car l'enfant est trop petit pour comprendre les pronoms comme « toi », « moi », « je » ou « tu » ; « Regarde, Martine donne le biscuit », « Théo a tout mangé ».

Au fur et à mesure que l'enfant grandit, l'ADVF adapte graduellement sa façon de lui parler

L'ADVF évite de parler « bébé ». Elle développe ce que le bébé dit. S'il dit « chat », en le montrant, elle lui demande avec beaucoup d'intonation « Comment fait le chat ? », « Il fait miaou le chat ? », « De quelle couleur est le chat ? », etc. Ainsi, elle donne la possibilité à l'enfant d'explorer d'autres mots tout en restant sur son centre d'intérêt (le chat). « Il est gentil le chat ? », « Attention, le chat griffe ».
Elle répète ce que dit le bébé en utilisant des mots et des phrases corrects. Si Théo dit « cana l'eau » elle répète « Oui Théo, le canard est dans l'eau » et elle ajoute « Le canard nage dans l'eau ».
Sans quitter le sujet de conversation qui est le canard, l'ADVF insiste sur la bonne prononciation, ajoute des mots de vocabulaire, fait remarquer une nouvelle action (nager).

L'ADVF communique avec l'enfant

La façon dont nous communiquons avec les enfants et les jeunes a un impact sur leur développement et notamment sur l'image qu'ils vont se construire d'eux-mêmes.
L'adulte doit être vigilant à ce qu'il dit au sujet de l'enfant car celui-ci « boit » ses paroles, les bienveillantes comme les plus sournoises.
Chacun de nous connaît ce type de message dévalorisant, chacun de nous en a souffert en tant qu'enfant, mais, une fois adulte, chacun de nous s'en est servi pour dévaloriser d'autres enfants.
« Tu n'es pas belle quand tu pleures »
« Monsieur se croit... »
« Tu fais ton bébé »...

Tous ces messages, encore très utilisés au sein des familles, déprécient l'enfant en tant que personne, s'attaquent à son amour-propre et soulignent ses faiblesses. L'enfant perd confiance.
Tous ces messages manquent leur but, ils ne modifient pas le comportement de l'enfant, car ils ne l'aident pas à se comporter autrement.

Apprendre à passer du « tu » au « je »

Utiliser le « tu » entraîne un jugement. L'adulte juge l'enfant, sa personne.
L'ADVF ne doit pas juger l'enfant, elle ne juge qu'un acte.
Plutôt que « tu es insupportable, tu fais trop de bruit » (le problème vient uniquement de l'enfant), l'ADVF doit dire « Je ne supporte pas tout ce bruit ». Ainsi elle indique à l'enfant qu'il y a un problème entre elle et lui. Le problème, c'est le bruit. L'ADVF et l'enfant vont trouver des solutions, par exemple, il va faire du bruit ailleurs.
Plutôt que « Regarde ta chambre, tu te moques de moi ? », l'ADVF préfère dire « Je suis découragée de voir que la chambre que je viens de faire est déjà en désordre. Après goûter nous rangerons ensemble ».
Plutôt que « Ton pantalon est mal mis, tu n'es pas dégourdi ! », l'ADVF lui dit « J'ai l'impression que tu n'as pas réussi à enfiler ton pantalon, c'est difficile ? ». Elle commente un acte, elle ne juge pas l'enfant.
De même, ce n'est pas parce qu'un enfant dérobe un objet, qu'il est devenu un « voleur ». « Tu as pris cet objet qui ne t'appartient pas, cela ne se fait pas », ainsi l'ADVF lui permet de repérer ce qu'il peut continuer à faire ou pas. Elle ajoute « La prochaine fois tu... » pour lui permettre d'agir autrement.
L'ADVF met en avant le manque de maturité de l'enfant et la nécessité pour lui de continuer à progresser.
Elle ne remet pas en cause sa valeur, elle sait que l'apprentissage se fait peu à peu et elle continue de croire en lui.
Pour le lui prouver, elle ne manque pas de le valoriser et de l'encourager à chaque réussite.

Remarque : lorsque l'on juge une action, l'habitude est de terminer la phrase sur la faute. « Tu as fait un joli dessin, c'est bien, MAIS tu aurais pu ranger tes crayons ! »
Il vaut mieux procéder en deux temps. Lorsque le dessin est fini, féliciter l'enfant. Et plus tard, à un autre moment, réclamer le rangement des crayons. Ce n'est que plus tard qu'on va ajouter : « Maintenant, nous allons ranger les feuilles et les crayons. »

Par-delà ces « bonnes façons » de parler », c'est aussi le langage non verbal qui oriente notre communication et notre relation à lui.
Si l'ADVF adresse le message suivant : « Je sais que tu es capable », mais qu'elle reste toujours derrière lui à vérifier s'il a pris correctement sa douche, s'est bien brossé les dents, le message est contradictoire. « Je te fais confiance mais je surveille, je vérifie tout ». Il n'y a pas de concordance entre le langage verbal et le langage non verbal, la communication va donc se bloquer rapidement.

Rappel des règles d'une bonne communication (*cf.* compétence 1)
Quel que soit l'âge de la personne que l'ADVF accompagne...

- Pratiquer l'écoute active.
  - Empathie
  - Reformulation/réverbération
  - Questionnement ouvert
- Maintenir la concordance entre le langage verbal et le langage non verbal mène à la congruence et à l'authenticité.

e. Les maladies infantiles

Chaque maladie a son histoire et son rythme mais les défenses de l'enfant et son état de santé jouent aussi un rôle dans le temps de guérison.
Quand la température augmente, l'inquiétude aussi. Si l'enfant a les yeux brillants, larmoyants, le front chaud évoquant la fièvre, écoulement nasal, toux irritative, un manque d'appétit, il a peut-être attrapé froid ou prépare une maladie infantile. Pourtant, la fièvre est salutaire, c'est une réaction de défense de l'organisme. Face à une infection elle permet de stopper la multiplication des microbes en augmentant la chaleur du corps.

> Toute fièvre chez un enfant de moins de 3 ans doit amener l'ADVF à prévenir les parents ou le médecin. Si elle ne peut pas administrer un antipyrétique (ex. : paracétamol), elle peut dévêtir l'enfant, le rafraîchir par des compresses d'eau et lui donner souvent à boire.

Les maladies courantes

Les infections ORL (oto-rhino-laryngologie) sont localisées dans le nez, la gorge et les oreilles comme la rhinopharyngite, l'angine, l'otite. Ce sont les infections les plus courantes avec les maladies bronchiques chez l'enfant et la bronchiolite du bébé.
Très contagieuses, les maladies ORL et bronchiques se transmettent par simple éternuement ou même en parlant. L'ADVF doit apprendre aux enfants à mettre, non pas la main, mais la pliure du bras au niveau du coude, devant la bouche pour limiter les risques de contagion.
Quand le nez coule, c'est que l'organisme se défend contre une infection respiratoire (ou une allergie).
L'ADVF doit apprendre à l'enfant à se moucher. Une vidange fréquente des narines avec des mouchoirs jetables permet l'élimination du trop-plein et limite la dissémination des microbes :

- placer le mouchoir sur le nez ;
- boucher une narine avec un doigt et souffler de l'autre ;
- recommencer l'opération jusqu'à ce que la narine soit vide ;
- changer de narine ;
- essuyer le nez ;
- jeter le mouchoir rempli de microbes ;
- ne pas oublier de se laver les mains et celles de l'enfant après l'acte.

Attention aux irritations dues aux mouchages répétés. Toujours le faire délicatement.

Les maladies éruptives contagieuses

Maladie	Cause	Développement	Évolution	Conduite à tenir
Rubéole	Virus Transmission par contact	15 jours d'incubation Ganglions sensibles au cou Fièvre modérée 38°et rhume Éruption sur tout le corps	Rémission en 4-5 jours	Prévenir les femmes enceintes Sensibiliser à la vaccination ROR (rougeole, oreillons, rubéole)
Rougeole	Virus Transmission par contact	10 jours d'incubation, fièvre 39°, yeux larmoyants, rhume, visage gonflé, troubles digestifs, points blancs à l'intérieur des joues. Éruption sur tout le corps	Rémission en 5-6 jours. Risques de complications	Repos au lit, lumière tamisée car yeux sensibles. Faire baisser la température Sensibiliser à la vaccination (ROR)
Varicelle	Virus Transmission par contact	15 jours d'incubation, fièvre légère Éruption par poussée sur tout le corps avec fortes démangeaisons, qui peuvent se surinfecter et laisser des cicatrices indélébiles	Rémission en 10 jours	Empêcher l'enfant de se gratter : ongles courts et propres, voire moufles et vêtements couvrants
Roséole	Virus Transmission par contact	10 jours d'incubation, fièvre 39°-40° qui ne dure pas. Éruption sur tout le corps, surtout le visage	Rémission très rapide	Surveiller la température et la faire baisser

Les maladies non éruptives contagieuses

Maladie	Cause	Développement	Évolution	Conduite à tenir
Oreillons	Virus Contact direct	Incubation longue : 21 jours Fièvre 38-39°, maux de tête, gonflement douloureux derrière l'oreille, gorge rouge, douleur en mangeant	Rémission en 10 jours. Complications possibles : otite, méningite, stérilité	Repos au lit, surveiller la température, alimenter avec du semi-liquide, des compresses chaudes soulageront la douleur. Sensibiliser à la vaccination (ROR)

Les vaccinations

Âge et calendrier	vaccinations	commentaires
Vaccination possible dès l'âge de 1 mois si l'enfant rentre en accueil collectif	Le **BCG** est la vaccination contre la tuberculose. Une seule injection est faite, aucun rappel n'est exigé	Le BCG n'est plus obligatoire depuis 2007 si l'enfant est admis dans une collectivité (crèche, école maternelle...), mais est conseillé.
2, 3, 4e mois 3 injections à un mois d'intervalle, puis un rappel un an après Le rappel DTP seul est ensuite nécessaire tous les 5-6 ans jusqu'à 18 ans, puis tous les 10 ans	**DTCPHib** Diphtérie-tétanos-Coqueluche-Poliomyélite-*Haemophilus influenzae*	Un seul vaccin contre la diphtérie, le tétanos, la poliomyélite, la coqueluche et l'*haemophilus influenzae.* Le DTP (diphtérie-tétanos-poliomyélite) est une vaccination obligatoire, les vaccins contre l'*haemophilus influenzae* et la coqueluche sont fortement recommandés

Âge et calendrier	vaccinations	commentaires
Dès 2 mois 2 injections à un mois d'intervalle, la 3e injection entre 5 et 12 mois après	**Hépatite B** Il est judicieux de faire le vaccin avant l'adolescence (avant les premiers rapports sexuels)	Le vaccin contre l'hépatite B est recommandé. Il est recommandé de le faire le plus tôt possible – dès 2 mois, car la myéline (tissu nerveux qui est touché dans la sclérose en plaques) n'est pas encore totalement formée et la vaccination précoce coupe court à toute discussion concernant le risque de complication neurologique.
1 an Un rappel est nécessaire entre 3 et 6 ans	**ROR** Rougeole, oreillons, rubéole	Ce vaccin est recommandé (non obligatoire mais fortement conseillé)

La vaccination permet de protéger les populations de deux manières :

- individuellement, chaque personne vaccinée est protégée contre la maladie correspondante ;
- collectivement en diminuant petit à petit le nombre de personnes atteintes jusqu'à l'éradication de la maladie.

Les politiques de vaccinations peuvent s'établir à l'échelle nationale ou internationale et se modifier à tout moment en fonction des résultats des différents instituts de veille sanitaire.

En France, certaines vaccinations sont obligatoires, d'autres sont très fortement recommandées, d'autres encore ne sont recommandées que dans des situations particulières.

Quelques compléments d'informations

La coqueluche

La coqueluche peut être gravissime chez les tout-petits.

Le problème c'est qu'il n'existe pas encore de vaccin simple contre la coqueluche, il est toujours associé au DTP.

Il vaut mieux que les adultes (et les enfants) soient immunisés en particulier ceux qui sont en contact avec des nouveau-nés ou nourrissons de moins de 6 mois qui ne sont pas vaccinés. Le mieux est d'avoir un rappel vaccinal anticoquelucheux tous les 10 ans avec le DTP.

La varicelle

La varicelle est une maladie bénigne chez l'enfant, mais à partir de 15-18 ans elle peut être grave. Elle est grave et elle risque d'entraîner des malformations de l'embryon chez la femme enceinte qui contracte la varicelle pendant sa grossesse. Le vaccin existe en France depuis peu de temps.

Il est judicieux de vacciner les jeunes à partir de 18 ans si aucun antécédent de varicelle n'est signalé et dans les 3 jours qui suivent une exposition avec une varicelle (sauf contre-indication).

À retenir
En France, seules les vaccinatins DTP et contre la fièvre jaune (pour les résidents en Guyane) sont obligatoires ; d'autres sont fortement recommandées : BCG, ROR, coqueluche *haemophilus influenzae*, hépatite B et maintenant varicelle. D'autres encore, telles que le vaccin contre le méningocoque C, contre le pneumocoque, l'hépatite A, la grippe … sont conseillées pour certaines catégories de personnes qui risquent plus que les autres d'attraper la maladie en question.

2 Les différents modes d'accueil de l'enfant et les aides à la garde

a. Les différents modes d'accueil de l'enfant

Assistant de vie aux familles

L'assistant de vie aux familles relaie les parents dans la garde de leur(s) enfant(s) à leur domicile, moyennant une rémunération réglée directement par le parent employeur ou par une structure employeur de l'ADVF.

Assistant maternel

L'assistant maternel est agréé par le président du conseil départemental l'autorisant à exercer sa profession à son domicile. Il accueille à son domicile un nombre d'enfants précisé par l'agrément, moyennant une rémunération réglée directement par le parent employeur.

Crèche collective, familiale, parentale

Appelé établissement d'accueil collectif régulier, ce type d'établissement propose un accueil régulier pour les enfants de moins de 3 ans. L'établissement peut être géré par une association ou une collectivité.

Micro-crèche

À mi-chemin entre le mode de garde individuel et collectif, la mini-crèche accueille au maximum 10 enfants de moins de 6 ans. Trois professionnels assurent l'encadrement. Le lieu doit être spacieux et sécurisé. Il peut s'agir d'une maison, d'un appartement ou encore d'un local mis à disposition par la mairie.

Halte-garderie, halte-garderie itinérante, halte-garderie parentale

Appelé établissement d'accueil collectif occasionnel, ce type d'établissement propose un accueil temporaire ou occasionnel pour des enfants de moins de 6 ans. C'est un lieu d'éveil et de socialisation sous la responsabilité d'un personnel qualifié. L'établissement peut être géré par une association ou une collectivité territoriale

Jardin d'enfants

Le jardin d'enfants est une passerelle qui accueille les enfants de 2 à 3 ans qui ont fréquenté les structures collectives de type crèche avant l'entrée à l'école.

Multi-accueil

Appelé établissement d'accueil collectif régulier et établissement d'accueil collectif occasionnel, ce type d'établissement est une structure mixte qui regroupe une crèche et une halte-garderie et permet simultanément l'accueil d'enfants à temps partiel ou à temps complet. L'établissement peut être géré par une association ou une collectivité territoriale.

b. Les aides à la garde d'enfant

Pour tout enfant à charge de moins de 6 ans, il existe des aides.

La prestation d'accueil du jeune enfant (PAJE)

Cette prestation comprend :
- une prime à la naissance ou à l'adoption ;
- une allocation de base ;
- un complément de libre choix du mode de garde…

si l'enfant est gardé par une assistante maternelle ou par une garde à domicile (ADVF).

Un complément de libre choix d'activité si l'un des parents réduit ou cesse son activité pour s'occuper de son enfant

Le carnet de santé de l'enfant

Le carnet de santé est délivré par la mairie de la commune de naissance de l'enfant. C'est un document du ministère chargé de la Santé. Il a beaucoup évolué ces dernières années, il contient aujourd'hui nombre de conseils et recommandations concernant l'enfant de manière générale.
Le carnet est rempli peu à peu par les parents et les médecins qui relatent tous les événements relatifs à la santé de l'enfant survenus depuis sa naissance. Ce document est strictement confidentiel, mais l'ADVF qui accompagne un enfant chez le médecin doit le demander aux parents afin de le présenter lors de la visite médicale.

II Compétence 6 : établir le premier contact, communiquer et assurer le relais des parents

1 L'essentiel à retenir

a. Premier rendez-vous, premier contact

L'ADVF qui se présente pour la première fois, chez un particulier pour garder un ou des enfants, a préparé une liste de questions à l'intention des parents pour ne rien laisser au hasard. La première impression est essentielle. L'ADVF laisse ses propres soucis à la porte du domicile des parents et se présente à la maman (en général). Elle est disponible, souriante et accueillante pour les enfants.

L'ADVF rassure la maman inquiète qui peut se sentir coupable de laisser son enfant

Elle parle de sa formation et de son expérience professionnelle, de sa manière de réagir lorsque l'enfant est triste ou qu'il pleure. Elle raconte comment elle va organiser sa journée, etc.

L'ADVF vérifie que le cadre de l'intervention correspond bien à la fiche établie en amont

Combien y a-t-il d'enfants à garder, quel âge ont-ils, vont-ils à l'école, faut-il les accompagner, d'autres activités sont-elles prévues ?, etc.
Quels sont les horaires (quelle flexibilité en cas de débordement des horaires ? quelles solutions en cas de force majeure ?) ?
Les tâches sont-elles uniquement liées à la garde d'enfant ou y a-t-il aussi des tâches ménagères ?
Quelles sont les personnes à prévenir en cas d'incidents ou d'accidents ? Où sont les numéros de téléphone ?
Existe-t-il un cahier de liaison, faut-il en instaurer un ?
Elle prévoit un laps de temps à consacrer au départ et au retour des parents.

L'ADVF se renseigne, elle incite la maman à parler en utilisant les techniques de communication : questions ouvertes, reformulation, écoute active

L'enfant est-il informé du nouveau mode de garde ?
Qu'attendent les parents de l'ADVF (quelles sont les choses importantes à leurs yeux ?).
Comment est organisée leur vie de famille ? Horaires des repas, alimentation, sieste, sortie, (Y a-t-il un parc à proximité ?), vêtement de sortie ou de change, etc.
Elle demande à voir les pièces à vivre, la chambre de l'enfant, questionne sur les possibilités de danger, fenêtres, prises de courant, produits d'entretien, animaux domestiques, jouets...

L'ADVF s'informe des petites marottes de l'enfant

Par exemple, quelles sont ses habitudes au moment du coucher (l'enfant n'osera peut-être pas demander seul). Va-t-il aux toilettes avant de se coucher ? A-t-il un doudou, apprécie-t-il un biberon ou un verre d'eau sur la table, la porte de la chambre doit-elle restée entrebâillée, lui faut-il une petite lumière dans le couloir ?, etc.

L'ADVF explique son rôle aux enfants

L'ADVF est là pour prendre soin des enfants à la place des parents, pendant leur absence. Elle va essayer de garder les mêmes habitudes, les mêmes principes, les mêmes règles que les parents. « Vous êtes chez vous, je remplace vos parents pendant leur absence mais les habitudes de vie restent les mêmes » (heure du repas ou du coucher)...
Elle incite les enfants à l'aider dans son rôle et sa mission : « Vous me montrerez où sont les affaires et vous me direz ce que vos parents permettent et interdisent ».
Surtout, elle ne prend pas la place des parents.

L'ADVF prépare le départ des parents

Suivant l'âge de l'enfant le moment est plus ou moins délicat. La séparation avec l'enfant à partir de 8 à 10 mois peut être particulièrement délicate car le bébé comprend que lui et sa mère ne forment pas une seule et même personne mais bien deux êtres séparés. Il découvre alors la peur de la perdre dès qu'il la quitte des yeux. D'où les drames à chaque séparation même si celles-ci ne durent que quelques heures, car un tout-petit n'a évidemment pas de repères dans le temps.
Passé ce cap, qui dure plus ou moins longtemps selon les enfants, la séparation est plus facile en prenant soin d'adapter les modalités de cette séparation à son âge et à sa sensibilité, sachant que plus un enfant est jeune, plus le temps est long pour lui.
Le départ est préparé par les adultes. Parent et ADVF mettent en place un rituel de départ en prenant soin de tenir compte de l'émotion de l'enfant (et de l'émotion du parent) :

- Il est nécessaire de réserver un temps (pas de précipitation) pour le départ mais il ne faut pas non plus éterniser les adieux.
- Empêcher le départ en catimini qui cache plus souvent le désarroi du parent que son indifférence.
- Le parent dit au revoir et l'ADVF accompagne le départ une fois que le parent a tourné les talons.

- On regarde le parent s'éloigner par la fenêtre, l'enfant envoie un baiser, fait un signe de la main.
- L'ADVF justifie le départ, elle réconforte l'enfant inquiet : « Maman est contente, elle va à son travail ».
- Elle oriente l'attention de l'enfant vers d'autres intérêts : « nous aussi, nous avons plein de choses à faire » et passe tout de suite à l'action, en proposant une activité de jeu ou une activité ménagère.

Le petit enfant est plus perturbé par le changement d'atmosphère créé par le départ de son parent, tandis que l'enfant plus âgé est sensible à l'absence de la personne elle-même (peur qu'elle ne revienne pas).

Pour le bébé, une préparation plus importante peut être nécessaire.

Il est plus que souhaitable que la maman et le bébé se préparent à la séparation. Les mamans se demandent si leur bébé ne va pas être perturbé par tous ces changements : nouveau rythme guidé par les horaires de travail, une autre personne pour s'occuper de lui, etc.

Avant d'instaurer des journées complètes de garde, il est bon d'organiser quelques rencontres « prise de contact ». Le mieux est que ces prises de contact se fassent en présence de la mère de manière progressive : une heure, puis un peu plus.

b. Au départ de maman, la journée commence

L'ADVF prend soin de respecter le rythme de l'enfant suivant son âge

Elle respecte les horaires des moments-clés de la journée : petit-déjeuner, sieste du matin, repas, sieste de l'après-midi, goûter.

Plus l'enfant est jeune plus l'ADVF passe du temps au pouponnage.

L'ADVF communique avec l'enfant tout au long de son activité

Elle explique tout ce qu'elle va faire, et même lorsqu'elle effectue d'autres tâches, elle reste attentive à l'activité de l'enfant et maintient le contact.

L'ADVF contribue, suivant les souhaits des parents, à faire l'éducation des enfants. Elle a un rôle complémentaire à celui des parents, mais ne les remplace pas.

Attention, les principes éducatifs des parents peuvent très bien ne pas être en adéquation avec ceux de l'assistant de vie qui devra pourtant s'adapter et respecter les consignes parentales.

Dans sa mission d'intervention l'ADVF doit prendre en compte le cadre familial :

Les consignes éducatives des parents « Je veux que... » « Il faut que... » « Pas de ... »)	**Les habitudes de la maison** « Chez nous, on prend la douche après le repas du soir »	**Les priorités liées au contexte** « Ce soir c'est moi qui t'aiderai à manger car maman va rentrer tard »
L'ADVF les respecte strictement (heure du coucher, mettre le bonnet pour sortir en hiver, pas de télévision après l'école...)	L'ADVF les respecte en général, mais peut les adapter selon le contexte, pour le bien-être et le confort de l'enfant ou celui des parents	L'ADVF prend des initiatives en fonction des événements survenant pendant son intervention, pour le bien-être et la sécurité de l'enfant et celui des parents

c. L'ADVF gère le retour des parents

Accorder une importance aux retrouvailles avec les parents, faire du retour un petit moment de fête, est une manière de terminer agréablement et pour tous (enfant, parent, ADVF) l'intervention.
Pour bien gérer le retour des parents :

- prévenir l'enfant qu'il va être l'heure, il faut par exemple avoir rangé les jouets, avoir mis le couvert... ;
- prévoir une surprise, par exemple faire un dessin ou cueillir des fleurs...

Cinq minutes avant l'arrivée, on va guetter par la fenêtre, l'arrivée du bus ou de la voiture. Si le temps le permet, il est même possible de sortir et d'aller au-devant du parent en se rendant à l'arrêt du bus par exemple.

2 Contextes professionnels

a. L'ADVF accompagne plusieurs enfants d'âges différents d'une même famille

Tenir compte des différences d'âge

À chaque âge correspond un stade de développement différent.
Les rythmes de vie sont différents (à l'âge de 2 ans les enfants ont besoin de plus de sommeil qu'à 6 ans). Les activités et les jeux sont différents.

Tenir compte de l'entente dans la fratrie

Les disputes peuvent être nombreuses et pénibles pour la personne chargée de la garde, il faut dans un premier temps temporiser et à la longue essayer de consolider les liens entre frères et sœurs et imposer l'autorité de l'adulte.

Tenir compte des consignes éducatives des parents

Elles doivent rester les mêmes pour tous les enfants (« On ne met pas les pieds sur le canapé » par exemple).

b. L'ADVF accompagne plusieurs enfants d'âges différents et de famille différentes

- Comme pour le paragraphe précédent, l'ADVF doit tenir compte de la différence d'âge et donc de la différence de développement de chacun des enfants, pareillement pour l'entente ou la mésentente entre les enfants, et des disputes qui s'en suivront.
- En ce qui concerne les consignes éducatives, le travail est délicat car les enfants issus de familles différentes ont des permissions et interdictions différentes venant de leurs propres parents (avec ses parents, Martin a le droit de boire du soda, mais les parents de Romain le lui interdisent).

En accord avec tous les parents, l'ADVF adopte une conduite médiane. Elle doit mettre en place des consignes qui conviennent aux deux familles et qui temporisent les événements. Une discussion doit avoir lieu en amont de la première intervention entre les parents des deux familles et l'ADVF. Les parents doivent accepter leurs différences de points de vue éducatifs et doivent accepter que l'ADVF présente ses propres règles aux enfants afin que ceux-ci, en sa présence, bénéficient des mêmes règles éducatives.

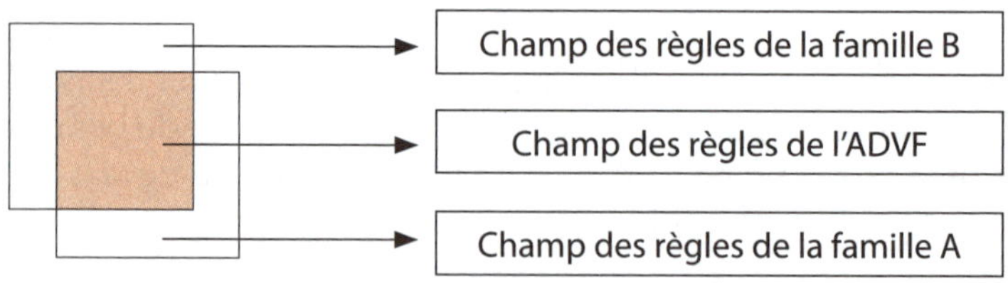

Lorsque deux familles s'associent pour faire garder leurs enfants, il est quand même permis de penser que ces familles ont en commun des valeurs, des principes éducatifs ou du moins qu'elles se connaissent suffisamment pour accepter leurs différences.
Le choix du domicile de garde a aussi une grande importance : chez les Dupond, on a le droit de sauter sur le canapé, chez les Dubois c'est interdit. L'ADVF et les enfants se plient aux consignes et aux habitudes qui règlent la vie au domicile où s'effectue la garde. Quand le domicile de garde est lui aussi partagé, les consignes évoluent.
Pour une intervention harmonieuse l'ADVF a besoin de mettre en place des limites et des garde-fous qu'elle explique suivant l'âge des enfants de manière très simple ou plus argumentée, mais surtout qu'elle fait respecter.

C. L'ADVF rencontre des contextes variés

Contextes familiaux variés

Quelques définitions sont nécessaires au traitement de cette question.

- **L'autorité parentale** : ensemble de droits et de devoirs dont disposent les parents pour l'intérêt de celui-ci et pour le protéger dans sa santé, sa sécurité et sa moralité.

Concrètement pour l'ADVF cela signifie qu'elle doit veiller sur l'enfant confié en respectant les directives des parents sur son éducation et sa santé (l'accord écrit des parents est d'ailleurs obligatoire avant toute intervention chirurgicale).

- **La filiation** ou comment est-on reconnu « parent » par la loi ?

– Filiation légitime (dans le mariage).
– Filiation naturelle (hors mariage), il faut alors « reconnaître » l'enfant.
– Filiation par adoption.

- **L'exercice de l'autorité parentale** : elle est exercée conjointement par les deux parents dans la filiation légitime et dans l'adoption (sauf décision du juge aux affaires familiales).

Elle est exercée conjointement sur l'enfant naturel si les deux parents ont reconnu l'enfant avant qu'il n'est atteint l'âge d'un an ou sur déclaration du juge (pour les autres cas, c'est la mère qui exerce l'autorité parentale).
Hors la famille traditionnelle (père, mère, enfants) plusieurs types de familles existent :
– Familles monoparentales où l'enfant vit la plupart du temps chez un seul de ses parents qui en a légalement la charge voire l'autorité parentale.

– Parents séparés à garde partagée où les enfants vivent deux semaines chez l'un puis deux semaines chez l'autre.
– Familles recomposées où l'enfant vit avec un seul de ses parents, son nouveau conjoint et les enfants de son conjoint, auxquels il faut ajouter les enfants du couple reconstitué.
L'ADVF va créer l'harmonie par rapport aux parents, en se présentant comme élément neutre, ni parent des uns ni parent des autres.
En règle générale, l'ADVF doit se renseigner auprès des adultes afin de savoir qui donne des consignes pour l'enfant, qui a l'autorité sur le domicile, qui s'occupe du linge de l'enfant, etc.

Contextes culturels variés

La famille peut avoir une origine culturelle différente de celle de l'ADVF, avec des règles et des habitudes qui peuvent l'étonner. Les principes religieux peuvent marquer la vie de tous les jours dans certaines familles.

Modes de vie variés

Les moyens financiers peuvent être très variés d'une famille à l'autre (enfants gâtés de familles matérialistes).

3 Techniques professionnelles

Communiquer avec les parents : agir avec tact

En particulier après l'intervention, il revient à l'ADVF de faire un compte rendu de sa prestation. Elle doit prendre soin de ne rien oublier des événements de la journée. Elle pense à montrer qu'elle respecte les souhaits et les habitudes des parents : « Vous ne vouliez pas qu'il sorte à cause de la pluie, nous ne sommes pas sortis » ou « Vous souhaitez qu'il sorte par tous les temps, nous sommes sortis malgré la pluie. »
Elle ne doit pas faire front avec les enfants contre les parents. L'ADVF est toujours du côté des parents, c'est de toute façon plus équilibrant pour l'enfant.
Agir avec tact, c'est aussi laisser les parents découvrir par eux-mêmes les progrès de l'enfant : « je crois bien qu'il est prêt pour ses premiers pas ! ».

Rappel des règles d'une bonne communication (*cf.* compétence 1)
Quel que soit l'âge de la personne que l'ADVF accompagne
- Pratiquer l'écoute active :
  – Empathie.
  – Reformulation/réverbération.
  – Questionnement ouvert.
- Maintenir la concordance entre le langage verbal et le langage non verbal mène à la congruence et à l'authenticité.

III Compétence 7 : organiser l'intervention avec un ou plusieurs enfants

L'essentiel à retenir

a. L'ADVF tient compte des besoins en fonction de l'âge des enfants

Besoins	Jusqu'à 6 ou 7 ans	De 7 à 12, 13 ans	À la puberté
Bien-être et confort	• 4 repas complets • 10, 12 h de sommeil • Alternance de temps calme et de temps dynamique	• 3 repas complets • 9, 10 h de sommeil • Pas d'exercices de force qui puisse contrarier la croissance	• 3 repas complets • 8 h de sommeil • Fatigabilité due aux transformations
Apprentissages et activités	• Faciliter le libre apprentissage et laisser faire seul (patienter, prendre le temps pour qu'il fasse ses essais) • Varier les activités	• L'inciter à faire seul • L'erreur n'est pas sanctionnée mais sert à apprendre • Favoriser les sports collectifs • Laisser du temps pour explorer, se poser des questions, chercher des réponses	• Encourager les projets personnels • Danger de la compétition qui peut aboutir à l'échec au lieu de l'affirmation de soi
Affection et sécurité	• Nécessité d'une ambiance calme et d'un climat compréhensif	• Favoriser la fréquentation d'autres enfants du même âge • Besoin de câlins, de son doudou, d'écouter des histoires • Approuver et féliciter souvent	• Ne pas forcer, heurter, car c'est l'âge de l'anxiété, de l'irritation, de l'impatience • Donner des responsabilités • Être attentif et être le confident • Parler de tout

b. L'ADVF tient compte des rythmes différents suivant l'âge et l'individu

Notre vie est régulée selon plusieurs rythmes, dont les principaux sont le rythme biologique, personnel, social.

Le rythme biologique

C'est celui qui dit à notre corps quand il a besoin de se nourrir, quand il a besoin de bouger, se reposer ou de dormir... Chaque enfant a son propre rythme, l'un a des dents à 6 mois, l'autre à 7 ou 8, la puberté commence chez l'un à 10 ans et chez l'autre à 15 ans.

Le rythme personnel

Il est très variable suivant les individus et dépend des capacités de chacun. Nous sommes plus ou moins rapides pour exécuter une tâche, nous sommes plus « du matin » ou plus « du soir »...
Naturellement l'enfant aussi a son rythme, il a peut-être besoin de plus de temps pour se réveiller de sa sieste ou pour manger, il va apprendre à marcher à 9 mois ou à 15 mois...

Le rythme social

C'est le rythme imposé. Respecter des horaires pour déjeuner ou dîner, ou les horaires de l'école, ou encore des activités extrascolaires...

Afin de vivre en harmonie avec les autres, le rythme biologique et le rythme personnel de tout individu vont se calquer sur son rythme social.
Le bon équilibre physique et psychique du très jeune enfant nécessite le respect du rythme biologique et du rythme personnel. C'est en suivant ses rythmes que l'enfant se développe et s'épanouit. Au fil des années, naturellement, tout un travail de maturation s'effectue sans effort apparent.
Pour favoriser son épanouissement, l'ADVF sera attentive à l'écoute et respectera autant que possible les rythmes de l'enfant.
Plus tard, avec les parents, l'assistant de vie va aider l'enfant à s'adapter progressivement au temps social.

Les moments où les rythmes de l'enfant sont perturbés

Les rythmes sont en particulier perturbés à certaines occasions :

- Périodes et retour de vacances.
- Déménagement.
- Naissance d'un frère ou d'une sœur.
- Séparation des parents (tout problème familial).

Mais aussi :

- Changement d'heure (heure d'été, heure d'hiver), éviter les perturbations par une adaptation progressive.
- Changement dans l'alimentation : le sevrage (passage de l'alimentation lactée à une alimentation diversifiée).
- Puberté où les hormones transforment l'adolescent.
- Les maladies, les accidents...

Certains parents sont convaincus que le jeune enfant doit suivre son propre rythme pour le sommeil, l'alimentation et les activités de la journée. D'autres parents demandent que très rapidement l'enfant se plie au rythme qu'ils ont défini pour lui. Par exemple une maman va demander à l'assistant de vie de réveiller le bébé afin qu'il prenne sa tétée toujours à heure fixe.
Il n'est jamais bon de perturber un enfant pendant son sommeil, et la professionnelle doit tenter de l'expliquer aux parents, mais elle ne doit pas enfreindre le mode éducatif.

c. L'ADVF s'occupe d'enfants d'âges différents

L'ADVF devra faire preuve d'un bonne organisation pour concilier les activités des plus jeunes avec celles des plus grands sans pour autant séparer totalement les uns des autres.

Exemples

Pour permettre à deux enfants d'âges très différents (5 et 10 ans par exemple) de jouer ensemble à un jeu de société, il est préférable que l'ADVF intervienne et prenne part au jeu en s'associant au plus jeune afin qu'il devienne un partenaire digne du plus grand. L'ADVF s'efforce d'équilibrer le jeu en n'apportant que le soutien nécessaire à égaliser les forces des joueurs.

Les activités ménagères sont aussi l'occasion d'activités communes où chacun remplit sa mission : l'aîné met les assiettes pour le repas, tandis que le cadet met les serviettes de table.

Le rythme des petits étant différent de celui des grands, l'ADVF trouve les occasions de s'occuper plus particulièrement de l'aîné ou du cadet des enfants.

Exemples

Le moment de la sieste du plus jeune est l'occasion de s'occuper plus particulièrement de l'aîné. L'ADVF va pouvoir lui proposer en toute tranquillité des jeux de son âge, inaccessibles au plus petit : maquette, jeux de construction avec de petites pièces, perles, dessin, etc.

Alors que l'aîné est installé pour son travail scolaire, l'ADVF peut consacrer du temps au plus jeune en lui proposant des activités adaptées : raconter une histoire, regarder un livre d'images....

La mise en place de rites permet aussi à chacun de s'adonner à son activité dans le respect de celle de l'autre. La sieste (qui demande une maison calme) de l'un oblige à un jeu « tranquille » à l'autre, pareillement pour le moment du travail scolaire.

d. Les activités des enfants se déroulent à l'intérieur comme à l'extérieur

L'assistant de vie propose, en fonction du temps et de la température extérieure, des sorties et des activités correspondantes. Il faut choisir le bon moment pour sortir lorsque les enfants sont excités ou énervés et qu'ils ont besoin de se défouler.

Sortir avec un bébé

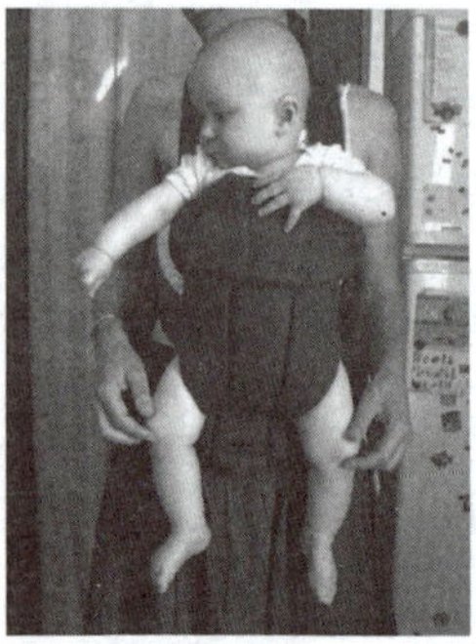

Il est bon de promener le bébé chaque jour une demi-heure voire plus, de préférence dans un espace vert et aéré.

Sortir le bébé, c'est lui faire bénéficier d'air frais, de soleil et profiter du spectacle de la rue. Si la sortie est impossible, ne pas hésiter à ouvrir en grand la fenêtre, afin de permettre au soleil de rentrer et d'exposer la poussette avec le bébé bien habillé, à l'air et au soleil.

À l'âge des premiers pas et de la poussette

Les enfants qui commencent à marcher apprécient de pousser leur poussette, ils font ainsi de rapides progrès. L'avantage est qu'à la moindre fatigue, ils s'installent à l'intérieur et profitent du spectacle de la rue tout en se faisant bercer.

À partir de 2 ans

Bien couvert, bien chaussé, même s'il fait froid ou qu'il neige, l'enfant appréciera de sortir pour courir, se dépenser et trouver des camarades au jardin public en ville ou dans un endroit adapté à la campagne.
Il est important que l'ADVF mette en place des éléments de sécurité : elle définit la zone de jeu de manière à la couvrir du regard, elle impose des recommandations (rester loin du bassin aux nénuphars, ne pas pousser, attendre son tour au toboggan, ne pas jouer dans un bac à sable non clôturé qui sert généralement de toilettes aux chiens).

e. L'ADVF intervient à des moments différents de la journée

Il faut que l'ADVF possède une bonne connaissance de la famille pour pouvoir intervenir à n'importe quel moment de la journée tout en respectant les habitudes et les consignes des parents.
Elle peut-être présente :

- au lever ;
- pour le départ à l'école ;
- au moment des repas ;
- pour la promenade ;
- pour récupérer les enfants à l'école ;
- pour surveiller les devoirs d'école ;
- pour le bain du soir ;
- pour le coucher.

C'est en pratiquant jour après jour que l'assistant de vie apprendra les règles de vie de la famille et bien souvent les enfants l'aideront dans sa tâche.
« Où est ta place à table ? Où est rangée ta serviette ? Prends-tu le bain avant ou après le repas ? Montre-moi comment fait ta maman pour ranger ton linge ? As-tu le droit de regarder la télévision le soir ? »

f. En plus de la garde, des tâches ménagères peuvent être demandées

L'ADVF, en plus de la garde d'un ou des enfants, va naturellement s'attacher à effectuer les tâches ménagères relatives aux activités de l'enfant.

- Rangement de la chambre et réfection du lit, lavage d'un drap souillé...
- Entretien du linge de l'enfant : lavage, repassage.
- Préparation des repas de l'enfant, vaisselle, rangement de la cuisine.

Il vaut mieux que l'ADVF sollicite rapidement le ou les enfants pour obtenir de l'aide. Plus l'enfant est petit, plus cette activité sera considérée comme un jeu, à condition que l'enfant fasse à son rythme et avec l'ADVF dans un climat agréable.

Bien sûr, il ne faut pas être pressé et il faut s'attendre à des accidents de temps en temps comme assiette cassée, eau renversée, etc., qui n'empêcheront pas que l'ADVF félicite et remercie chaleureusement pour l'aide apportée. Les bonnes habitudes seront ainsi prises et il arrivera un jour où l'aide sera vraiment efficace.

Certains employeurs demandent des tâches ménagères sans rapport avec les activités de l'enfant : repassage du linge de la famille, nettoyer les vitres... L'ADVF doit préciser clairement que son travail auprès de l'enfant est prioritaire et que les tâches ménagères viendront après.

Il est possible qu'une ADVF soit employée sur une mission avec des enfants où la mère est présente.

Exemple :

Mme A. a six enfants âgés de 2 ans et demi à 13 ans. Elle a été opérée du genou.

De retour chez elle, elle entreprend une rééducation durant 4 mois. C'est Marie, ADVF, qui a été envoyée chez Mme A. par l'association Domiciladoré. Très vite, Marie a organisé la maisonnée. Tandis que Mme A., installée confortablement dans son fauteuil, joue aux petits chevaux et à d'autres jeux avec ses plus jeunes enfants, Marie prépare le repas et s'occupe du ménage avec les plus grands. Voilà bien longtemps que cette maman n'avait pas joué avec ses enfants !

IV Compétence 8 : prévenir les risques et assurer la sécurité des enfants

1 Prévention des accidents domestiques chez l'enfant

Tout le monde s'accorde à dire que la prévention des accidents domestiques est une évidence, mais dans les faits, l'approche dépend de l'attitude des parents, de la personnalité et du comportement de l'enfant.

Les parents peuvent agir de différentes manières :

- Faire peur à l'enfant interdit toute tentative d'explorer : « Touche pas à ça, tu vas te brûler ! »
- Responsabiliser l'enfant en expliquant le risque : « Tu vois ça, c'est chaud, très chaud, tu risques de te brûler. »
- Calculer le risque et éviter qu'il n'apparaisse s'il y a danger réel, ou laisser faire à l'enfant son expérience.

Suivant l'âge de l'enfant

Le risque devient potentiel dès qu'il bouge, dès qu'il marche et va dépendre de son degré de curiosité, d'imagination. Certains sont sages comme des images, d'autres cumulent les exploits avec plaies et bosses à la clef.

La Caisse d'allocations familiales, le Comité français d'éducation pour la santé, la Croix Rouge, les associations de consommateurs, les établissements scolaires, etc. contribuent à la prevention.

L'ADVF pour sa part participera à l'apprentissage des risques qui est un enjeu de santé publique.

a. Un apprentissage ludique, percutant, adapté à l'âge

L'ADVF tentera toujours de proposer un apprentissage ludique, percutant et adapté à l'âge et à la compréhension de l'enfant au moment le plus opportun pour lui faire appréhender les risques :

- Par une histoire : « Le cousin Jean, quand il était petit, est tombé dans l'escalier, il s'est fait très mal à la jambe. On a mis sa jambe dans le plâtre pendant l'été, il n'a pas pu aller à la piscine. Pour la rentrée des classes, on lui a enlevé le plâtre, sa jambe était toute blanche et toute maigre. »

L'enfant a une grande mémoire des propos imagés, il se souviendra de l'histoire et s'en souviendra lorsqu'il abordera l'escalier.

- Par le dessin : risques et conséquences. Exemple : dessine moi le feu et, à côté, quelqu'un qui s'est brûlé.
- Par des petites scénettes « catastrophes » qui obligent l'enfant à réfléchir, mémoriser et devenir autonome. Exemples : L'enfant joue au docteur, il soigne Nounours qui s'est brûlé. L'enfant se perd dans la foule, il cherche sa maman.

Appeler les secours, voire lui montrer des gestes qui sauvent.

- Par une chanson : pour mémoriser les numéros de téléphone urgents, par exemple.

Voici le message à faire passer aux enfants
Les accidents domestiques font mal, obligent souvent à aller à l'hôpital, occasionnent parfois des handicaps sérieux et parfois la mort.

b. L'ADVF est responsable en l'absence des parents

L'ADVF est la continuité des parents en l'absence de ceux-ci. Tour à tour pédagogue, autoritaire ou laxiste, elle doit évaluer les risques et ne jamais laisser l'enfant sans surveillance.
Elle devra particulièrement faire attention au coussin de change et à la chaise haute (risque de chute) pour le tout-petit.
Dès qu'il marche et découvre son environnement, l'enfant qui touche à tout et met tout à sa bouche n'est pas à l'abri d'une brûlure, d'un empoisonnement ou d'un étouffement.
L'ADVF s'inquiétera des prises électriques, plaques de cuisson ou chauffage ainsi que plantes toxiques, raticide, médicaments accessibles, sacs plastiques...
Plus grand, c'est à nouveau les chutes dues à toutes les activités physiques et sportives (apprentissage, besoin de se valoriser ou de se surpasser). Ici l'ADVF aura la lourde responsabilité de juger de l'opportunité de l'intervention :

- trop stricte, elle passe pour une tortionnaire ;
- laxiste elle va au devant de déconvenues.

Tout est affaire de ressenti !

L'ADVF ne peut pas accepter l'idée que l'enfant échappe à sa surveillance pour aller jouer seul à l'extérieur, elle doit clarifier les limites de sa responsabilité.
Conseiller aux parents d'inscrire leur enfant à des clubs de sport ou en activité encadrée, le risque est alors relayé.

2 L'enfant au domicile

a. La chambre

- Aérer et maintenir une température suffisante de 18 °C.

- Coucher le bébé sur le dos pour éviter « la mort subite » du nourrisson accompagné de son seul doudou.

Attention qu'il ne soit ni sur sa couette, ni totalement couvert au risque de s'étouffer. La gigoteuse sera préférée.

Attention à l'écartement des barreaux pour la tête ou lorsque, se mettant debout, il va chercher à enjamber.

- Garder toujours le contact lorsque le bébé est sur la table à langer.
- Vérifier que les jouets de l'aîné ne présentent aucun danger : risque d'inhalation ou d'indigestion avec les petits objets.

b. La salle de bains

- Ne jamais laisser le petit enfant seul au bain, il peut glisser et se faire mal. Même avec 5 cm d'eau la noyade n'est pas écartée, il peut glisser et se faire mal.
- Plus grand, dès qu'il peut se laver seul, demander que la porte reste entrouverte et rester à l'écoute des bruits.
- Pas d'éclaboussures intempestives en raison des appareils électriques.
- Tapis de bain antidérapants dans et devant la baignoire sont conseillés.
- Vérifier la température de l'eau avant le bain et surveiller l'utilisation inopinée des robinets par l'enfant.
- Vérifier l'inaccessibilité de tout produit chimique (médicaments, produits de toilette ou de beauté).

c. L'escalier

Un escalier même de 2 ou 3 marches est toujours source de chute. Soit l'accès en est strictement défendu (quelquefois matérialisé par des barrières de protection) soit autorisé par les parents lorsque l'enfant maîtrise le « monter-descendre ». L'ADVF contrôlera plutôt deux fois qu'une.

Pour les grands enfants c'est le jeu dans l'escalier qu'il faut interdire, les bousculades ou la précipitation.

d. La cuisine

- Ne jamais laisser l'enfant sans surveillance dans sa chaise haute.
- Attention au risque de brûlure : plaques de cuisson ou porte du four même éteints. Il vaut mieux ne pas chauffer le biberon au micro-ondes.
- Vérifier l'inaccessibilité à tout produit de droguerie.

3 L'enfant à l'extérieur de la maison

Anticiper et éduquer

- L'ADVF vérifie en sortant avec un enfant que, très jeune, il sache dire ses nom, prénom, adresse et téléphone, au cas où il échapperait à sa vigilance. Elle peut aussi glisser dans la poche du petit enfant son identité et ses coordonnées téléphoniques. Ceci est très utile lorsque l'ADVF a plusieurs enfants sous sa surveillance au jardin d'enfants, par exemple.
- Rappeler aux enfants qu'ils ne doivent partir sous aucun prétexte et encore moins avec un étranger.
- Leur rappeler aussi qu'ils doivent revenir vers elle régulièrement, car il y aura peut-être de nouvelles consignes.
- Mêmes recommandations pour la sortie des classes, l'enfant ne doit pas partir seul et doit attendre son assistant de vie. Apprendre aussi au plus grand à prévenir de ses mouvements et déplacements.
- Dans ses déplacements à pied, l'ADVF familiarise l'enfant avec les trajets les plus courants afin qu'il mémorise les repères : gros arbre, volets bleus, panneau publicitaire, par exemple.
- En voiture, elle pense à la ceinture de sécurité, à enclencher la sécurité enfant, sur les portières arrières et à désactiver l'airbag passager si nécessaire.
- Au jardin : attention aux végétaux non comestibles, surveiller l'utilisation des agrès, surtout lorsqu'à plusieurs, les enfants s'excitent. Freiner alors les plus téméraires. Garder un périmètre de sécurité autour du barbecue.
- L'ADVF peut avoir à s'interposer dans des disputes d'enfants ou des altercations plus musclées en usant de diplomatie.
- À la piscine : malgré toutes les sécurités techniques, l'ADVF doit toujours être attentive lorsqu'il y a baignade ; surtout lorsque la nage n'est pas maîtrisée. Rester à proximité immédiate, pour intervenir !

4 Quelques principaux problèmes que l'ADVF aura à traiter

Utiliser la méthode par le questionnement QQCOQP déjà expliquée à plusieurs reprises auparavant.

a. Plaies et bosses ...

Suite à une chute sur la tête ou un coup porté à la tête, l'attitude est la suivante : **rassurer l'enfant, évaluer les dégâts et agir.**

- Simple bosse : doux massage avec ou sans pommade (arnica).

- Bosse qui grossit : faire une douce compression ; utiliser un glaçon dans une poche plastique ou une poche réfrigérée.
- Bosse avec plaie qui saigne : faire une douce compression avec un linge propre. Une béance de la plaie suppose d'être suturée ; voir avec le médecin ou le pharmacien.
- Traumatisme évoluant vers malaise, vomissement, somnolence, convulsions : étendre la victime ; mettre en PLS, si vomissement, perte de connaissance, appeler les secours.

À retenir

- Tout coup à la tête est plus ou moins douloureux ; ne pas donner d'antalgique de sa propre initiative. Consoler tout au plus.
- Signaler l'événement aux parents qui surveilleront l'évolution durant les prochaines heures.

- L'enfant a avalé des médicaments, des baies ou autre partie de plante :

– Faire cracher s'il reste quelque chose dans la bouche.
– Ne pas faire boire ni faire vomir.
– Évaluer la quantité avalée et téléphoner au centre antipoison. Marseille : 04 91 75 25 25 ou appeler le SAMU : 15.
– S'il tousse, le laisser tousser.

- L'enfant a avalé un petit objet. Faire préciser quoi. Si celui-ci risque de blesser le tube digestif ou dans le doute de son identification apporter des fibres dans son alimentation (fruits, légumes verts) afin d'enrober l'intrus qui sera expulsé par les selles. S'il s'agit d'une pile bouton vu le risque inflammatoire, emmener chez le médecin.
- L'enfant a inhalé ou introduit dans une narine un corps étranger. Faire moucher et, si négatif, emmener chez le médecin.
- L'enfant a introduit un corps étranger dans l'oreille. Si non accessible à la pince à épiler, ne pas insister, aller chez le médecin.
- L'enfant a passé la tête entre deux barreaux : le retrait risque d'être difficile, douloureux et dangereux (élongation de la moelle...). Ne pas insister mais s'attaquer aux barreaux (ou appeler les pompiers).
- L'enfant a été griffé ou mordu par un chien ou un chat : dans tous les cas laver à l'eau savonneuse et désinfecter. Si nécessaire, emmener chez le médecin pour mise sous antibiotiques et contrôle de la vaccination.

b. L'ADVF est confrontée aux réactions émotionnelles des enfants

Cris stridents, agitation, pleurs... Si la réaction témoigne de la peur ou de la douleur, elle sera souvent nuancée par l'éducation parentale, le caractère et l'expérience acquise de l'enfant.
L'ADVF doit apparaître en adulte professionnel qui gère la situation :

- mise en sécurité et rassurer vont de pair ;
- sans minimiser ce que ressent l'enfant qui a eu très peur et a mal, elle doit contenir le débordement émotionnel et ramener le calme ;
- dans un second temps elle profitera de l'occasion pour rappeler les consignes.

c. L'ADVF écoute et rassure en cas d'angoisse, de chagrin ou de vécus difficiles

L'enfant est mal dans sa peau et se comporte ou réagit de manière inappropriée.
Quelle est la source de ce mal-être ?
L'ADVF sensibilisée au problème entreprend une relation d'aide qui, si elle ne stabilise pas l'enfant, permet à la professionnelle de recueillir l'information et de garder un contact.
Le problème vient-il...

- du milieu familial (éducation négligée, situation conflictuelle des parents, maltraitance...) ;
- d'un épisode de sa vie (échec scolaire, anorexie mentale, crise d'adolescence, déception amoureuse, addiction...).

Exemple :
À l'heure d'Internet, malgré le contrôle parental, l'enfant est exposé à des tentations, des pressions, des images choquantes.

L'ADVF partage son ressenti avec les parents
Si elle pressent une mise en danger de l'enfant, qui dépasse sa compétence, elle ne doit pas hésiter à contacter les services sociaux ou son employeur ou le médecin traitant de l'enfant.

5 Problèmes plus graves, avec secours spécialisés en relais

En cas d'urgence l'ADVF utilise la méthode SORA (voir compétence 3) qui convient, à condition de ne pas paniquer !

a. Perte de conscience

- L'enfant respire : position PLS de manière identique à l'adulte et pour les même motifs.
- L'enfant ne respire pas : vérifier la liberté des voies aériennes.

Des insufflations d'une seconde se succèdent posément, régulièrement. En ménageant ses forces on règle les mouvements sur sa propre respiration.

- L'enfant présente un arrêt cardio-respiratoire : même technique que l'adulte.
- S'agissant d'un nourrisson : commencer par 5 insufflations car le manque d'oxygène ou l'arrêt de la respiration sont souvent la cause de l'arrêt cardiaque. La pression se fera avec deux doigts sur le sternum ; ou deux pouces (les mains entourant le thorax).

Puis comme pour l'adulte au rythme de 30 compressions suivies de 2 insufflations avec une fréquence de 100 compressions/minute.
Tous les 5 cycles (30/2), vérifier le pouls brachial (face interne du bras).

b. Sujet conscient avec obstruction des voies aériennes

Commencer toujours par 5 claques vigoureuses dans le dos pour débloquer le corps étranger, faire tousser et expulser.
Si négatif, entreprendre la manœuvre d'Heimlich.
S'agissant d'un nourrisson :
- En coucher ventral sur l'avant-bras de l'adulte pour les claques dans le dos.
- En coucher dorsal sur l'avant-bras de l'adulte, pour la manœuvre de Heimlich.

6 Notions de base sur la protection de l'enfance et les droits des enfants

Les enfants en danger sont ceux qui sont maltraités (physiquement ou mentalement, abusés sexuellement, négligés avec des conséquences graves sur leur développement physique et psychologique) ou déclarés en risque (santé, sécurité, moralité, éducation, entretien, sans être pour autant maltraités).
- La convention internationale des droits de l'enfant (20/11/1989) a édicté 42 articles qui invitent à réfléchir sur la place de l'enfant.
- La protection de l'enfant est assurée :

– administrativement par chaque **conseil départemental** qui supervise trois services (action sociale, protection maternelle et infantile, aide sociale à l'enfance) avec sur le terrain différents acteurs (assistante sociale, puéricultrice, éducateur) ;
– de manière judiciaire par les tribunaux :

Affaires civiles : • Tribunal de grande instance (divorce, obligations alimentaires, garde...).
• Tribunal d'instance (mesure de tutelle).

Affaires pénales : • Tribunal correctionnel (coups et blessures).
• Cour d'assises (viol, meurtre, torture).

À retenir
Face à une maltraitance, les services sociaux vont essayer d'aider le parent en difficulté. Selon la gravité, il peut se voir retirer ses enfants, plus rarement être déchu de son autorité et enfin se voir infliger une peine d'emprisonnement ou une amende.

7 Capacités relationnelles et organisationnelles

Pour une bonne sécurité morale, il faut savoir communiquer avec l'enfant quel que soit son âge. Apprendre à l'écouter, entendre ses problèmes et les décoder prend du temps, mais pour un dialogue réussi, il n'est pas superflu.
On peut terriblement faire mal avec des mots :

- « Encore fait pipi au lit... à ton âge ! »
- « T'as encore grossi, tu vas craquer ton jean ! »
- « Avec ton visage boutonneux, tu vas faire fuir les filles ! »
- « Encore pas la moyenne en maths ! »

Que d'humiliations qui contribuent à son échec !
Contrairement aux parents qui sont directement impliqués, l'ADVF saura être plus neutre. L'éducation d'un enfant passe d'abord par le respect.

V Compétence 9 : accompagner les apprentissages de base des enfants et leur socialisation dans leurs activités

L'essentiel à retenir

a. L'ADVF accompagne la socialisation de l'enfant

La socialisation est un aspect important du développement de l'enfant puisqu'elle engage l'intégration du futur adulte dans la société.
La socialisation ne repose en rien sur un mécanisme spontané ; l'enfant doit être guidé et conseillé jusqu'à acquérir la discipline lui permettant une vie harmonieuse avec les autres.
Certains éléments influent le processus de socialisation :

- Le caractère de l'enfant : certains enfants se montrent plus sociables que d'autres, plus souriants, recherchant davantage le contact.
- Le lien existant entre lui et ses parents : l'enfant doit se sentir en sécurité et en confiance pour pouvoir s'ouvrir aux autres. L'enfant doit sentir que les autres lui répondent et répondent à ses besoins.

L'ADVF encourage l'enfant dans la découverte des autres

L'adulte stimule le bébé dès sa naissance par la voix et par des mimiques. Dès 2 mois il obtient en réponse un sourire. Le désir d'être compris et de s'affirmer pousse l'enfant à améliorer sa façon de communiquer, verbalement et non verbalement :

- par ses capacités langagières qu'il améliore peu à peu ;
- par le langage des pleurs ;
- par ses attitudes, câlins, jeux, colères...

L'ADVF occasionne de multiples rencontres avec autrui en amenant le bébé chaque fois qu'elle sort : courses, école (pour récupérer l'aîné), le jardin d'enfants, une fête, la plage ou la piscine...

La relation avec d'autres enfants

Dès 6 mois l'ADVF peut provoquer des rencontres avec d'autres enfants, en proposant à la maman de l'inscrire en halte garderie (pour les jours où elle n'intervient pas) tout en continuant, de son côté, à multiplier les occasions de rencontres lorsqu'elle intervient.

À environ 8 mois, même si l'enfant refuse les bras des personnes « étrangères », bien collé contre son ADVF, il se montre quand même intéressé par les autres enfants.
Entre 10 et 12 mois, le bébé pleure souvent d'émotion lorsqu'il entend ou voit un autre enfant pleurer, puis vers 14 mois il ira l'embrasser et enfin vers 18 mois, il ira jusqu'à lui offrir un jouet en consolation.
Pour l'enfant, mordre et bousculer les autres enfants sont autant de manières de communiquer, il n'a pas encore bien compris les lois qui régissent les échanges. Il faut l'aider à décoder les réactions de ses congénères, par exemple en lui montrant le mal qu'il a fait en mordant (c'est rouge, il y a des traces) et en lui demandant s'il aimerait, lui, qu'on lui fasse la même chose. Cette attitude l'aidera à réfléchir.

Les relations avec les adultes

À l'âge où l'enfant marche ou rampe, touche à tout, veut tout faire comme les grands, les adultes réagissent par des « non, c'est dangereux », « non, c'est pour les grands », « non ce n'est pas bien »... mais la curiosité est la plus forte, et l'enfant, doublement curieux, non seulement fera la bêtise mais regardera l'adulte pour voir sa réaction.
Vers 2 ans, la maîtrise des échanges verbaux accélère le processus de socialisation et aussi ses capacités à s'opposer à son entourage adulte. Cette fois, c'est lui qui utilise le mot-clé « non ».
Même si elle est usante à la longue, l'ADVF ne doit pas se laisser déborder ou emporter par cette crise d'opposition qui reflète simplement un désir de s'affirmer et une envie de grandir.

- Ce que l'enfant doit acquérir pour une bonne intégration :

– la prise de conscience des droits d'autrui ;
– faire valoir ses propres droits verbalement ;
– la découverte de l'amitié ;
– l'apprentissage de la générosité ;
– la satisfaction que l'on éprouve à aider ;
– le compromis plutôt que la dispute ;

- L'apprentissage du permis et du défendu.

L'ADVF doit toujours être en mesure de donner le pourquoi, en termes adaptés, de l'interdit. L 'enfant va ainsi comprendre que dans le monde où il grandit il y a des règles, des limites à respecter, si celles-ci sont justifiées alors il pourra les intérioriser et les accepter. Chaque explication doit apporter à l'enfant une motivation à agir, orientée vers la personne.
– Éviter la formule « Descends de là, tu vas tomber ! », alors que l'enfant n'a pas conscience qu'il risque de tomber. Dire plutôt « J'ai peur que tu tombes ». Ou, à la place de « Arrête de lancer du sable » (c'est une règle qui entrave sa liberté), dire « Je ne peux pas te laisser lancer du sable car cela fait mal aux yeux des autres enfants », formule qui donne à réfléchir.
– Limiter les interdits au maximum en évitant de tenter l'enfant : il ne doit pas toucher à la télécommande, mettons la télécommande hors de sa portée. Il ne doit pas toucher aux produits ménagers, fermons le placard à clé.
S'accorder avec les parents afin que les uns ne disent pas « oui » quand les autres disent « non ». Attention, des adultes trop tolérants poussent l'enfant à aller toujours plus loin.

- Reconnaître et répondre à un caprice

<u>*Exemple*</u> : Théo, accompagné de son ADVF, en passant devant le magasin de jouets a vu un camion de pompiers. Il fait un caprice :

« Je le veux.
– Tu le demanderas au père Noël.
– Non maintenant.
– Viens on est pressé.
– Non.
– Si. »
Pleurs, cris, Théo s'assoit sur le trottoir. L'ADVF le gronde et le ramène à la maison.
À l'heure du goûter, Théo a empoigné sa banane qu'il compte éplucher lui-même.
« Moi tout seul, dit-il.
– Mais non, laisse moi faire, répond la grande sœur.
– Non, c'est moi !
– Tu ne peux pas.
– Si !
– Non ! » Les cris et les pleurs recommencent.
L'ADVF intervient et donne la banane à Théo pour qu'il apprenne à l'éplucher seul comme il le désire. Elle explique à la grande sœur que la demande de Théo est normale et qu'il n'a pas fait de caprice.
En résumé : pour permettre à l'enfant d'intégrer les règles de base et de comprendre leur raison d'être, l'ADVF instaure en complémentarité des parents une discipline qui n'a rien à voir avec la punition.
– Toute règle demande un temps d'apprentissage.
– Prévenir les sources de problèmes ou de conflits en les limitant au maximum.
– Adapter ses exigences aux capacités de compréhension de l'enfant.
– Agir avec fermeté lorsque l'enfant frappe autrui ou casse le bien d'autrui.
– Agir rapidement quand un problème survient pour ne pas le laisser dégénérer.
Lorsqu'une intervention physique s'impose, il faut maintenir l'enfant fermement mais sans faire mal avec les mains pour l'empêcher de continuer et attendre ainsi qu'il se calme, tout en lui parlant posément.
À éviter absolument : les coups, les sarcasmes, les cris qui engendreront des sentiments d'humiliation et de rejet plutôt qu'un apprentissage du respect des règles.

- L'apprentissage de la politesse et des bonnes manières

« Bonjour », « au revoir », « s'il te plaît », « merci », les manières à table (on ne parle pas la bouche pleine, on ne met pas les coudes sur la table) sont des codes sociaux dont l'enfant ne comprend pas tout de suite la valeur morale et sociale.
Il suffit de répéter pour lui patiemment les formules de politesse, le principe des bonnes manières et insister sans jamais laisser tomber mais sans entrer non plus dans la confrontation. Il vaut mieux mettre en avant les avantages que l'on peut tirer d'un comportement poli et « bien élevé ». Par exemple « On dit bonjour à la vendeuse, comme ça elle verra que nous sommes là et s'occupera de nous ».

Les relations dans la fratrie

Quand le premier enfant arrive, il devient le centre du monde pour ses parents, puis un jour, il doit faire une place à un petit frère ou une petite sœur et se voit détrôné. Sa première réaction est de régresser, de sucer à nouveau son pouce ou de mouiller sa culotte par exemple, pour retrouver ce temps où il était le bébé choyé. Mais de gré ou de force, le voilà devenu le grand, l'aîné, qui servira de modèle pour le ou les suivant(s). Son nouveau rôle est de tracer la route, c'est pourquoi l'ADVF doit l'aider à regarder devant plutôt que derrière et l'encourager à s'éloigner du duo maman-bébé pour des contacts avec d'autres enfants de son âge.

La rivalité entre frères et sœurs, due à la jalousie ou à la concurrence, existe toujours.

En fait rivalité et complicité coexistent intimement.

On peut expliquer ainsi qu'un aîné un instant après avoir frappé son cadet joue avec lui le plus tendrement du monde.

Comment l'ADVF peut-elle valoriser chaque enfant à sa place dans la fratrie ?

- Pour l'aîné, le mieux est sans doute de le valoriser au maximum dans son rôle d'aîné, mais sans lui faire jouer le rôle de parent de substitution.
- Le puîné (ou enfant du milieu) est aussi en position délicate puisqu'il apparaît selon certains spécialistes qu'il est peut-être celui à qui l'on accorde le moins de temps et d'attention. Il ne bénéficie ni du prestige de l'aîné ni des privilèges du cadet. Il faut donc avant tout lui reconnaître explicitement des qualités propres, les valoriser, lui donner le sentiment qu'il existe en tant que personne à part entière.
- Le cadet enfin est souvent surprotégé et, de fait, il devient le bouc émissaire des aînés qui n'admettent pas les privilèges qui lui sont accordés. Il a donc besoin qu'on l'aide à grandir et à trouver son autonomie.

Plus que la bonne ou la mauvaise place dans la fratrie, c'est bien la manière de réagir des parents qui est déterminante. À l'ADVF de rester neutre et de ne pas figer un enfant dans son rang familial.

Et lorsqu'il y a un enfant handicapé dans la fratrie ?

Cela complique bien sûr énormément les relations. La jalousie normalement éprouvée par les frères et sœurs s'accompagne souvent d'une profonde culpabilité. Le frère ou la sœur peut difficilement exprimer tout ce qu'il ressent vis-à-vis du nouveau venu, qui n'est pas comme les autres et qui monopolise l'attention des parents.

Certains enfants vont se sentir obligés d'être parfaits pour ne pas alourdir la charge des parents. Ce sont des enfants qui ne se plaignent jamais.

L'ADVF doit faire très attention de ne pas privilégier l'enfant handicapé, quand il se dispute avec son frère ou sa sœur par exemple, car ce n'est pas toujours un service à lui rendre que d'intervenir systématiquement en sa faveur.

Comme tous les autres enfants, il a lui aussi besoin de cadres et de limites, besoin de rivalité avec ses frères et sœurs pour se construire.

Ainsi, les frères et sœurs d'enfant handicapé apprennent à le considérer autrement que comme un handicapé, ils ont d'ailleurs beaucoup à apprendre de lui.

b. L'ADVF contribue à l'éducation en continuité avec les parents

Élever un enfant, c'est avant tout l'aider à devenir lui-même et à se passer de ses parents. Comme s'il sentait que son destin est de se détacher de ses parents, l'enfant met toute son énergie dès sa naissance, à faire des progrès et à gagner en autonomie. Il veut faire tout seul, c'est son leitmotiv.

« Quand je serai grand » dit-il à ses parents qui ne sont pas pressés ou bien qui sont trop pressés de le voir progresser.

L'enfant se développe, respectons son travail.

- Il faut lui laisser le temps de l'apprentissage et par exemple éviter ce type de réflexion : « J'ai plus vite fait de lacer moi-même tes chaussures », « Tu vas tomber », « Tu vas te salir ».
- Il ne faut pas le brusquer et respecter son rythme. Éviter l'« Arrête de traîner », « N'aie pas peur, saute », « Regarde untel, ce n'est pas une poule mouillée ».
- Il ne faut pas lui faire perdre confiance et éviter le « Tu n'y arriveras jamais ».
- Il ne faut pas lui faire du chantage : « Si tu mouilles ta culotte, je ne t'aimerai plus ».

Une activité particulière : le travail scolaire

L'aide aux devoirs entre aussi dans les attributions de l'ADVF.
Aussi faut-il se soucier de l'environnement et de la disposition de l'enfant.
L'environnement, de préférence calme, doit permettre la concentration. Éviter toute distraction, étant entendu que certains ont besoin d'un fond sonore musical pour travailler.
La concentration est plus difficile à obtenir. Faire ses devoirs en rentrant de l'école, dans la foulée, peut convenir. Pour d'autres il faut un break : raconter sa journée de classe, goûter, jouer…
« D'abord tu fais tes devoirs, après tu iras t'amuser » ne vaut plus pour tout le monde. À l'inverse, l'adulte doit pressentir les conditions favorables et peut passer un contrat avec l'enfant qui se sent écouté, responsabilisé.
Une fois qu'est défini le moment, l'ADVF s'interroge sur la forme : envisager prioritairement les matières du lendemain, aller du plus simple au plus compliqué ou garder le plus attrayant pour la fin. Autant de combinaisons possibles où sérieux et ludique cohabitent.
L'enfant peut aussi être autonome et l'ADVF se contenter d'un contrôle.
Un accompagnement positif suivi de transmissions aux parents contribuera à la réussite scolaire.

c. L'ADVF contribue à l'acquisition de la propreté de l'enfant

L'acquisition de la propreté est une étape qui relève plus d'une acquisition naturelle de l'enfant que d'un apprentissage proprement dit. L'enfant n'apprend pas le pot, il l'utilise dès qu'il en comprend les avantages.
Il n'est donc pas souhaitable de lui présenter trop tôt afin de respecter son rythme et de ne pas vouloir aller plus vite que son développement.
C'est à lui de décider quand il se sent prêt à quitter sa couche. Ce moment correspond à la réunion de trois conditions :

- la maturité physique (ou neuromusculaire) tout d'abord qu'il atteindra à partir de 18 mois et plus tard ;
- la maturité intellectuelle ; l'enfant doit pouvoir comprendre ce que l'on veut de lui, commencer à sentir ses besoins et les exprimer verbalement ou par mimiques ;
- la maturité affective ; un enfant est conscient qu'utiliser le pot fait plaisir à sa mère et aux adultes, par conséquent une relation mère-enfant, ADVF-enfant de qualité facilitera le passage au pot.

Pour préparer la transition (en complémentarité avec les parents) l'ADVF montre et explique le W.-C. à l'enfant, fait la relation entre grand/W.-C., petit/pot et chat/caisse. *A contrario*, elle peut aussi montrer les crottes de chien sur le trottoir.
Elle propose à l'enfant d'acheter un pot dont il choisira la couleur et propose un essai qui peut être réussi ou pas, de toutes façons l'enfant est félicité, pour l'essai.
La transition peut être très rapide et enfin, ce sera le moment de retirer la couche à l'enfant durant la journée. Ne pas le gronder en cas d'accidents, ils sont naturels au début. Dans tous les cas, l'adulte doit être cohérent et ne pas revenir en arrière.
Pour être propre la nuit en revanche, cela prendra un peu plus de temps.
Il vaut mieux maintenir une couche pour éviter les changements de draps jusqu'à ce que l'enfant fasse des progrès notables.
On ne parle d'énurésie (le « pipi au lit » nocturne) qu'après l'âge de 5 ans.

d. L'ADVF est attentive aux rapports de l'enfant à la nourriture

Les préférences alimentaires des enfants

En raison de l'abondance de l'offre alimentaire et d'une certaine souplesse éducative parentale, les habitudes alimentaires des enfants sont de plus en plus souvent déterminées par leurs préférences alimentaires.
Suivant l'âge, ses choix sont plus influencés par la publicité que par la connaissance des qualités nutritionnelles des aliments, c'est pourquoi peu à peu la population des pays occidentaux a vu son nombre d'obèses augmenter très fortement. Ce n'est pas avant l'âge de 10 ans qu'il va commencer à pouvoir faire la distinction entre « bon pour la santé » et « bon au goût ».

L'alimentation est devenue un problème de société

Nombreux sont les parents qui sont stressés avant même de se mettre à table, à l'idée de devoir se bagarrer avec l'enfant à propos de la nourriture (il n'aime que les biscuits, elle mange comme un oiseau ou elle dévore) ou des comportements à table (il se lève de table, il joue, elle boude, etc.).
Il faut reconnaître que le conflit arrive vite quand l'adulte, afin d'inculquer la notion du « bien manger » s'échine à confectionner des menus « santé », s'efforce de faire respecter les bonnes manières ou insiste pour faire apprécier des goûts nouveaux. Quelle déception lorsque les enfants refusent de manger, se lèvent de table, jouent avec la nourriture, réclament des frites.
Rapidement les repas deviennent désagréables et stressants pour tout le monde.
Les enfants n'en peuvent plus de se faire disputer et les parents de jouer les gendarmes.
Ironiquement, c'est probablement tout ce stress, toutes ces inquiétudes et toute cette tension qui gâchent le moment du repas et qui détraquent l'appétit des enfants.
Pour l'ADVF qui a la charge des repas, la meilleure solution pour les rendre agréables, c'est de rester neutre et en dehors de toutes ces tensions familiales. Elle devra être attentive à l'équilibre des repas qu'elle cuisine, encourager les enfants à manger sainement, féliciter les comportements positifs, comme elle le ferait pour toute autre activité d'accompagnement.

VI Compétence 10 : mettre en œuvre les techniques et gestes professionnels appropriés aux enfants lors des levers et couchers, de la toilette et de l'habillage, des repas

L'essentiel à retenir

a. Rôle de l'ADVF dans le sommeil de l'enfant

L'ADVF prépare la chambre et créé un environnement favorable au sommeil

La chambre (à coucher), pièce intime de l'habitation, endroit où l'on dort est devenu un périmètre polyvalent pour l'enfant qui y joue et fait ses devoirs ; avec une table à langer qui servira aussi pour bébé.
Parfois partagée avec d'autres membres de la fratrie où chacun crée son espace intime, la chambre représente l'univers privilégié et exclusif de l'enfant.
Celui-ci peut se voir confier à un certain âge le rangement de ses jouets, de ses habits, du ménage, de la décoration délégués par les parents.
L'ADVF respecte les habitudes et s'associe à l'enfant pour y contribuer.
Une attention particulière sera accordée au sommeil : aérer 5 minutes fenêtres grandes ouvertes, régler la température à environ 19 °C, dans une ambiance calme et tamisée, lit refait.
Interroger les parents sur les habitudes d'endormissement : veilleuse ou noir complet, sucette, objet familier, raconter ou lire une histoire, une ou deux couvertures selon la saison…
Faire précéder le coucher par un geste de propreté : changer la couche, mise au pot ou aller au W.-C., lavage des mains et lavage des dents.

Les besoins de sommeil en fonction de l'âge

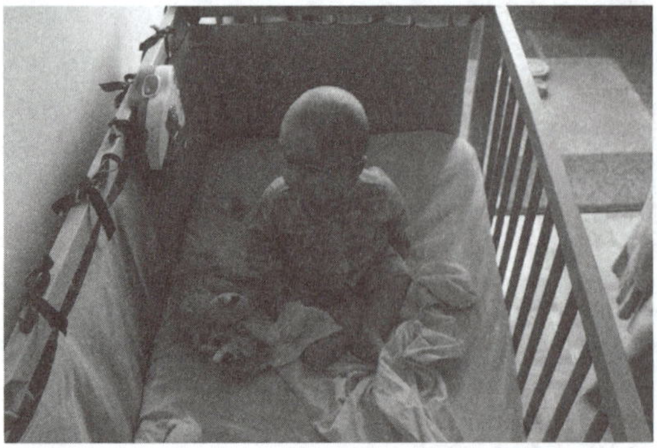

De leur naissance à l'adolescence, les enfants sont de gros dormeurs car les besoins sont très importants pendant de longues années.

- Jusqu'à 3 mois : 16 à 18 heures par jour en moyenne entrecoupées par les tétées afin de compléter le développement du circuit nerveux.
- À partir du 4e mois, le cycle jour et nuit est généralement en place. On peut donc parler de nuits et de siestes.

Rappelons que le mode de couchage des nourrissons est important afin de respecter les règles de sécurité et de favoriser un bon sommeil :
- couchage sur le dos ;
- pas d'oreiller ni de couverture, mais une gigoteuse ;
- calme et sécurité affective pour un sommeil réparateur et sans angoisse.

- Jusqu'à 24 mois : 14, 15 heures de sommeil (nuit plus siestes).

La sieste de l'enfant de 2 ans est de durée variable. Elle dépend surtout des besoins. Néanmoins, elle ne doit pas être trop longue et doit débuter en début d'après-midi. L'enfant a besoin d'un objet ou d'un rituel du coucher (histoire, veilleuse…) pour se rassurer et accepter la séparation. L'ADVF s'informe auprès des parents des habitudes mises en place pour le coucher de l'enfant et les applique.

- à 3 ans : 12 h ;
- de 4 à 10 ans : de 10 h à 12 h (dont la sieste) ;
- après 10 ans : moins de 10 h.

Ne pas gêner le sommeil profond, phase durant laquelle est secrétée l'hormone de croissance. Ne pas exiger le maintien au lit si l'enfant n'en a pas envie car risque d'aversion. Se fier à sa forme du moment quel que soit son âge ou plutôt à la somnolence, l'irritabilité. Les signes d'un enfant qui a envie de dormir sont simples : il baille, il se frotte les yeux, il se plaint et pleurniche…

Suggérer à l'adolescent d'éviter de se coucher tard, ce qui décale son cycle de sommeil avec lever difficile, manque de sommeil réparateur et répercussion scolaire.

Ne pas négliger la sieste, mais éviter qu'elle contrarie le sommeil la nuit.

Les principaux signes visibles d'un manque de sommeil sont :
- les difficultés à se lever le matin ;
- la fatigue dans la journée ;
- la somnolence ;
- l'irritabilité.

L'ADVF a généralement la responsabilité de la sieste : là aussi elle applique les consignes et habitudes de la famille. Les familles sont plus ou moins intransigeantes ; certains parents acceptent que l'enfant fasse sa sieste dans le lit des parents ou bien sur le canapé, l'essentiel étant qu'il dorme tandis que d'autres veulent un coucher dans les mêmes conditions que pour la nuit.

b. Rôle de l'ADVF dans la toilette de l'enfant

Le change du bébé

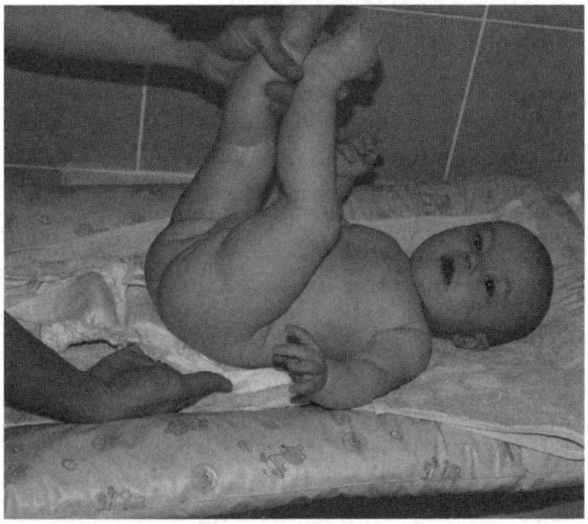

Dès que la couche est souillée, il faut la changer. L'urine, les selles favorisent la macération et l'irritation cutanée surtout lors de poussée dentaire.
Utiliser les parties propres de la couche pour nettoyer le plus de salissure. Replier la couche sale en boule avant de la jeter.
Laver la région génito-anale au gant et savon de Marseille puis la région annale. Nettoyer du plus propre vers le plus sale.
Faire rouler le bébé pour nettoyer le bas du dos et les fesses.
Le décalottage est fait par le médecin.
Chez la fille, penser à nettoyer la vulve délicatement en dépliant les lèvres. Laver ensuite la partie anale en allant de l'extérieur vers l'intérieur.
Bien rincer, bien sécher (surtout les plis). Pommader si irritation anale. Remettre une couche propre (version nuit si nécessaire) dont la taille est appropriée à l'âge du bébé.

La toilette du bébé

Le bain (eau 37 °C, air 22 °C) sera précédé de la toilette sur le coussin de change. Choisir un moment calme qui demande de la disponibilité, de préférence avant le repas en raison de la digestion (ce n'est pas une règle absolue).

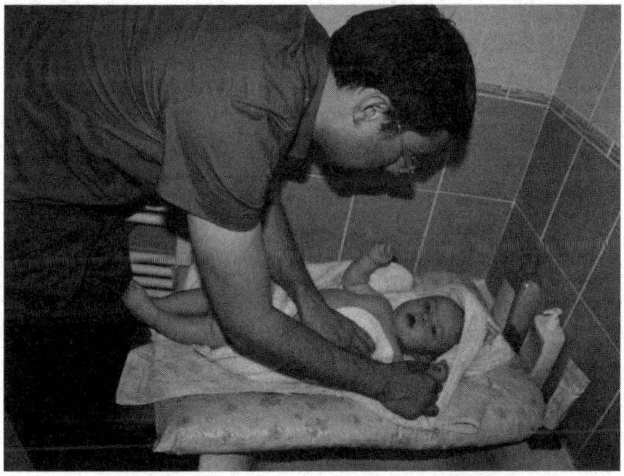

Préparer tout son matériel et savonner délicatement avec un gant doux imprégné de savon de Marseille ou produit neutre les différentes parties du corps.
Les organes génitaux seront faits en premier si l'enfant présente une selle au déshabillage. Le shampooing peut se réaliser au bain en final avec un produit doux. Rincer, bien sécher.
Les soins suivants peuvent se faire lorsque le bébé est au sec. Le visage se nettoie à l'eau ou savon neutre ou lait hydratant avec du coton hydrophile. Les paupières avec une compresse imbibée d'eau bouillie ou sérum physiologique. L'usage du coton-tige se limitera au pavillon de l'oreille et à l'embouchure du conduit pour éviter de refouler le cerumen favorisant la formation d'un bouchon. Le nez se nettoie avec du sérum physiologique. Les soins au visage se feront en bloquant la tête du bébé. Les ongles seront coupés après un mois et demi avec une paire de ciseaux à bout rond.

Le bain du bébé

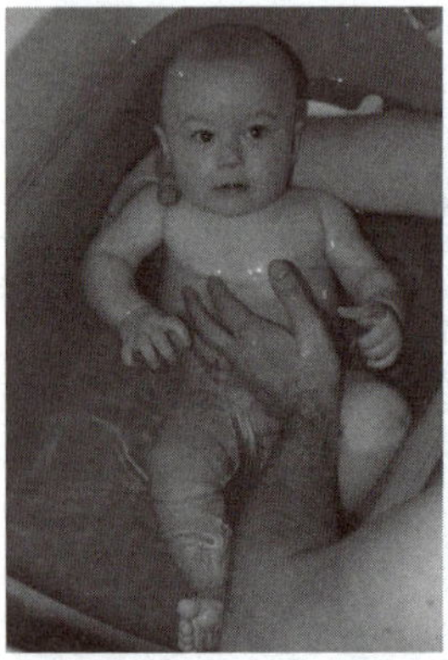

Le bain proprement dit : n'excédant pas 10 minutes chez le bébé, outre le contact avec l'eau (et le souvenir de flottaison *in utero*), il apaise et favorise le sommeil. Préparer une eau à 37 °C. Transférer précautionneusement au bain en s'assurant des prises pour que le bébé ne glisse entre les doigts. La mise à l'eau s'effectue doucement, progressivement par le siège et les membres inférieurs ; la tête restant toujours à l'air libre. Une main veille à soutenir la nuque, l'autre rincera. Les épaules, la tête peuvent aussi reposer sur l'avant bras de l'ADVF, sa main empoignant le bras du bébé.

La sortie s'effectue sur une serviette de bain enveloppante pour qu'il ne prenne froid.

Une fois au sec, passer à l'habillage avec les vêtements à portée de main (mis au sèche-serviette l'hiver pour plus de confort). Quelle que soit la saison, commencer par le haut du corps. Pour enfiler les manches, l'ADVF glisse sa main dans la manche pour saisir délicatement la main. Le body sous différentes versions est la solution la plus pratique. Le système de thermorégulation immature à la naissance oblige à l'habiller suffisamment.

Le temps consacré à la toilette et l'habillage permet à l'ADVF de communiquer : échanger des sourires, provoquer des sensations, expliquer avec l'avancée en âge les parties de l'anatomie, la raison de l'hygiène ; si bien qu'à partir de 2-3 ans le petit enfant est en âge de distinguer le propre du sale, le bien-être du mal-être.

La toilette et l'habillage de l'enfant

Le processus d'éducation de l'hygiène étant amorcé, celui de la participation suit en parallèle. L'évolution est spécifique à chaque enfant : présenter son bras pour enfiler une manche, apporter les chaussures avant de sortir… Spontanément le déshabillage seul est plus aisé. En général, c'est vers deux ans et demi/trois ans que l'enfant voudra se laver tout seul. Mais ce n'est que vers sa sixième année qu'il pourra se débrouiller seul. Il pourra même se faire un shampoing sans aide. Patience et persévérance de l'adulte sont payantes. Mais jusqu'à cet âge, il ne faut jamais laisser un enfant seul dans un bain.

À partir de 7 ou 8 ans, l'enfant pudique souhaite se laver seul. Cependant il doit laisser la porte non verrouillée et l'ADVF, prête à intervenir, reste à l'écoute des bruits de la pièce d'eau.

Toujours féliciter l'enfant qui a bien pris son bain correctement.

Guider par le geste, puis par le verbe. Choisir le juste milieu entre laisser-faire (au risque de mettre en difficulté) et faire précéder l'action (en empêchant toute initiative de faire seul).

L'évolution du comportement de l'enfant par rapport au corps, à la nudité

Le tout-petit découvre son corps, les différences anatomiques avec ses frères et sœurs, voire ses parents. Curieux, il questionne « Pourquoi maman n'a pas de zizi ? », etc.
Il aime se promener nu, libre de tout vêtement contraignant, se touche jusqu'au moment où il remarque l'agacement chez ses parents. Vers 4-5 ans, le petit enfant devient pudique, s'enferme dans les toilettes, refuse de changer son maillot de bain à la plage. À l'adolescence, c'est la transformation du corps avec son cortège d'émotions diverses ; complexes se mêlant à la séduction, aux désirs.
L'ADVF aura à faire à des publics différents dans leur comportement, leur éducation. Elle devra répondre simplement au tout-petit qui se construit, respecter l'intimité du jeune enfant et maintenir les règles sociales chez l'adolescent, partageant en cela les recommandations des psychologues (psychiatres, psychanalystes) contre la libéralisation des mœurs soixante-huitardes !

c. Rôle de l'ADVF dans l'alimentation de l'enfant

L'ADVF prépare le biberon du bébé

Avec les mains propres, on prend le biberon (verre ou plastique suivant les habitudes de la maison), la tétine, la bague et le capuchon stérilisés. Le remplir avec de l'eau jusqu'à la graduation désirée (biberon de niveau, posé sur un plan plat). L'étiquette de la bouteille d'eau doit mentionner qu'elle est adaptée pour les biberons.
L'eau du robinet convient à l'enfant de plus de 6 mois, à condition que le taux de nitrates soit faible et qu'il n'y ait pas d'adoucisseur annexé (tirer de l'eau froide et laisser couler 1 minute avant utilisation).
Si le lait se dissout mal, faire chauffer l'eau avant. Mettre le nombre de mesures en arasant l'excédent de poudre et en visant bien l'orifice du biberon sans rien perdre. Une farine épaississante peut être prescrite en complément du lait selon l'âge de l'enfant. On roule le biberon coiffé du capuchon entre les deux mains pour dissoudre la poudre et rendre le contenu homogène.
Contrôler la température du lait en versant quelques gouttes sur la face interne du poignet dont la peau est plus sensible.

Biberons, tétine, bague, capuchon et stérilisateur

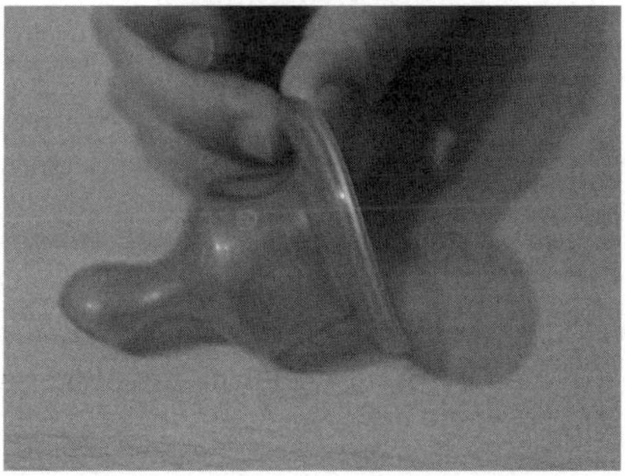

Après stérilisation, tenir la tétine du bout des doigts ou utiliser des pinces

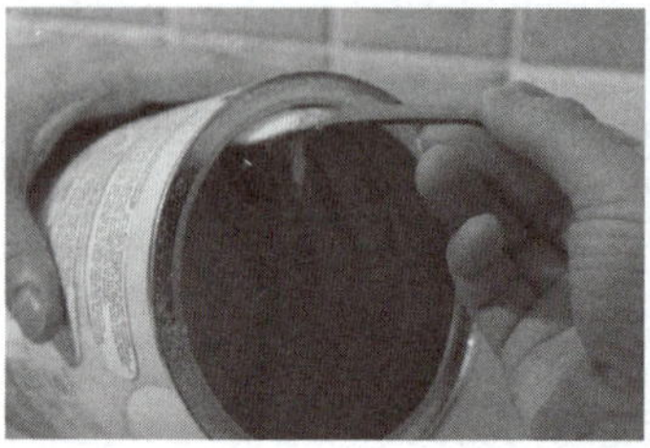

Araser la mesure de lait (deux façons) et contrôler

À retenir
La préparation réclame dextérité, rigueur, hygiène et sécurité.

L'ADVF fait boire le bébé

On installe le bébé en position mi-assise, mi-couchée : au creux de son bras, sur ses cuisses relevées ou calé au creux de coussin confortablement. Lui mettre le bavoir.
Repérer sur la tétine le débit souhaité et introduire délicatement la tétine dans la bouche. Vérifier que le bébé n'avale pas de travers (bébé goulu, débit trop rapide) ou que le débit est correct : parfois on est obligé de dévisser légèrement la tétine pour faire entrer de l'air et répondre à la succion.
Le bébé doit boire à une vitesse régulière : trop vite il se fatigue, s'étouffe ou régurgite, trop lentement il s'énerve et pleure ou s'endort. La cadence est variable d'un enfant à l'autre ou chez le même enfant : plus ou moins vite rassasié, plus ou moins en forme, changement de lait avec goût inhabituel…
Quand le biberon est terminé ou que l'enfant n'a plus faim, le prendre contre soi en position droite, tête calée pour qu'il fasse son rot (expulsion de l'air ingurgité pendant la tétée). Cela peut prendre quelques minutes même si on tapote le dos.

Réglage du débit

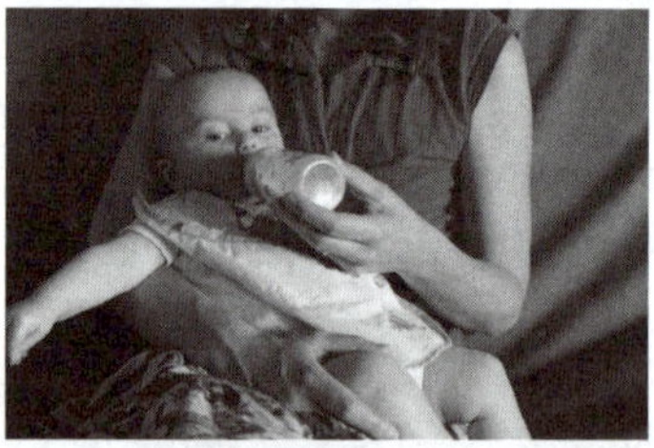

L'heure du repas

À retenir
Moment privilégié avec le bébé, il ne doit ni être « expédié », ni jouer les prolongations ! 15 minutes environ.
Pour respecter l'hygiène, il faut préparer puis immédiatement donner le biberon.
Ne pas lui resservir ce qu'il a laissé du précédent biberon.

Vers une alimentation variée

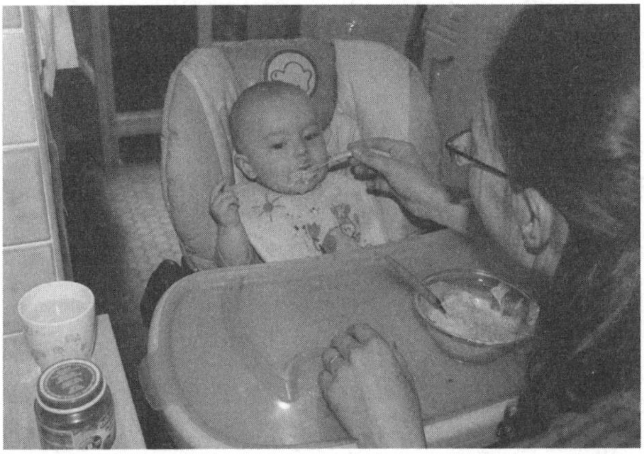

Le nouveau-né est au régime lacté avec 7 à 8 tétées les 15 premiers jours, 7 la 2e quinzaine, puis de 6 à 5.

Le bébé double son poids à 6 mois et le triple à un an. D'où l'appellation de nourrisson. La quantité à donner par tétée est variable, de même que le nombre de tétées, qui doit rester à la demande..

La diversification alimentaire s'effectue à partir du 5e mois avec introduction d'aliments mixés (légumes, fruits) et viande-poisson à 7 mois. Éviter les goûts forts, tester ou s'en tenir aux conseils du pédiatre.

Vers 18 mois, le nourrisson peut manger très diversifié.

Chez l'enfant : petit-déjeuner, déjeuner, goûter, dîner sont conseillés. Les règles sont les mêmes que pour les adultes : respect du rituel (convivialité, calme), de l'équilibre alimentaire (5 rations de fruits et légumes par jour, pauvre en sucre, sel, gras et, en revanche, riche en calcium et en sucres lents…).

Composer des menus adaptés à l'enfant

Innover, surprendre, varier, composer, faire plaisir... L'ADVF peut avoir carte blanche de la part des parents et proposer un « menu du jour, équilibre toujours ».

Exemple : Petit-déjeuner associant liquide et solide

Calcium sous toutes ses formes : lait (chaud, tiède ou froid) ou yaourt nature (avec un peu de miel ou confiture) ou fromage à pâte molle (avec quelques graines de cumin).

Féculent en guise de sucre lent : réhabiliter le pain (de mie, français, aux graines, complet, grillé), accompagné de beurre, de fromage à tartiner ou trempé dans le lait chocolaté...

Vitamines pour avoir bonne mine : jus d'agrume pressé maison (orange et pamplemousse) ou carottes râpées, mixées façon mousse avec 1 sucre et citronnées, ou un kiwi

Pour les enfants gros dormeurs, qui se lèvent en retard, qui sont pressés ou n'ont pas faim, l'ADVF proposera un yaourt à boire, une pomme ou une banane à manger à la récréation.

Déjeuner : manger chaud en hiver, frais l'été

Calcium et sucres lents : en entrée, une tranche de pain avec du fromage, le tout passé quelques secondes au micro-ondes ou salade grecque et gressin.

Protides et légumes : toutes les combinaisons ont raison. Jambon-purée, poisson-ratatouille, omelette paysanne, crêpe aux fruits de mer-macédoine de légumes, escalope de veau-flageolets, etc.

Dessert nature : fruit de saison sans modération.

Sauf si le petit-déjeuner a été consistant, le repas de la mi-journée ne doit pas être bâclé, ni frugal ; surtout lorsque activités physiques et sportives sont au programme.

Goûter

Petit suisse au muesli ou verre de lait aux céréales plus compote ou fruit frais.
Cette pause-goûter au milieu de l'après-midi est salutaire jusqu'à l'adolescence.
Les différentes définitions du mot « goûter » parlent de léger repas, petit plaisir, petite quantité ; bref, seul moyen empêchant le grignotage.

Dîner : chaud l'hiver, tempéré l'été

Économique et classique : la soupe sous sa forme veloutée ; selon la saison : velouté de navets, carottes, courgettes ou poireaux, etc., présenté avec des croûtons de pain grillés.
« Salade écolo, c'est rigolo » : mâche, endive, mesclun peuvent se marier avec du comté, de l'emmental, de la féta et quelques noix, noisettes, pignons.
Un dessert, à quoi ça sert ? À finir en beauté, pardi !
L'ADVF suggère : timbale de riz au lait vanille, pomme-cannelle au four ou far breton.
Pour les soirées estivales, elle préconisera : salade de fruits maison ; fromage blanc mélangé à du blanc d'œuf battu en neige avec pêches en petits cubes ou raisins ; milk-shake aux fruits rouges.
Comme on le voit, on peut varier à l'infini ses repas, 365 jours différents, pour toutes les bourses.
Il faut limiter la consommation de produits salés, sucrés, matières grasses ajoutées par une « cuisine maison » plus naturelle, respecter la présence de bâtisseurs (viande, œuf, poisson, produits lactés), de carburants (féculents), de cinq portions de fibres et vitamines par jour (fruits, légumes) sans oublier une boisson naturelle, eau à volonté.
Une bonne formule pour initier les enfants à rester en santé, les faire participer à composer et cuisiner des menus adaptés !
C'est l'enfant d'aujourd'hui qui fera l'adulte de demain.

Troubles alimentaires divers et allergies

La courbe de poids en fonction de la taille et de la corpulence est scrupuleusement surveillée chez le nourrisson et aussi durant toute la croissance. Reflet d'un déséquilibre alimentaire, elle oblige à consulter pour en dépister l'origine et le traiter.
Refus alimentaire et surpoids par « gavage » impliquent un recadrage dans la manière d'aborder les repas.
Une règle d'or : ne jamais forcer un enfant qui paraît en bonne santé à manger.
Les allergies (aux protéines du lait de vache, au poisson, au gluten...) mettent en cause un affaiblissement du système immunitaire en raison semble-t-il de conduites de plus en plus aseptisées. Tenir compte des recommandations des parents et se renseigner sur la conduite à tenir en cas de crise. Les maladies (infectieuses ou non), la fatigue, le stress... comme chez l'adulte, entraînent une perte d'appétit. Ne pas insister durant cette période ; intervenir sur la cause.
Anorexie et boulimie trouvent un terrain de prédilection chez l'adolescent. Les parents souvent démunis ont recours au médecin et au psychologue.
L'ADVF saura rester neutre et communiquera selon la relation d'aide si le jeune s'y prête.

Conseils de diététique

– Intérêt de la variété, la qualité plutôt que la quantité.
– Manger est vital et doit faire plaisir avant tout.
– Manger quand on a faim et pour la faim qu'on a.
– Occulter les publicités tentatrices strictement commerciales.
– Surmonter les frustrations sentimentales débouchant sur privation ou gloutonnerie.
– Baliser les 4 repas de l'enfant : à intervalle régulier et même fourchette horaire en recommandant de bien mastiquer.
– Faire le bon choix au fast-food et enfin manger, bouger.

Régimes particuliers

Hormis ceux sur prescription médicale (sans gluten, sans sucre, hypoprotidiques...), alerter les parents et la hiérarchie à propos des régimes restrictifs qui carencent l'organisme et nuisent à la croissance (végétalisme par exemple).

d. L'ADVF prépare des activités

De 0 à 2 ans, le nourrisson découvre son corps et son environnement (le moi et le non moi). Les activités d'éveil ont toutes leur place. L'appropriation d'un doudou est nécessaire en l'absence des parents. Les pleurs permettent de communiquer le mal-être et d'obtenir satisfaction. À partir de 13 mois, l'acquisition progressive du langage affine la relation, l'apparition de la marche favorise le champ exploratoire. De 2 à 6 ans, l'enfant engrange des expériences nouvelles : maîtrise du corps par l'objet, copier les adultes, jeu de garçon/jeu de fille, découverte de son environnement.
De 6 à 12 ans, l'enfant s'initie aux jeux de la socialisation et renforce les acquis ; le garçon joue à la guerre, la fille à la dînette ; il élargit la connaissance de son univers.
C'est pour l'ADVF qui aime jouer la partie la plus agréable de son travail mais où l'improvisation n'a pas toujours sa place. Démarche intellectuelle et méthodologie sont de rigueur.

Avant l'activité

– Définir un ou des objectifs : que veut-on pour l'enfant ?
• Qu'il se délasse ?
• Qu'il développe des facultés physiques, intellectuelles ou sociales ?
– Choisir une activité en rapport, en balayant le domaine du bio-psycho-social : que l'enfant soit bien dans son corps, dans sa tête et avec les autres. Tenir compte de ce qu'exprime l'enfant.
– Vérifier la faisabilité avant de proposer quoi que ce soit : matériel nécessaire, groupe homogène, sécurité, météo…
– Lancer l'idée en mettant l'accent sur les aspects attractifs pour s'assurer de l'adhésion.
– Prévoir un plan B en réserve.

Durant l'activité

– Préciser le rôle de chacun, établir des règles.
– Animer l'activité de bout en bout : tantôt directif et stimulant, tantôt laisser faire et observer.

L'ADVF doit superviser son petit monde et maîtriser la situation : par l'écoute, la compréhension avec un langage clair, motivant. Sans brûler les étapes, rythmer la progression de l'activité dans un temps imparti. En cas de difficulté majeure, l'ADVF doit savoir aussi assouplir les règles. Immortaliser l'activité ou le résultat par des photos…

Après l'activité

– Ranger le matériel.
– Féliciter les acteurs en mettant l'œuvre en évidence, en la dégustant ou en se remémorant l'essentiel ou certains détails par le verbe ou des photos.
– Proposer une suite à donner pour conclure l'animation.
– S'assurer d'un temps de repos pour : « digérer », se retrouver.

Quelques idées à adapter à l'âge des enfants

– Pour le corps : créer, ressentir, s'améliorer…
– Éveil des 5 sens : faire la cuisine, cueillir un bouquet champêtre, dormir à la belle étoile dans le jardin, faire de la pâte à sel…
– Jeux d'adresse et de motricité : ballon, bicyclette, gymnastique, danse, bricolage, construction…
Jeux sensorimoteurs divers et variés contribueront à la découverte du corps dans l'espace et à l'acquisition de la marche, la préhension, l'habileté…
– Pour l'esprit : imaginer, rêver, raisonner…
Inventer des recettes de cuisine rigolotes, se souvenir des comptines, jardinage, dessin-peinture, balades (mer, campagne, montagne), découverte animalière (fourmilière, zoo).
– Se déguiser, faire le mime, jouer au docteur (à l'épicier, à la sorcière…).
Jeux de construction (lego, cubes, puzzle).
– Jeux de fictions qui vont développer imaginaire et créativité.
– Jeux d'identification à son papa, à sa maman, à un super héros pour « de faux », faire semblant.
– Jeux de création pour reproduire ou construire.
Ces trois dernières catégories vont enrichir l'intellect !
– Pour le partage : se comparer, se connaître, se mesurer, donner et recevoir…
– Jeux de société (choix infini), jeux de compétition.
– Cache-cache, colin maillard, chat perché, pigeon vole, trappe-trappe, chasse au trésor, jardin d'enfants, 1/2/3 soleil, anniversaire.
– Jeux collectifs avec des règles, événements sociaux permettant à l'enfant de se situer, de se discipliner.

À retenir
Adapter l'activité aux besoins de l'enfant et à ses capacités sans brûler les étapes, pour un développement harmonieux.

e. L'ADVF porte le bébé et l'enfant

Voici plusieurs manières de porter un bébé :

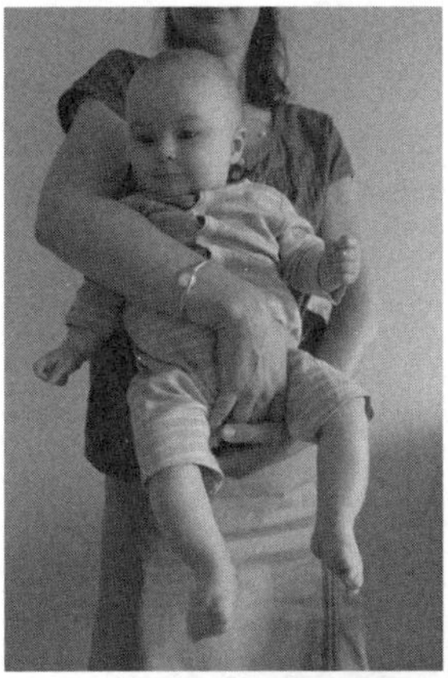

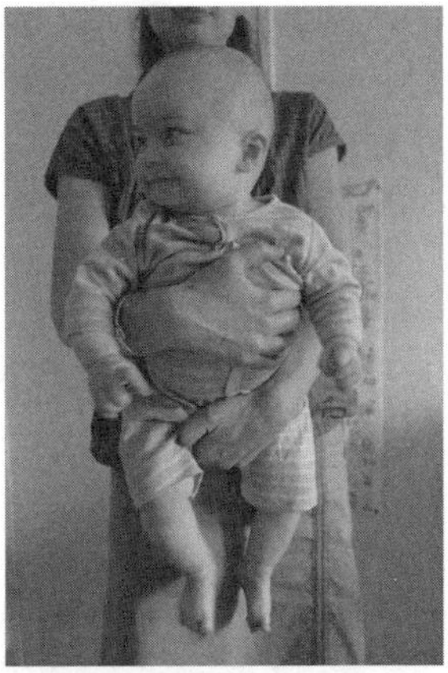

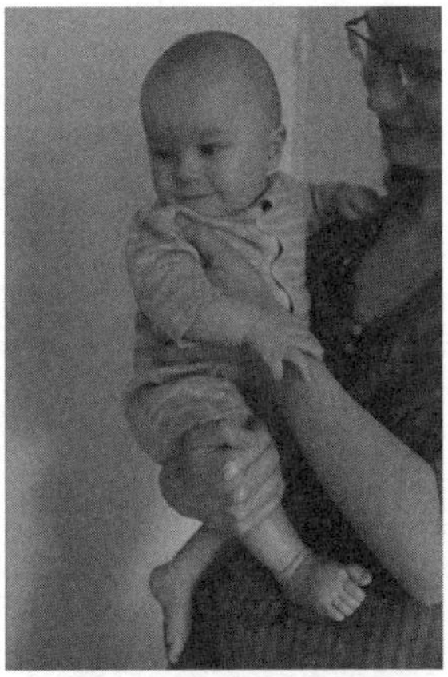

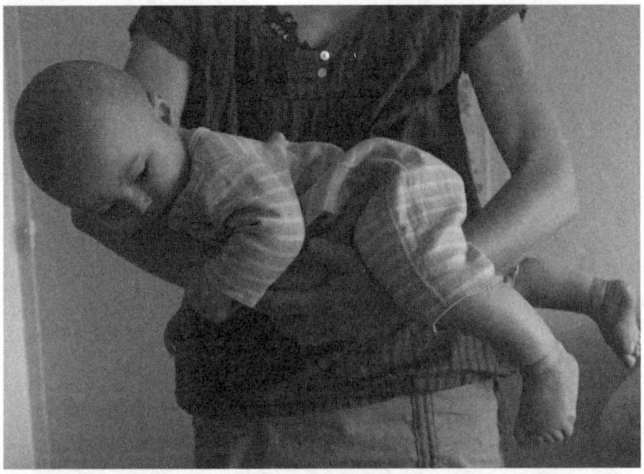

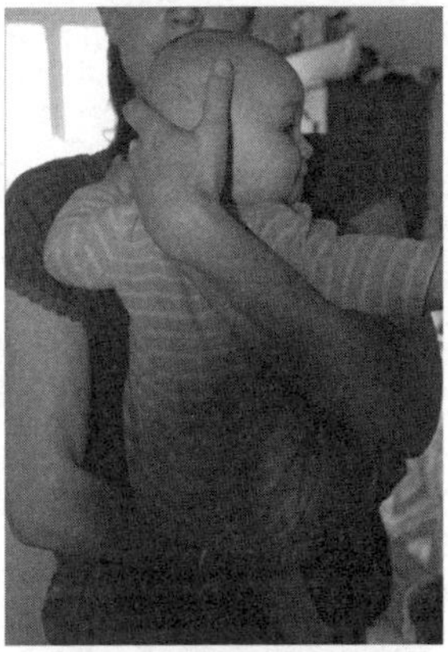

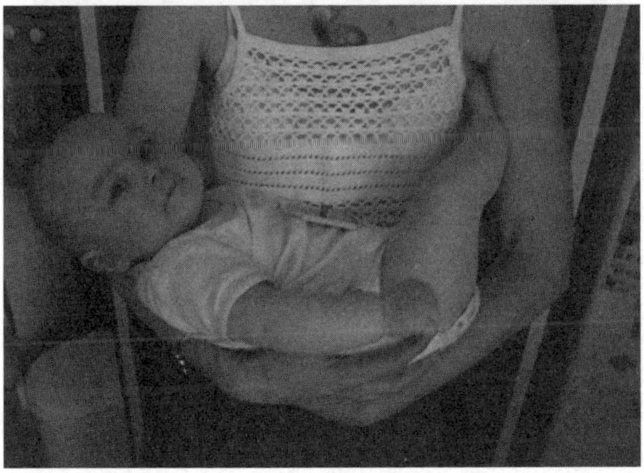

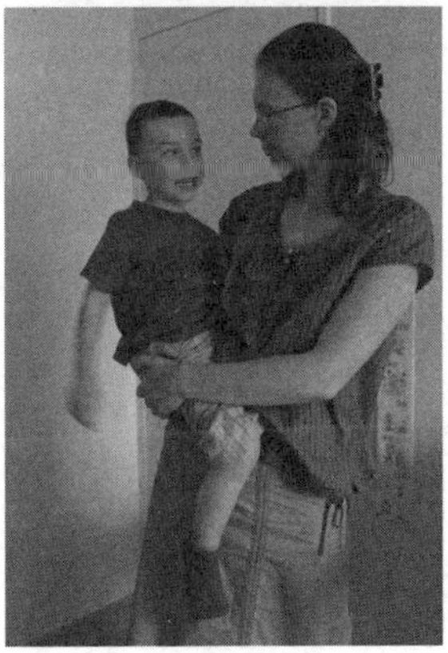

Pour l'enfant plus grand, le plus pratique est de le porter sur la hanche.

Partie 4

Activité 3 : assister les personnes dans l'entretien de leur cadre de vie et dans la préparation de leurs repas

I Connaissances générales

1 Le cœur de l'activité

a. Effectuer les tâches domestiques courantes d'entretien du logement, du linge et la préparation des repas

L'activité 3 englobe une série d'activités exécutées au domicile de la PA, à savoir le nettoyage, car la tâche principale est de veiller à ce que le logement reste propre, hygiénique, bien rangé, agréable et confortable. Il faut ajouter, suivant la demande, la lessive, le repassage, les petits travaux de couture, les courses, la cuisine, et faire les lits. Et quelquefois arroser les plantes vertes, nourrir les animaux domestiques...

L'entretien du logement

La liste peut être longue (tout dépend des capacités de la personne aidée à faire seule ou de l'aide qu'elle peut obtenir par ailleurs [famille, entourage]) :

- Dépoussiérer les meubles, abat-jour, tableaux et objets de décoration.
- Aspirer les tapis et moquettes.
- Nettoyer les sols.
- Nettoyer les sanitaires.
- Nettoyer les fenêtres, murs, meubles, escaliers, balcons ou terrasses...
- Nettoyer l'intérieur des placards et des armoires, du réfrigérateur...
- Sans oublier de nettoyer et de ranger le matériel de nettoyage.

L'entretien du linge

- Le lavage, séchage, repassage, rangement des textiles (vêtements, linge de maison).
- Le détachage et des rudiments de couture.

La préparation des repas

- Faire les courses et les ranger.
- Préparer le repas, ranger la cuisine, entretenir la cuisine et les appareils.
- Dresser la table, servir le repas, débarrasser la table, faire la vaisselle.

Remarque

Les tâches concernent le logement de la PA et en aucun cas les parties communes, comme par exemple l'escalier menant à l'appartement ou le trottoir.

Les travaux de peinture, tapissage, jardinage, bricolage ou réparation ne sont pas non plus des activités à effectuer par l'ADVF.

Le lavage des vitres, à l'étage et à l'extérieur, ne doit pas se faire en se penchant vers l'extérieur ou en prenant appui sur le rebord de la fenêtre.
Le nettoyage des murs et des portes doit rester occasionnel.

b. S'adapter au contexte

- La personne aidée participe à l'activité.
- La personne aidée ne participe pas à l'activité.
- La personne aidée n'est pas présente.

c. Travailler avec les équipements du domicile

Chaque domicile est équipé de manière différente. Certains équipements électroménagers sont très anciens, d'autres au contraire très modernes cela dépend du porte-monnaie et du goût du propriétaire à suivre les progrès et les modes en matière d'électroménager.
Les appareils électroménagers font partie de notre quotidien. Ils nous permettent de gagner un temps considérable sur les tâches ménagères.
Chaque marque sort régulièrement du nouveau matériel, machine qui lave plus blanc, à froid ou sans détergent, four autonettoyant, plaque de cuisson haute sécurité, etc.
Mais avant toute manipulation, l'ADVF prendra soin de demander des explications sur le fonctionnement des appareils et si nécessaire de consulter la notice où elle trouvera les règles de fonctionnement, les conseils pour l'entretien et les risques de toute mauvaise utilisation.
En utilisant au mieux les appareils ménagers, il est également possible d'économiser de l'argent en diminuant la consommation d'énergie.

Les cuisinières et appareils de cuisson

- **La gazinière**

Une gazinière peut être réglée de façon très précise et surtout très rapide.
Faire la cuisine au gaz est plus économique que cuisiner à l'électricité, à condition que les casseroles choisies pour la cuisson soient de taille convenable par rapport au cercle de flammes. La pointe des flammes ne doit pas dépasser le fond des casseroles. Ainsi, les poignées des casseroles et marmites ne fondront pas et vous ne risquerez pas de vous brûler. Attention de ne pas laisser s'éteindre la flamme alors que le gaz continue à sortir, de ne pas oublier de fermer le gaz après utilisation, de penser à changer régulièrement le tuyau souple de conduite de gaz (la date est inscrite sur le tuyau).

- **La cuisinière électrique**

Elle est plus sécurisante que la gazinière. Quand on fait la cuisine à l'électricité, il faut prévoir de mettre les plaques à chauffer à l'avance et il faut savoir utiliser la chaleur encore en réserve dans les plaques (par exemple, pour garder les plats au chaud). Une mauvaise utilisation augmente la consommation en électricité.
Il existe aujourd'hui des plaques à chauffage ultra-rapide, mais attention aux brûlures.

Les fours
Le four électrique le plus simple, avec ses grilles et sa lèchefrite, suffit pour les pâtisseries, les rôtis ou les gratins. Dans un four électrique, on peut en général régler séparément la chaleur du haut et du bas. Les fours sont en général dotés d'une position grill intégrée.

Les micro-ondes
Ces appareils sont d'une utilisation multiple : ils permettent de réchauffer, de décongeler des produits surgelés et de cuire des aliments sans graisse ni eau. Les durées de cuisson très courtes permettent aux produits de conserver leur saveur et leur bel aspect. Utilisez de la vaisselle en porcelaine, en verre ou en céramique, mais jamais de métal car celui-ci réfléchit les ondes.

Conseils généraux pour les appareils de cuisson

Les incendies sont fréquents dans la cuisine. Les casseroles laissées sans surveillance sur la cuisinière sont l'une des principales causes d'incendie, et l'huile ou d'autres corps gras sont le plus souvent présents. La friture d'aliments dans des casseroles sans contrôle de thermostat est particulièrement risquée.

- Ne jamais laisser des casseroles sans surveillance sur la cuisinière.
- Éteindre les feux de la cuisinière si on doit s'absenter ne serait-ce que quelques instants.
- Utiliser une minuterie pour se rappeler qu'il y a des aliments sur la cuisinière.
- Utiliser une friteuse à contrôle thermostatique pour faire de la friture.
- Ne pas porter de vêtements aux manches amples pour faire la cuisine.
- Ne pas utiliser des torchons à vaisselle pour retirer les casseroles du feu.
- Ne pas laisser dépasser les poignées des casseroles vers l'extérieur.
- Avoir toujours un couvercle à portée de main pour étouffer les flammes s'il y a lieu.

Les appareils de lavage et de séchage du linge
Les électroménagers comme le lave-linge ou le sèche-linge se trouvent souvent dans la salle de bains ou la cuisine. Cependant comme tout appareil électrique, ils ne peuvent pas être placés n'importe où, dans la pièce d'eau.

L'ADVF doit vérifier le respect des normes pour tout ce qui concerne les appareils électriques dans une salle de bains. Il est interdit d'installer un appareil électrique à moins de 60 cm de la baignoire ou de la douche.

Les bons gestes

Les lave-linge et les sèche-linge sont de gros consommateurs d'eau et d'énergie.

Le sèche-linge consomme deux à trois fois plus d'énergie pour sécher le linge qu'il n'en a fallu pour le laver.

Nettoyez régulièrement les bacs à produit de lessive afin que l'eau et le détergent se mélangent correctement.

Dosez correctement les produits de lavage en fonction de la quantité de linge, de leur degré de saleté et du programme choisi. Bien lire les indications sur l'emballage. Suivant les régions, l'eau est plus ou moins calcaire. Si l'eau que vous utilisez est douce, vous pouvez utiliser moins de produits de lavage tout en atteignant le même résultat.

Nettoyez régulièrement les filtres afin d'optimiser le rendement des appareils.
Enlevez le surplus de calcaire. Une cuillerée de bicarbonate de soude dans le bac à détergent ralentit la création de calcaire. Si l'eau est calcaire, pour éviter que la machine ne s'entartre, faites 3 fois par an un lavage à vide à 60 °C avec un détartrant pour lave-linge. C'est plus économique et beaucoup plus efficace que les pastilles anticalcaires, à chaque lavage.
Vérifiez que le lave-linge est bien calé pour limiter les vibrations. Le mieux est de l'isoler du sol avec des cales en bois.

Les réfrigérateurs

Le réfrigérateur est le garant de la fraîcheur des aliments avant leur consommation. Vous devez contrôler que la température de l'intérieur est comprise entre 0 et 4 °C.
Certains réfrigérateurs sont équipés d'un thermomètre, d'autres sont munis de pictogrammes situant les différentes zones de température.
Avant de ranger les produits alimentaires, il faut s'informer de leur bonne conservation.
Les emballages des produits alimentaires donnent toutes les indications pour une bonne conservation des aliments, en particulier ils indiquent si l'on doit ou non les conserver au frais et la date limite de consommation.

Bien ranger les aliments dans le réfrigérateur

Il est préférable de ranger sur l'avant des clayettes les produits à consommer en priorité.
Suivant les appareils il n'est pas toujours facile de détecter les différentes zones de froid. La notice est ici bien utile et, en fonction de la température idéale de conservation, il faut choisir la clayette correspondante.
– Entre 0 °C et 3 °C : la zone froide (soit en bas soit en haut du réfrigérateur).
Viandes crues, volailles et poissons crus, laitages entamés, charcuteries, fruits de mer, fromages frais et au lait cru, produits en décongélation, jus de fruits frais, plats cuisinés.
– Entre 4 °C et 6 °C : la zone fraîche.
Viandes et poissons cuits, laitages non entamés (fromages durs ou demi-fermes, yaourts, crème fraîche), fruits et légumes cuits, pâtisseries, sauces maison.
– Entre 8 °C et 10 °C : le bac à légumes.
Fruits et légumes frais, fromages.
Les champignons se conservent dans un sac en papier et ne doivent pas être lavés avant.
Pour conserver plus longtemps une salade, il faut l'éplucher, la laver, l'essuyer ou la secouer, puis la mettre dans un récipient recouvert d'une feuille de papier absorbant changée régulièrement.
– Entre 6 °C et 8 °C : la porte, zone tempérée.
Beurre, œufs, condiments (cornichons), sauces en pot (mayonnaise, ketchup, moutarde), boissons (eau, jus de fruits, lait).
• Conserver l'eau du robinet dans une carafe couverte pas plus de 48 heures.
• Conservez les œufs dans leur emballage d'origine et ne les rincez jamais à l'avance car leurs coquilles deviendraient perméables aux bactéries.
• Ne chargez pas trop le réfrigérateur, l'air doit circuler entre les aliments.
• Ôtez les suremballages des lots de produits.

Ôter les suremballages des lots de produits

Limiter sa consommation d'énergie :

– Éviter de placer l'appareil à côté d'une source de chaleur.
– Éviter de laisser sa porte ouverte trop longtemps.
– Laisser refroidir les plats cuisinés avant de les glisser dans le réfrigérateur.
– Lorsque vous décongelez un produit, en le plaçant dans le réfrigérateur, il crée un apport supplémentaire de froid.

Nettoyer l'intérieur du réfrigérateur (toutes les 2 semaines)

Enlevez tous les composants (plateaux, bac à légumes, éléments de la porte) et lavez-les à l'eau tiède additionnée de détergent doux, type liquide vaisselle, avec une éponge. Passez-les ensuite dans de l'eau légèrement javellisée pour les désinfecter et éviter la prolifération des microbes. Rincez et séchez. Lavez de la même manière les parois internes. Vous pouvez placer un demi-citron à l'intérieur du réfrigérateur pour réduire les odeurs désagréables.

Dégivrer le réfrigérateur (en fonction de la couche de givre)

Certains appareils sont équipés du système de dégivrage automatique ou semi-automatique. Dans le premier cas, le réfrigérateur élimine l'eau régulièrement sans que l'on s'en préoccupe. Dans le deuxième cas, après avoir déclenché le processus de dégivrage en réglant le thermostat, il ne reste plus qu'à récupérer l'eau. Si aucun de ces systèmes n'est présent sur votre appareil, il faut procéder au dégivrage manuel avant que la couche de givre n'atteigne 3 cm (à faire de préférence lorsque l'appareil est presque vide). Réunissez alors les denrées dans des sacs isothermes et débranchez le réfrigérateur.

Nettoyer l'extérieur

Lavez à l'aide d'un chiffon doux, mais n'utilisez jamais de produits abrasifs et d'ustensiles qui pourraient rayer l'appareil.

Joints d'étanchéité : ils sont indispensables pour garder le réfrigérateur à température idéale. Il faut donc signaler leur état lorsqu'ils ont perdu leur efficacité.

Pour tester leur efficacité, fermez la porte sur une feuille de papier. Si vous pouvez enlever la feuille sans ouvrir le réfrigérateur, c'est que les joints ne garantissent plus une étanchéité parfaite. Des cotons-tiges ou de vieilles brosses à dents très souples permettent de mieux les entretenir.

Serpentins : situés à l'arrière du réfrigérateur, ces échangeurs thermiques doivent être dépoussiérés régulièrement afin de garantir un meilleur rendement au réfrigérateur. Vous pouvez utiliser un petit aspirateur ou une brosse.

Comment limiter les risques de listeria ?

La listeria est une bactérie responsable d'une maladie infectieuse d'origine alimentaire : la listériose qui peut s'avérer très dangereuse quand elle touche des personnes fragiles (personnes âgées, malades ou femmes enceintes).

Voici quelques règles pour éviter la prolifération de cette bactérie dans les aliments.

- Conserver les aliments crus (viandes, légumes, etc.) séparément des aliments cuits ou prêts à être consommés.
- Se laver les mains très fréquemment et toujours avant de manipuler les aliments.

- Nettoyer les ustensiles de cuisine tout de suite après la manipulation d'aliments non cuits.
- Enlever les suremballages des produits.
- Conserver le reste des repas dans des récipients en verre ou en plastique avec couvercle.
- Attendre que les restes de plats cuisinés reviennent à température ambiante avant de les réfrigérer (pas plus de deux heures) et les conserver dans des boîtes.
- Envelopper les charcuteries et pâtisseries de papier aluminium.
- Lorsqu'ils n'ont pas d'emballage, déposer les viandes, poissons et fromages sur une assiette et les envelopper de film étirable.
- Nettoyer fréquemment et désinfecter ensuite le réfrigérateur.
- Vérifier régulièrement la température du réfrigérateur qui ne doit pas dépasser 4 °C.
- Ne pas faire décongeler les aliments à température ambiante mais dans le réfrigérateur.
- Ne jamais recongeler un aliment décongelé, même partiellement.

Les congélateurs

Les congélateurs sont prévus pour maintenir un produit à une température de –18 °C mais ils sont également munis d'une fonction de congélation (4 étoiles). Cette fonction permet de congeler les aliments par un abaissement rapide de leur température en les exposant à un froid plus intense (inférieur ou égal à –24 °C).

Le compartiment congélateur (associé au réfrigérateur)

Le compartiment congélateur 4 étoiles descend en dessous de –18 °C. Il permet de congeler des produits frais et de conserver ceux déjà congelés jusqu'à la date « à consommer de préférence avant le ».
Le compartiment 3 étoiles conserve les produits, mais ne congèle pas.
Le compartiment 2 étoiles conserve uniquement des produits congelés pendant 3 semaines.
Le compartiment 1 étoile conserve 2 à 4 jours les aliments congelés.

Le rangement dans le congélateur

Contrairement au réfrigérateur, le congélateur fonctionne mieux si les aliments sont empilés. L'utilisation de sachets de congélation ou de récipients en plastique protège les aliments, vider l'air avant de fermer le sachet.
– Ne pas oublier que les produits augmentent de volume à l'état de glace.
– Noter la date de congélation des produits et les conserver un an au maximum.
– Ne pas mettre à congeler de produits chauds au risque d'affecter les autres produits congelés.
Il est formellement interdit de recongeler un produit décongelé.

Le dégivrage du congélateur

On nettoie un congélateur comme un réfrigérateur mais moins souvent, voir ci-avant.
Le jour où on décide de nettoyer l'intérieur de la cuve, la première chose à faire est de débrancher l'appareil. Puis il faut le vider et gratter délicatement la glace avec une raclette en plastique et laver la cuve à l'eau tiède additionnée de détergent vaisselle. Rincer. Essuyer. Rebrancher.

d. Faire face à un problème technique ou à une urgence (interventions de professionnels)

Problèmes de plomberie : les bons réflexes

Bien que nous ayons gardé le mot « plomberie » pour parler de l'acheminement de l'eau potable dans les logements, il faut savoir que pour des raisons de santé publique, le plomb est désormais strictement interdit.

Les fuites se produisent généralement au niveau des raccords avec les appareils (robinets, vannes, siphons) et des raccords et soudures entre canalisations.

Dès que vous aurez repéré une tache d'humidité ou un suintement, fermez le robinet de la canalisation concernée ou le robinet d'arrêt général. Alertez la personne aidée et/ou sa famille. Quelqu'un de l'entourage pourra peut-être changer un joint ou un robinet, sinon appelez un plombier.

Tout débordement signale un bouchon qu'il faut évacuer. Il existe des produits pour déboucher W.-C., lavabo, douche, évier... Vous pouvez utiliser ces produits, en prenant beaucoup de précautions car ils sont très agressifs. Bien lire le mode d'emploi, respecter scrupuleusement les directives. Laisser le produit agir pendant plusieurs heures. Si la canalisation est toujours bouchée, il faut alors faire appel au plombier.

Problèmes d'électricité : les bons réflexes

Étincelles ou odeurs de brûlé provenant d'une prise ou d'un interrupteur ou encore d'un appareil ménager sont les signes d'un risque d'électrocution présent dans le logement.

Si un appareil électrique produit des étincelles ou dégage une odeur de brûlé, coupez l'arrivée du courant au disjoncteur général, puis débranchez la prise et enfin remettez le courant.

Vérifiez le raccordement du fil dans l'appareil, et demandez à ce qu'il soit réparé ou changé.

Problèmes de gaz : les bons réflexes

Le gaz naturel a maintenant une odeur caractéristique, elle a été ajoutée pour nous permettre de déceler toute fuite, même minime.

Cette odeur doit nous faire réagir rapidement. Si vous sentez une odeur de gaz sur le lieu de votre travail, ne provoquez ni flamme, ni étincelle. Ouvrez les fenêtres. il faut d'abord vérifier les appareils à gaz du logement : les brûleurs de la cuisinière sont peut-être restés ouverts ou la fuite peut provenir d'un chauffe-eau, d'un appareil de chauffage ou du tuyau d'arrivée de gaz naturel.

Coupez le gaz à l'arrivée dans le logement, si besoin, téléphonez, de l'extérieur, aux pompiers (composez le 18).

2 Prévention et sécurité

a. Les risques d'usure professionnelle

Beaucoup d'efforts sont nécessaires pour l'entretien régulier des logements.
Le logement peut être ancien et exigu : beaucoup de recoins, nombreuses petites pièces, escalier étroit, lits impossibles à bouger et difficilement contournables, etc.
Il peut être malsain : humidité entraînant des moisissures dans la salle de bains ou dans la cuisine, poussière importante... Il peut être très grand, avec de nombreuses pièces à entretenir, encombrées par un mobilier lourd, des bibelots d'entretien délicat... Le client dans sa vie quotidienne, n'est pas toujours propre, soigneux, ordonné, attentif à l'hygiène...
Par ailleurs, il faut faire vite : le nombre d'heures imparti par client est limité, le trajet entre deux clients peut être long (kilométrage, circulation urbaine, accès aux étages sans ascenseur)...
Le risque d'accident est donc important, l'ADVF doit avoir toujours à l'esprit sa propre sécurité.
Les règles de prévention doivent être respectées si l'on veut faire carrière dans le métier d'ADVF (voir les pages 50 et 51).
L'usure professionnelle n'est pas seulement physique.
Elle peut être également d'ordre psychologique. La saturation, la routine, la perte de motivation mènent à l'usure.

b. Prévention de l'usure professionnelle

Une charge de travail trop importante par rapport au temps accordé, des déplacements trop longs entre les clients, des clients aigris ou insatisfaits, entraînant à la longue, stress et épuisement. Comment pallier une usure physique prématurée ?

- Dans un premier temps, regardez si vous ne pouvez pas améliorer votre organisation : éviter les pertes de temps ou la dépense d'énergie inutile.
- Vérifiez aussi que le travail que vous effectuez correspond bien à la demande écrite sur le contrat de prestation. Petit à petit vous avez peut-être augmenté le nombre de tâches réalisées, sans demander que la durée de la prestation soit elle aussi augmentée.
- Demandez alors un rendez-vous avec votre hiérarchie afin de renégocier le temps imparti en fonction du travail, la nature des missions de vos prestations ou d'autres clients.
- Faites le point, repartez sur de nouvelles considérations.
- Demandez à suivre une formation continue (ergonomie, communication...).
- Demandez des congés.

c. Pour maintenir sa motivation au travail et/ou pour sa fonction

Il faut prendre de la distance par rapport à son quotidien et s'occuper de sa carrière :

- Préparer sérieusement son entretien annuel d'évaluation pour des échanges constructifs.
- Construire son projet de carrière.
- S'intéresser à son entreprise ou association, connaître les possibilités de mobilité interne (changement de fonctions dans la même structure).
- S'intéresser au secteur de l'aide aux personnes, connaître les possibilités de mobilité externe (intégrer un poste différent dans une autre structure).
- Développer ses compétences dans des domaines porteurs en demandant des formations à votre employeur.
- Essayer d'être le plus possible polyvalente, essayer d'avoir des missions d'accompagnement très différentes : par exemple travailler avec des personnes âgées, des enfants et des personnes handicapées.

Diplômée, vous commencez à détenir des savoir-faire importants pour votre employeur. Pensez à proposer de former vos collègues non diplômées ou plus jeunes :

- Formalisez et capitalisez vos savoir-faire.
- Proposez de devenir tuteur pour les nouvelles collègues ou pour des stagiaires issues d'organismes de formation.

3 L'alimentation

Rappel
Nous avons déjà parlé de l'alimentation dans la compétence 5, ce qui complètera vos connaissances.

L'organisme humain a besoin pour assurer une vie normale :

- de substances qui servent à bâtir et à construire les tissus usés ;
- de substances qui fournissent l'énergie nécessaire au fonctionnement de l'organisme ;
- de substances qui sont indispensables pour la transformation et l'utilisation des autres substances.

On appelle ces différentes substances **des nutriments** (elles sont nutritives et entretiennent la vie).

a. Les nutriments

Ce sont des substances directement assimilables par notre tube digestif. Après avoir traversés la paroi de l'intestin, les nutriments sont utilisés par notre organisme pour lui fournir de l'énergie, le construire, l'entretenir et assurer son fonctionnement.

Les nutriments sont :

- les lipides ;
- les protides ;

- les glucides ;
- les sels minéraux ;
- les vitamines.

Par ailleurs, l'eau est souvent considérée comme un nutriment

Tous les nutriments sont importants pour le fonctionnement de l'organisme. Il n'y a pas un nutriment qui soit plus nécessaire que les autres. Tous sont nécessaires.

Les protides

Le terme protide englobe les protéines et les produits de dégradation de ces protéines.
Les protéines sont les constituants de tous les tissus vivants. Les protéines répondent au besoin de réparation et d'entretien des cellules. Elles servent à construire de nouvelles cellules. Sans protéines, on consommerait ses propres tissus !
Nous avons besoin de protides animaux et végétaux. La ration journalière est de 100 à 200 g .
Les aliments les plus riches en protides sont la viande, le lait, les œufs et les légumes secs.

- **Rôle bâtisseur**

Pour les muscles et les organes, ce sont surtout les protides qui représentent le matériau de base. Pour le squelette, le calcium et le phosphore sont considérés comme des nutriments essentiellement bâtisseurs.

Les glucides

On les appelle plus communément les sucres. Les plus connus sont le glucose (provenant du miel, des fruits), le lactose (provenant du lait), le saccharose (provenant de la canne à sucre), l'amidon (provenant des tubercules comme la pomme de terre). Les glucides fournissent l'énergie musculaire. Les besoins en glucides varient avec l'intensité du travail physique, suivant l'âge de l'individu. 300 à 400 g de glucides sont nécessaires par jour.
Les glucides consommés en excès sont stockés sous forme de graisses.

Les lipides

Les lipides sont la partie grasse des aliments. Un régime dépourvu de matières grasses provoque des troubles cutanés. Le minimum indispensable est de 40 g par jour.
Les corps gras peuvent être d'origine animale (beurre, graisses animales) ou végétale (huile, graisses végétales).
Ce sont des nutriments calorifiques (1 g libère 9 calories). En excès, ils sont mis en réserve sous la peau et autour des organes.
En cuisine, pour chaque corps gras, il existe une température critique à ne pas dépasser sous peine de toxicité.
Les graisses végétales sont plus rapidement absorbées que les graisses animales.

- **Rôle énergétique**

Les protides, lipides et glucides sont directement impliqués dans la production d'énergie. Ils assurent 100 % de l'énergie totale nécessaire à l'organisme.

Les lipides fournissent 30 % de cette énergie.
Les glucides fournissent 58 %.
Les protides fournissent 12 %.
Étant donné le rôle principal que les glucides et lipides jouent dans la production d'énergie, ils sont considérés comme jouant un rôle essentiellement énergétique. Leur fonction prioritaire est la fourniture d'énergie.
Cette énergie se mesure en kilocalories. Les besoins en Kcal varient principalement en fonction de l'âge du sexe et de l'activité physique.
Par contre les vitamines et les sels minéraux sont impliqués indirectement à la production d'énergie en freinant ou en accélérant la production. On peut leur donner le nom de **substances d'utilisation ou de transformation**.

b. L'eau

Principal constituant de l'organisme humain c'est celui dont l'absence se fait le plus rapidement sentir. On élimine quotidiennement en moyenne 2 litres d'eau (urine, transpiration, matières fécales). Ces pertes sont compensées par nos apports extérieurs : eau de boisson, eau des aliments.
L'eau dans l'organisme n'apporte aucune calorie et ne subit aucune modification.
À l'exception du sucre et de l'huile tous les aliments contiennent de l'eau.
Teneur en eau de quelques aliments :

- Légumes verts 90 g
- Semoule et pâtes 8,6 g
- Biscuits secs 3 g

c. Les vitamines

Ces substances n'apportent pas de calories mais sont nécessaires à l'organisme qui ne sait pas les fabriquer. On trouve des vitamines dans les graisses (vitamines ADE et K) et dans l'eau que contiennent les aliments (vitamines du groupe B et C).
Les carences en vitamines peuvent entraîner la mort.
Certaines vitamines (A, C) se détruisent facilement : température élevée, lumière. Il faut éviter de cuire longtemps les légumes verts et préférer une cuisson vapeur.

Vitamines	Besoin par jour	Rôle	Carences	Sources
A	1 à 1,5 mg	Favorise la croissance Améliore la vision	Manque de croissance Cécité	Beurre, lait, abats, poissons gras, jaune d'œuf
D	0,05 mg	Croissance osseuse Fixation du calcium et du phosphore	Rachitisme	Lait, huile de foie de morue, jaune d'œuf, soleil
E	15 mg	Antioxydant	Stérilité	Huiles végétales, beurre, céréales complètes, germes de blé

Vitamines	Besoin par jour	Rôle	Carences	Sources
K	0,03 mg	Combat les hémorragies Fixe le calcium sur les os	Hémorragie	Poissons, foie, chou, épinards
Groupe des vitamines B		Transforme l'énergie des glucides Fonctionnement des neurones et du cœur	Lésions cutanées, troubles neurologiques	Produits laitiers Abats, viandes, poissons, œufs, laitages Légumineuses, céréales complètes, fruits oléagineux (noix)
C	75 mg	Résistance aux infections, Facilite la fixation du fer	Scorbut Maladies cardio-vasculaires	Agrumes, kiwis, choux, salade, pommes de terre

d. Les sels minéraux

On les rencontre en proportions variables dans l'organisme.

Sels minéraux	Besoin par jour	Constituant et/ou rôle	Carences	Excès	Aliments à privilégier
Calcium	1 g	Dents Squelette Tissus	Tétanie des muscles, Rachitisme		Le lait, les fromages principalement Persil, carottes, fruits secs Eau
Phosphore	1,32 g	Dents, os	Troubles osseux		Lait, poisson
Fer	10 mg	Sang, muscles	Anémie		Viande, abats, huîtres, cacao, légumes secs, cresson, persil, épinards
Sodium	5 à 7 g	Contraction musculaire		Hyper-tension	Présents dans tous les aliments. Notre alimentation est trop riche en sodium (sel)
Potassium	2 à 4 g	Contraction cardiaque		Arrêt du cœur	Lentilles, conserves, fruits secs.
Iode	0,1 à 0,2 mg	Glande thyroïde	Goitre		Poisson et fruits de mer
Magnésium	350 mg	Transmission influx nerveux Contraction musculaire	Fatigue, baisse des défenses immunitaires		Cacao, légumes secs, amandes, pain complet, coquillages. Notre alimentation est trop pauvre en magnésium

Rôle d'utilisation

Les fonctions énergétiques et de construction se mettent en route et ne se maintiennent en activité qu'avec l'aide de substances qui vont les activer plus ou moins afin que l'organisme ait un fonctionnement harmonieux.

Ces substances sont les vitamines et les sels minéraux. Ces nutriments permettent l'utilisation et la transformation des macronutriments. Ils servent aussi de protection à notre organisme. Leur absence entraîne des maladies.

e. Répartition des nutriments

Les nutriments sont répartis de façon différente suivant les aliments. Le nombre de nutriments présents peut être différent selon l'aliment.

Tous les nutriments ne sont pas présents dans chacun des aliments.

Exemples pour les macronutriments :

- l'huile ne contient que des lipides ;
- le sucre ne contient que des glucides ;
- les viandes contiennent protides et lipides ;
- les céréales contiennent protides et lipides ;
- le lait contient protides, lipides, glucides.

Dans une catégorie d'aliments, les mêmes nutriments sont plus ou moins abondants.

Exemples :

- 100 g de chair de porc contiennent 30 g de lipides ;
- 100 g de chair de cheval contiennent 2 g de lipides.

Si on se réfère à un seul nutriment, sa répartition dans les aliments aura une teneur différente :

- 100 g de fromage contiennent 24 g de protides ;
- 100 g de lait contiennent 3,5 g de protides.

11 Compétence 11 : établir une relation professionnelle lors des interventions

1 Illustration de la compétence 11 : le cas de madame Kléber

« Bonjour Marie, je suis Christine, l'ADVF de Mme Kléber, je me permets de vous téléphoner car j'ai appris que vous alliez me remplacer à son domicile pendant mon congé. Je vais vous présenter la situation en quelques mots afin de faciliter la transmission de l'intervention.

M. et Mme Kléber sont très avenants, bien qu'ils soient tous les deux très âgés, près de 90 ans, ils se débrouillent fort bien dans leur vie quotidienne. En fait, pour le moment je ne travaille chez eux presque uniquement que pour effectuer des tâches ménagères.

J'ai très peu de contacts avec M. Kléber, qui ne se sent pas du tout concerné par les tâches domestiques. En général, quand j'arrive, c'est l'heure où lui s'en va ! Il part au village au jeu de boules ou pour faire sa partie de cartes.

Je reste donc avec Mme Kléber qui aime bien discuter de tout et de rien et qui apprécie que je lui donne des nouvelles de la vie du village.

Ils ne sont que tous les deux et la maison est petite. Vous n'aurez donc pas beaucoup à faire, Mme Kléber vous montrera le calendrier hebdomadaire des tâches à effectuer. Pour tout ce qui concerne la cuisine : rangement, vaisselle, préparation du repas, Mme Kléber se débrouille encore très bien, je l'aide seulement, et à deux nous avons vite fait de tout mettre en place.

Là où il faudra que vous vous montriez très patiente, c'est lorsque vous vous occuperez de la chambre à coucher. La réfection du lit est une épreuve, je n'ai jamais connu une personne plus maniaque que Mme Kléber lorsqu'il s'agit de faire son lit !

Surtout n'essayez pas de la contrarier, cela lui gâcherait son sommeil, contentez-vous de faire comme elle vous dit ! Vous pouvez être sûre qu'il faudra vous y reprendre à trois fois pour que le drap soit, à ses yeux, correctement placé. Je me permets d'insister, car même si pour vous c'est parfait, ce n'est pas le cas pour Mme Kléber. Imaginez : "Un petit peu plus à gauche ? Non là c'est trop, il faut tirer un tout petit peu sur la droite. Est-ce qu'on y est ? Non, voyez comme la couverture dépasse ! Attention, ne remontez pas tant le drap, nous étoufferions ! »

Marie, tous les jours, c'est comme je vous le décris !

Autre chose, Marie. Pour le linge, Mme Kléber ne fait pas de manière au moment du lavage, elle mélange les couleurs et les textiles et, en fait, elle ne connaît qu'un seul programme, cela lui suffit. Les choses se compliquent au moment d'étendre le linge.
Même si elle est très fatiguée, elle me suit à l'étendage extérieur, pour m'aider. En fait, elle n'a plus la force pour ce travail, mais comme pour la réfection du lit, elle a ses règles personnelles et elle tient à les faire respecter. Par exemple, vous ne devinerez jamais où sont rangées les pinces à linge chez les Kléber ? Elles sont dans les W.-C., Mme Kléber m'a dit qu'elle avait toujours vu les pinces à linge rangées dans les W.-C. ; chez sa mère, c'était déjà ainsi, elle n'a fait que reproduire l'habitude de la maison... »
« Merci Christine, pour tous ces renseignements, ils me seront précieux pour débuter dans de bonnes conditions mon remplacement chez Mme Kléber. Je pense que je vais apprécier de travailler pour ces personnes, qui me semblent, à vous entendre, bien sympathiques.
Vous savez, Christine, nous avons tous nos petites manies et dans toutes les familles on a ses habitudes. D'ailleurs, c'est étonnant de voir à quel point certaines habitudes sont ancrées depuis des générations, et elles se transmettent le plus souvent de mère en fille, de manière automatique, naturellement.
Un jour, je vous parlerai des manies de notre famille, je pense que vous en rirez bien ! »

2 L'essentiel à retenir

a. Débuter l'intervention, c'est :

Adopter des attitudes et des comportements adaptés

- **L'ADVF se montre courtoise et respectueuse**, quelle que soit l'attitude de la PA, qui peut se montrer plus familière ou au contraire méfiante, distante, voire condescendante.
- **L'ADVF choisit son vocabulaire**, quel que soit le vocabulaire utilisé par la PA, qui peut utiliser par exemple le tutoiement (le cas d'une personne âgée face à une ADVF beaucoup plus jeune, sans qu'il ne s'agisse dans ce cas d'un manque de respect).
- **L'ADVF soigne sa tenue**. Il y a des tenues professionnelles conventionnelles dans les établissements médico-sociaux mais pas à domicile. Un minimum requis s'impose pourtant : une tenue adaptée signifie qu'elle est en rapport avec le travail à réaliser, plus ou moins salissant.

La tenue

La tenue se compose tout d'abord des vêtements qui doivent être :
– propres :
• Jeunes enfants et personnes âgées sont plus fragiles face aux microbes.
• La préparation des repas nécessite une hygiène rigoureuse.
• La présentation valorise l'image de soi.
– confortables :
• Ils doivent permettre l'amplitude des mouvements ; être à l'aise pour se baisser, s'étirer, se tourner... Le pantalon est préférable à la jupe ou à la robe.

• Préférer les matières naturelles comme le coton, qui est plus hygiénique, aux synthétiques car elles limitent la transpiration et les mauvaises odeurs.
• Choisir des vêtements légers l'été ou lorsque la personne âgée a tendance à surchauffer son domicile.
– pratiques :
• Résistants et faciles d'entretien.
• Laissant les avant-bras nus pour la manipulation d'eau, de détergents, de salissures ou en facilitant le port de gants.

- La tenue se compose ensuite des chaussures qui doivent respecter l'hygiène et l'ergonomie du pied (n'oublions pas tout ce que nous faisons endurer à nos pieds lorsque nous sommes toute la journée debout.) Le pied doit être bien tenu, il faut donc éviter les talons qui entraîneront entorse et fatigue, qui font du bruit et abîment les revêtements de sols. Choisir des chaussures en cuir, aérées pour éviter la transpiration excessive et faciles à entretenir.
- La tenue se compose aussi d'un tablier, facile à mettre ou à enlever, simple d'entretien, que l'ADVF met ou ne met pas, selon les tâches : un tablier est nécessaire pour la préparation du repas mais pas de tablier pour le rangement des documents administratifs, par exemple.
- Les mains : elles doivent être visuellement propres, ongles courts, sans vernis, sans bijou, mis à part l'alliance.
- La coiffure : les cheveux longs sont attachés pour ne pas gêner la vision et les mouvements, et pour ne pas transpirer. Pendant le travail, il faut éviter de les toucher et de les arranger, par mesure d'hygiène.

Ce minimum requis concerne surtout l'hygiène, le confort, la sécurité.
Que dire du maquillage ? Que dire des tatouages, des piercings et autre look de son propriétaire à l'égard des personnes âgées et des mères de familles ?
Ces éléments sont-ils adaptés au contexte des services à la personne ? Peuvent-ils être acceptés ? Doit-on les imposer ? Tout ceci est affaire de tolérance.
Le plus important reste la confiance de la PA et le résultat de la prestation.
Conclusion : la tenue ayant à répondre à un champ vaste – aide à la personne dans les actes de la vie quotidienne (AVQ) et entretien de son environnement –, elle nécessite qu'on lui prête une attention particulière ; aussi bien pour soi, que pour autrui.

Identifier les besoins et les attentes de la personne

Identifier les tâches précises à effectuer

Lors d'un entretien préliminaire, les deux parties, structure employeur et personne cliente, définissent une liste de tâches à accomplir. L'ADVF s'appuie sur cette liste pour effectuer son travail, mais ne s'en contente pas. La première visite chez la PA lui permet de prendre en compte les tâches importantes au regard de la PA (faire son lit et étendre son linge à sa manière par exemple, voir le paragraphe ci-avant), les tâches que l'ADVF sait qu'il est indispensable de réaliser car la santé de la PA est en jeu (par exemple, nettoyer le réfrigérateur, retirer les aliments gâtés). Elle devra alors en rendre compte à sa hiérarchie.

Identifier la qualité du travail requise

Quand on a la charge de l'entretien du domicile, il faut distinguer la propreté physique de la propreté bactériologique, bien que les deux aspects soient liés car les microbes se développent dans les salissures.

Le mieux est de prendre pour modèle, le degré d'hygiène existant et constaté dans le logement de la PA. Par exemple chez les A., on rince seulement la théière après usage, en revanche, chez les B., on la lave avec du produit à vaisselle.

L'hygiène

Le mot hygiène vient du nom de la déesse Hygie qui était la déesse de la pureté et par extension celle de la propreté.

Le mot « hygiène » revêt un sens maintenant plus profond : c'est une branche de la médecine, donc une science médicale qui étudie les moyens de maintenir l'être humain en bonne santé en le protégeant contre les maladies.

C'est Hippocrate qui, en 400 avant J.-C. parle le premier de l'hygiène. Ce médecin grec a compris que l'épidémie existe, mais il lui manquait de comprendre (ou voir) ce qui la causait. Il a décrit ce fait sans mettre en évidence le microbe. Les Romains ont ensuite été des précurseurs en favorisant l'hygiène publique. Ils ont installé des égouts, créé des aqueducs, installé des toilettes publiques.

Nous vivons avec des milliards de micro-organismes dans notre environnement, dont certains sont pathogènes. Pour éviter l'infection, nous luttons contre l'apport de microbes (conservation des aliments au froid, par exemple) ou nous essayons de les éliminer (nettoyage, désinfection).

Inutile d'essayer de supprimer totalement les microbes. Il suffit d'éviter l'accumulation, car c'est la quantité qui est dangereuse. La base de l'hygiène est d'éviter l'accumulation de grosses quantités de microbes.

Identifier la fréquence des tâches à accomplir

D'une manière générale, les tâches ménagères s'effectuent avec la fréquence suivante :

Tous les jours	• Laver les sanitaires des toilettes • Nettoyer l'évier de la cuisine • Laver le sol de la cuisine
Plusieurs fois par semaine	• Dépoussiérer les meubles et les bibelots, nettoyer à fond le salon et la chambre à coucher • Nettoyer bac à douche, baignoire, lavabo
Toutes les 2 semaines	• Nettoyer et désinfecter à fond le réfrigérateur • Désinfecter les sols de la cuisine et l'évier • Désinfecter le sol de la salle de bains et les sanitaires • Dépoussiérer les meubles et les bibelots, nettoyer à fond le salon et la chambre à coucher • Nettoyer les vitres les plus exposées • Enlever le calcaire dans la cuisine et la salle de bains
Tous les mois	• Passer l'aspirateur dans les endroits inaccessibles : sous les meubles, sous les lits, derrière les canapés, derrière les radiateurs • Dépoussiérer les luminaires et les ampoules • Nettoyer les vitres
Une à deux fois par an	• Nettoyer les tapis et les moquettes avec un shampooing spécial prévu à cet effet • Laver les couettes, les couvertures, les voilages et les double-rideaux

Les habitudes de la maisonnée peuvent être en totale contradiction avec les préconisations citées ci-dessus :

- si la fréquence est supérieure, il n'y a pas d'objection à suivre les habitudes de la maison surtout si les interventions apportent un gain en matière d'hygiène et que la PA est fragilisée ;
- si la fréquence est inférieure, plus que l'esthétique, c'est le manque d'hygiène qui doit conduire l'ADVF à aborder le problème et à négocier une solution.

Exemple :

Mme Besson ne veut pas que Marie (son ADVF) nettoie son réfrigérateur.

Elle prétend le faire elle-même. Pourtant Marie se rend compte que le réfrigérateur de Mme Besson est sale et sent mauvais.

Marie se pose des questions. Mme Besson est peut-être fatiguée, ou elle n'a pas eu le temps, ou elle ne s'est pas rendu compte de la saleté...

Marie montre à Mme Besson la coulure de la sauce tomate et, à bout d'arguments, elle propose qu'elles se mettent à deux pour effectuer le nettoyage.

Mme B finit par accepter, toutes deux vident le réfrigérateur de son contenu et se mettent au travail.

Le travail terminé, Mme Besson semble très satisfaite de la tâche accomplie et demande à Marie de procéder de cette manière, chaque fois que nécessaire.

Plusieurs semaines plus tard, Mme Besson, mise en confiance par les interventions quotidiennes, a expliqué à Marie que l'ancienne aide à domicile, au moment du nettoyage, faisait disparaître des aliments. Mme Besson la soupçonne de les avoir volés...

Marie a eu du mal à convaincre Mme Besson que les aliments n'étaient sûrement pas volés, mais jetés, car la date de péremption étant dépassée, ils sont devenus impropres à la consommation.

Identification des conditions de travail pour chaque tâche à accomplir et des habitudes de la maisonnée

L'ADVF demande à faire le tour des lieux avec la PA ou quelqu'un de la famille. L'œil exercé détermine les particularités du logement.

Au fur et à mesure des interventions :

- Elle demande des renseignements sur les matériaux du sol, l'électroménager, l'entretien des tapis, des meubles par exemple.
- Elle se fait expliquer les dangers de la maison : un sol glissant, un mur humide, un escalier un peu raide, une poutre basse, une prise de courant défectueuse, conduites d'eau ou radiateur brûlant...
- Elle se renseigne (en hiver) sur le mode de chauffage du logement et sur la ventilation.
- Elle prend soin de faire couler l'eau chaude pour saisir le niveau de température à la sortie du robinet et de détecter s'il y a des changements brusques en cas d'autre utilisation dans la maison (ceci afin d'éviter les brûlures).
- Elle s'informe sur les produits à utiliser : lors de la première intervention, il est nécessaire que l'ADVF prenne connaissance avec la PA ou quelqu'un de sa famille, des produits d'entretien habituellement utilisés. Les produits à utiliser avec des gants, les emballages non étiquetés (ne pas les utiliser), les produits en flacon et leur recharge sous film plastique.

- Elle s'informe de l'utilisation des torchons (mains ou vaisselle), des éponges et du papier essuie-tout.
- Si elle a la charge de préparer les repas, elle s'informe des goûts et habitudes alimentaires, du matériel de cuisson à utiliser, des horaires de repas, etc.

Attention
Avant la première intervention ou au plus tard dès la première intervention, l'ADVF et ses clients doivent aborder franchement la discussion sur la question du tabac chez les clients grands fumeurs, des animaux domestiques qui ne sont pas toujours aussi gentils et propres qu'on nous le dit.

Identifier la durée du travail, temps imparti, horaires pour chaque tâche

Savoir interroger la PA ou sa famille, proposer, négocier le temps de travail à prévoir.
La notion de temps est importante. Charge de travail, degré de finition, qualité du matériel et dextérité de l'ADVF influencent fortement le temps de travail. Le temps de préparation des repas peut varier du simple au double en fonction des exigences et des habitudes de la P.A.
Exemple :
Alice est ADVF en CESU chez M. et Mme Bruno. Mme Bruno lui demande de préparer pour leur repas de midi une ratatouille avec les bons légumes provenant du potager de son voisin. Alice pense qu'en 40 minutes, elle pourra s'acquitter de sa tâche et organise mentalement sa matinée. Elle incite Mme Bruno à l'aider, en lui proposant de découper les légumes en dés car la préparation des repas est un excellent moyen de faire participer les personnes. Les voilà au travail. Ce faisant, Alice se rend compte rapidement que Mme Bruno veut une préparation traditionnelle de la ratatouille. Il lui faut ébouillanter les tomates avant de les éplucher, puis faire revenir chaque légume séparément, ajouter des herbes aromatiques fraîches, etc. Résultat : Alice a mis 1 h 30 pour réaliser la recette de ratatouille de Mme Bruno, et elle doit reporter à demain le reste du travail programmé mais non réalisé. M. Bruno, ironique, n'a pas manqué de lui faire remarquer qu'en tenant compte du salaire en CESU et des charges sociales, le plat de ratatouille a finalement coûté très cher.

b. Développer son l'intervention, c'est :

Donner la priorité à la personne aidée

Pendant le travail :
- Veiller à respecter le confort, le bien-être de la personne.

« Téléphonez tranquillement, je passerai l'aspirateur plus tard ! »
- Maintenir une relation professionnelle (sourire, écoute, conversation).
- Rester attentif aux habitudes, aux vêtements…

« Je vais laver à la main cette robe qui vous va si bien, les couleurs resteront fraîches plus longtemps ! »
- Prendre soin de respecter, le rythme de la personne.

« Finissez votre petit-déjeuner, je vais d'abord faire la chambre, puis je m'occuperai de la cuisine ! »

- Maintenir une vigilance constante.

« Je vous accompagne jusqu'à votre fauteuil, avant de laver le sol, car après il sera glissant. »

Adopter un comportement d'éco-consommation (protéger l'environnement)

L'ADVF est comme tout citoyen, acteur du développement durable et, à ce titre, elle peut agir, par ses choix, sans pour autant bouleverser le mode de vie et le confort de la PA.

- Trier les déchets autant que possible : emballages, verres, papiers journaux, vêtements usagés et, si possible, déchets végétaux lorsque la PA possède un jardin.
- Économiser l'électricité en éteignant la lumière lorsqu'on quitte une pièce et inciter à équiper la maison d'ampoules basses consommation.
- Ne pas laisser couler les robinets inutilement.
- Privilégier les fruits et légumes de saison.
- Doser les produits d'entretien correctement
- Renouveler les produits ménagers en privilégiant les éco-recharges.
- Éviter le matériel jetable (type chiffonnettes dont l'efficacité réelle n'est pas prouvée).
- Adopter une conduite automobile apaisée ou préférer les transports en communs, etc.

Il existe des produits qui entraînent moins d'impacts sur l'environnement tout en conservant leur efficacité lors de l'utilisation. **Ce sont les éco-produits**.

Pour les connaître, voici quelques logos, ils signifient que les produits ont été contrôlés par des organismes indépendants répondant à des critères écologiques stricts et à des critères de performances rigoureux.

1/ L'Écolabel européen la « Fleur », créé en 1992, est la certification écologique officielle européenne.

2/ L'Union européenne et agriculture biologique est le label certifiant qu'un produit est issu de l'agriculture biologique pratiquée sur le territoire européen.

3/ Le label AB agriculture biologique est la marque du ministère de l'Agriculture.

1 2 3

Faire preuve de discrétion

L'indiscrétion est souvent involontaire de la part des professionnels du secteur social.

Elle provient surtout du besoin de chacun d'échanger, d'obtenir un autre point de vue que le sien, de se valoriser...

Dans le cadre de l'entreprise, la discrétion est règlementaire. La responsable ou la secrétaire qui obtient des informations nécessaires sur les clients n'a pas le droit de les diffuser.

Encore faut-il que ces informations soient nécessaires et qu'elles soient données en toute discrétion.

Exemple

À l'accueil de l'association Domiciladoré une ADVF discute avec la secrétaire tandis que Mme X., assise près de la fenêtre, attend la responsable de secteur.

La conversation entre l'ADVF et la secrétaire s'anime, elles parlent d'un client qui est bien malade disent-elles ; involontairement, Mme X. écoute, suit la conversation, elle n'a rien d'autre à faire... Rapidement le nom du malade est prononcé. Il se trouve que Mme X. connaît cette personne, mais elle ne savait pas qu'elle était malade, et il lui faudrait se boucher les oreilles pour ne pas entendre tous les détails de la maladie.

Dans le cadre de la famille, des amis, chacun de nous aime parler de son travail, mais l'ADVF, elle, ne peut en aucun cas entrer dans les détails et encore moins parler des clients chez qui elle se rend.

c. Terminer son intervention, c'est :

Effectuer une vérification de l'état des lieux

Les tâches prévues ont été réalisées. Chaque chose a été remise à sa place, la PA n'aura pas à chercher. L'ADVF a signalé à l'oral ou par écrit le manque de produits d'entretien. Un planning a été établi pour les jours suivants. L'ADVF et la PA évaluent ensemble la qualité du travail.

3 Le contexte professionnel

Chaque famille possède son matériel, qui peut être très moderne ou ancien, très perfectionné ou basique.

En cas de doute sur l'utilisation, l'ADVF demande des explications à son client et, si c'est insuffisant, prend soin de demander à consulter le mode d'emploi.

L'ADVF est une aide spécialisée qui aime le changement et sait s'adapter aux ustensiles du domicile où elle travaille.

III Compétence 12 : organiser les tâches domestiques avec la personne

1 Illustration

À l'association Domiciladoré la question de l'incitation à l'autonomie des PA occupe une place importante, la directrice a décidé de se faire aider par un psychologue pour animer un groupe de parole sur le sujet.
Dès le sujet annoncé, dans le groupe des salariés, les réflexions fusent de toutes parts.
« Elle ne fait rien ! » dit une première ADVF en parlant d'une de ses clientes, « Il ne lave même pas sa tasse ! » lance une autre aide à domicile, « Il laisse tout traîner, c'est moi qui fait tout ! » rétorque une troisième employée, « J'ai le sentiment que c'est général », poursuit-elle, « au fur et à mesure de nos interventions, nos clients en font de moins en moins ».
« Mais il ne faut pas avoir peur de leur demander quelque chose ! » répond une ancienne, « Sans la harceler et sans présenter cette participation comme une obligation, après tout, c'est une manière de maintenir la personne aidée chez elle ! » continue-t-elle.
« Oui » concèdent les autres, « Mais quelle énergie il faut déployer, il est souvent plus simple de faire le travail à sa place ». « Et attendre que la personne fasse à son rythme demande du temps ! », « Les personnes âgées ou handicapées ont besoin de sécurité. Quand les clients sentent que leur ADVF n'est pas disponible pour tout, ce n'est pas une bonne chose » ajoutent-elles. « Du coup, vous renonceriez assez rapidement à solliciter vos clients » reprend l'ancienne. « Sans faire de notre clientèle des "bagnards", entre le trop et le trop peu, il faut trouver le juste milieu. »
La psychologue prend la parole et approuve « l'ancienne ». Elle ajoute : « Cette distribution des rôles et des tâches n'est pas toujours simple, elle peut créer des tensions. Mais, vous, salariés êtes en réalité ambivalentes : d'un côté, vous voudriez inciter les PA à partager les tâches, mais d'un autre côté vous êtes intimement persuadées qu'une bonne professionnelle assume toutes les tâches. » Elle continue : « La tendance à ne pas laisser ou à ne pas inciter les personnes à accomplir certaines tâches, ou à les faire à leur place, est une façon inconsciente de les maintenir dans une certaine dépendance. » « Quand elles s'impliquent dans l'organisation de la maison, les PA ont le sentiment d'être toujours maîtresses chez elles. Et puis, elles restent attentives aux autres, en particulier à vous ADVF. » « Participer, dans la mesure de ses capacités, c'est continuer à avoir sa place et son rôle dans la société. »

② L'essentiel à retenir

a. Vite et bien, est-ce compatible ?

L'objectif est, autant que possible, de tendre vers cette expression.
Pour y parvenir, il faudra allier expérience et organisation. Si l'expérience vient peu à peu avec le temps, une bonne organisation demande réflexion et apprentissage. En arrivant chez le client, éviter toute précipitation, au contraire se donner un temps pour une préparation mentale de son intervention. C'est en se mettant en tenue que l'ADVF réfléchit à la manière dont elle va organiser son intervention.

b. Tenir compte des consignes du client

Les consignes peuvent être très claires et suffisantes pour que l'ADVF n'ait pas de questions à se poser, juste à effectuer les tâches l'une après l'autre comme le ferait n'importe quelle employée de ménage.
Cette situation est rare, elle n'est pas représentative du métier car l'ADVF est appelée à intervenir auprès de clients en difficulté (malades, handicapés, âgés) qui ont besoin de déléguer à la fois les tâches et l'organisation de celles-ci. Néanmoins, les consignes existent : « J'ai transpiré cette nuit, il faut changer mes draps », « Il faudra sortir mes vêtements d'été », « Ma voisine m'a apporté un panier de haricots verts ! ».
Pas question de passer outre, il faut répondre à la demande.

c. Tenir compte de l'état du logement

En arrivant chez son client, l'ADVF d'un coup d'œil rapide se rend compte de l'état de propreté du logement : la poussière n'a pas été faite depuis longtemps, le sol est sale, l'évier rempli de vaisselle à laver, etc.

- Si la situation est habituelle, elle entraîne l'organisation habituelle.
- Mais s'il y a du changement, « Que s'est-il passé dans la cuisine, elle est toute collante ? Ah ! la bouteille de sirop est tombée sur le carrelage et s'est cassée ! », l'organisation de l'intervention va donc être modifiée.

d. Tenir compte du temps imparti pour l'intervention

Une ADVF, même peu expérimentée, saura rapidement comment partager son temps entre les différentes pièces de la maison. Si elle dispose de 2 heures, elle pourra par exemple consacrer une demi-heure aux sanitaires, une demi-heure pour la chambre à coucher et le reste pour le salon, l'entrée, le couloir et la cuisine. Mais il faudra consacrer plus de temps que d'habitude à la cuisine car elle est aujourd'hui dans un piteux état. Voilà le calcul rapide qui peut être fait dans les minutes qui suivent l'arrivée de l'ADVF sur son lieu de travail.

Pour une organisation plus fine, une fois dans la pièce à nettoyer, il suffit de pousser plus loin la réflexion et de se demander quelles tâches sont à effectuer : par exemple, défaire et refaire le lit, secouer les tapis, dépoussiérer, aspirer, laver le sol et, s'il reste du temps, ranger la pile de journaux et de livres ou décrocher et laver les rideaux.

e. Tenir compte des tâches prioritaires

- S'il y a des consignes, elles sont prioritaires.
- Pour chaque pièce à nettoyer, voir quelles sont les tâches prioritaires surtout s'il y a beaucoup à faire et que l'on dispose de peu de temps. « Le lit est fait, je dois trouver le temps de nettoyer les vitres de la chambre, sales depuis la semaine dernière, suite à une pluie battante ».

f. Tenir compte de l'ordre des tâches

- La lessive sera toujours à effectuer en début d'intervention pour permettre l'étendage en fin d'intervention.
- Pareillement pour le petit plat qui doit mijoter une heure à feu doux si l'on veut qu'il soit prêt à midi.

L'ordre des tâches peut aussi dépendre du client : « Je ferai votre chambre pendant que vous prendrez votre petit-déjeuner puis je m'occuperai de la cuisine » ou de tout autre paramètre : « Secouons la couverture avant qu'il ne pleuve car le temps est menaçant ».

3 Toute activité ménagère suit ce schéma d'organisation

a. Préparation du matériel

Préparer le matériel pour éviter de multiplier les allers et venues, cette étape est importante sous peine de se reprocher ou de se voir reprocher de « brasser beaucoup d'air, mais au niveau du résultat... ». Ou alors : « Quand on n'a pas la tête, il faut avoir les jambes ».

b. Déroulement de l'activité

Lorsqu'on entreprend le nettoyage d'une pièce, il faut, dans la foulée, la faire complètement, pour ne plus avoir à y revenir. Toute action doit être entreprise avec intelligence et initiatives. Toute initiative doit être discutée avec le client. « Votre plante aurait besoin d'un peu d'eau, voulez-vous que je m'en charge ? ». « Il faudrait changer la nappe, il me semble qu'elle n'est pas très propre, qu'en pensez-vous ? ». Avertir absolument en cas de casse, par écrit s'il le faut, même s'il s'agit d'un petit objet sans importance, d'abord par correction et ensuite pour éviter toute accusation de vol ou autre.

c. Rangement

Il faut tenir compte des habitudes et des manies des clients. Le client est chez lui, s'il a disposé les objets d'une certaine façon c'est que tel est son plaisir, il faut donc remettre chaque chose exactement à sa place. Penser aussi que certaines personnes ont une mauvaise vue et risquent de ne plus trouver un objet mal rangé ou d'encourir un accident si un meuble a été déplacé.
Ranger aussi le matériel d'entretien et les produits.

4 Le contexte professionnel

La personne aidée est présente pendant l'intervention
Le cas est traité dans le chapitre se rapportant à la compétence 14.

La personne aidée n'est pas présente pendant l'intervention
Les personnes aidées font régulièrement des séjours hors de leur domicile : en hôpital, dans leur famille, en vacances, etc.
Le service de l'ADVF peut être maintenu si le séjour est court, si un animal est à nourrir (poisson rouge, chat...), s'il faut arroser les plantes vertes, aérer, ramasser le courrier, etc.
Le travail de l'ADVF est alors comparable à celui d'une employée de ménage, mais il englobe une certaine responsabilité du logement (fermeture des portes, réduire ou augmenter le chauffage, vider ou remplir le réfrigérateur...). Néanmoins elle organise son travail uniquement dans l'objectif d'être rapide et efficace.

Il faut savoir qu'en dehors de leur domicile, les personnes sont en général largement prises en charge : courses, préparation des repas, changement des draps, même leurs loisirs sont en général organisés, si bien que petit à petit elles perdent leur autonomie, et c'est tout un travail de les réadapter à leur vie à la maison après leur séjour, surtout si celui-ci a été de longue durée.

IV Compétence 13 : prévenir les risques domestiques et travailler en sécurité

1 L'ADVF veille à sa propre sécurité

Les accidents du travail peuvent survenir soit au domicile de la personne aidée, soit au cours des déplacements extérieurs pour faire les courses de celle-ci par exemple, soit encore sur le trajet séparant deux clients d'une même association.

Déclaration de l'accident du travail : la survenance d'un accident du travail oblige la victime et son employeur à accomplir un certain nombre de formalités déclaratives. La victime doit faire constater médicalement son état et en informer son employeur. L'employeur doit déclarer l'accident à la caisse primaire d'assurance maladie.

a. Prévention des accidents de trajet

Pratiquement toutes les aides à domicile utilisent leur véhicule pour aller travailler et se déplacer de domicile en domicile.
Les accidents de trajet arrivent lors des déplacements entre le domicile de l'ADVF et le domicile d'un client. Ils sont assimilés aux accidents du travail et demandent les mêmes démarches de la part de la victime et de la part de l'employeur.
Attention, si vous vous êtes arrêté sur le chemin du retour pour faire des courses et qu'après votre arrêt, vous reprenez votre véhicule et vous avez un accident, il ne s'agira pas d'un accident de trajet, puisque l'horaire du trajet de retour sera dépassé.
Il est préférable que l'ADVF ait un témoin lors d'un accident à l'extérieur, afin que l'heure de survenue soit clairement établie pour la Sécurité sociale, celle-ci décidant s'il s'agit bien d'un accident de trajet, selon les horaires de travail figurant sur les plannings tenus par l'employeur et sur les fiches de présence signées par l'aide à domicile.

Prévention

- Respectez absolument le Code de la route (obligations, limitations, interdictions) même si vous êtes pressé ou en retard.
- Maintenez à tout moment toute votre attention, surtout sur les trajets les plus connus car la distraction peut jouer des tours.
- Pas d'alcool en conduisant.

- Gardez votre calme et restez poli quel que soit le comportement d'autrui.
- Attention à l'assoupissement, le soir en rentrant en voiture, après une dure journée.
- Redoublez d'attention en cas de pluie et de vent violent…

b. Prévention des risques domestiques courants

Risques domestiques	Prévention de type I, II, III. *
Utilisation de couteaux de cuisine et autres objets contondants entraînant coupures et plaies	• Prévoir une trousse de secours • Avoir les numéros de téléphone d'urgence à portée de main
Changement d'une ampoule ou utilisation d'un appareil électrique entraînant une électrocution	• Vérifier que les fils électriques sont bien recouverts d'une protection isolante. Éteindre un appareil tout de suite après son utilisation • Pour débrancher, une main tient la prise, l'autre tient le bloc prise • Disjoncter avant un changement d'ampoule
Ménage en hauteur (chaise par exemple) ou monter et descendre un escalier entraînant une chute avec plaie, entorse, voire fracture	• Utiliser un escabeau • Porter des chaussures plates à semelles antidérapantes
Préparation des repas entrainant des brûlures plus ou moins importantes	• Utiliser des maniques ou des gants résistant à la chaleur
Balayage humide entraînant une chute avec plaies, entorse ou fracture	• Porter des chaussures fermées, à petits talons ou sans talons avec semelles antidérapantes • Attendre que le sol soit sec avant de passer
Rangement entraînant un trébuchement ou un choc avec plaies, entorse ou fracture	• Ranger, libérer les passages et les accès
Utilisation des produits d'entretien nocifs entraînant des lésions de la peau, des yeux ou des voies respiratoires	• Lire les étiquettes des produits avant de les utiliser • Préférer (ou demander) des produits non nocifs • Respecter les règles d'utilisation de l'eau de Javel • Porter des gants de ménage
Manipulation de charges lourdes ou d'objets encombrants – par exemple table à repasser, aspirateur, panier à linge, meubles entraînant des problèmes de dos ou des articulations	• Respecter les règles d'ergonomie • Diminuer les charges et faire plusieurs voyages • Se faire aider par quelqu'un • Utiliser du matériel d'aide (diable par exemple)

* Prévention de type I : éviter l'apparition
Prévention de type II : dépister
Prévention de type III : éviter les complications

c. Gestes et postures dans les activités domestiques

Pour éviter une dorsolombalgie, se souvenir des consignes préventives qui suivent.

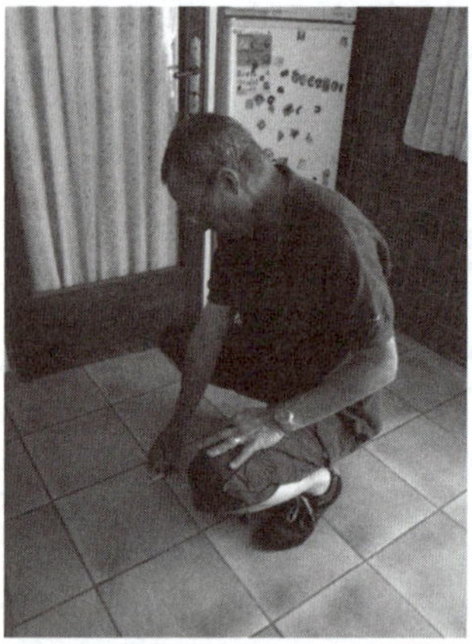

Ramasser un objet à terre en s'accroupissant

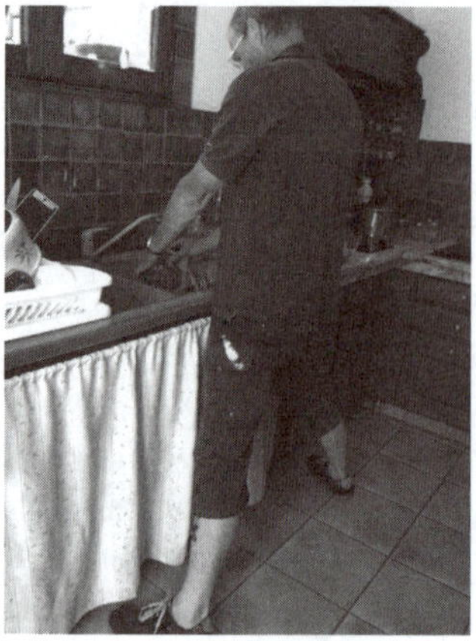

Écarter les pieds quand le bac à vaisselle est trop bas

Pour porter ou poser, enserrer la charge dos droit, jambes fléchies

Pour le port d'une charge posée au sol : ne pas plier son dos, mais plier ses jambes, dos droit verrouillé.

Le verrouillage lombaire s'obtient en contractant ses muscles fessiers et ses abdominaux.

Se rapprocher de la charge, s'assurer des prises.

Y associer l'effet de caisson : légère inspiration, bloquer sa respiration augmente la rigidité musculo-vertébrale avant de soulever la charge.

Pour porter ou poser 2 seaux, se positionner en fente entre les 2 seaux

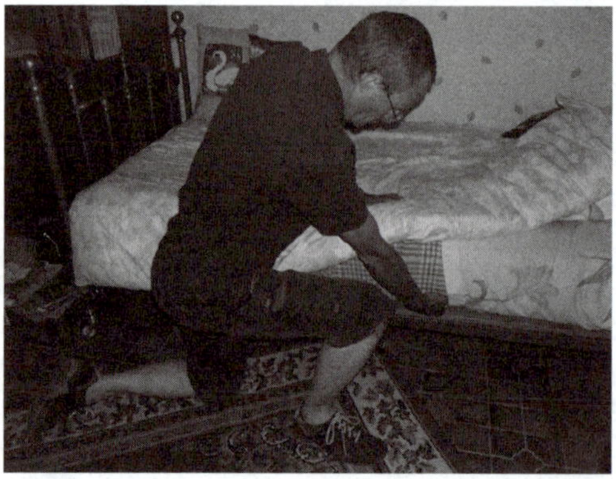

Un genou à terre pour border le lit

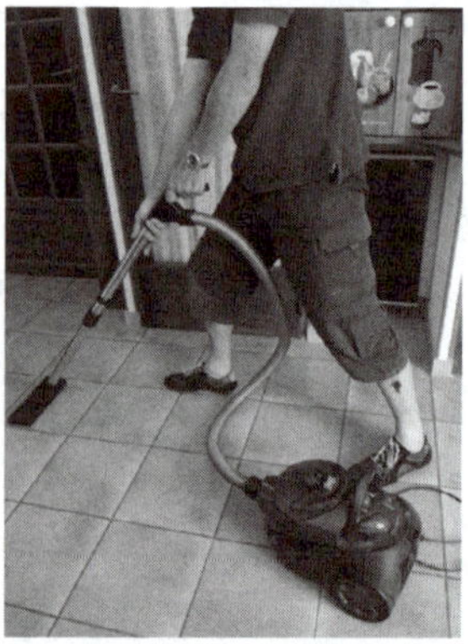

Position en fente pour passer l'aspirateur

d. Éléments d'anatomie et de physiologie de l'appareil locomoteur, principales atteintes et pathologies, facteurs aggravants

L'appareil locomoteur (os, articulations et muscles) permet la statique et le déplacement. Ses atteintes (240 947 cas en 2008 ; source INRS : Institut national de recherche et de sécurité pour la prévention des accidents du travail et maladies professionnelles) représentent 34,2 % des accidents du travail.

Les atteintes musculaires	
Les atteintes des fibres musculaires (de la plus légère à la plus grave)	
Principales pathologies	– Les courbatures – Les crampes – Les élongations – La déchirure musculaire ou le claquage
Causes	– Le surmenage physique – Le manque d'échauffement préalable ou un échauffement trop rapide – Un faux mouvement – Une compression des muscles – Des mouvements répétitifs – Un état de stress et de tension musculaire excessive
Les atteintes des tendons – les tendinites (ou tendinopathies) : inflammations des tendons	
Principales pathologies	Les tendinites affectent de très nombreuses parties du corps en particulier : *hanche*, *talon* (tendon d'Achille), *coude* (épicondylite ou tennis-elbow), *épaule*, *poignet* (syndrome du canal carpien), *pouce*, etc. La douleur gêne les gestes de la vie courante. Mal traitée la tendinite peut devenir tenace. Les fibres endommagées enflent, s'enflamment et la synovie (le liquide qui les lubrifie) se modifie. Le tendon ne coulisse plus avec aisance dans sa gaine et le frottement qui en résulte provoque des douleurs. Le tendon et sa gaine finissent par se coller l'un à l'autre et se calcifient, ce qui diminue la mobilité de l'articulation.
Causes	Sollicitation prolongée inhabituelle (gestes répétitifs pendant l'activité ou marche prolongée)
Les atteintes musculaires dues à traumatisme	
Principales pathologies	**Les contusions** : sensibles au toucher et douloureuses lorsque l'on bouge. **Les ecchymoses** : taches bleu violacé devenant par la suite jaunes puis verdâtres, c'est le signe d'un épanchement de sang sous la peau. **Les hématomes** : si la poche de sang est tenace et déforme la région atteinte, il s'agit d'un hématome. Suivant la zone touchée et les organes voisins, des complications peuvent surgir. Exemple : l'œil au beurre noir peut s'accompagner d'un décollement de la rétine.
Causes	Chute, coup, faux mouvements…

Les atteintes du gros muscle du cou	
Principales pathologies	Les torticolis
Causes	Mauvaise posture assise ou couchée Hernie discale ou arthrose cervicale

Prévention des atteintes musculaires

– S'échauffer à la manière des sportifs. S'étirer en douceur et sans forcer, pendant au moins dix minutes pour que la musculature soit préparée progressivement à l'activité de la journée. L'échauffement peut être considéré comme une sorte de rituel qui précède l'effort.
– Boire régulièrement pour compenser les pertes liées à la transpiration.
– Porter des chaussures confortables et adaptées à son activité évite bien des accidents.
– Faire des pauses régulières, alterner les tâches de manière à diversifier les gestes.
– Lorsque la douleur se fait sentir, cesser immédiatement l'activité et appliquer de la glace pendant dix minutes.

Les atteintes articulaires

Schéma d'une articulation

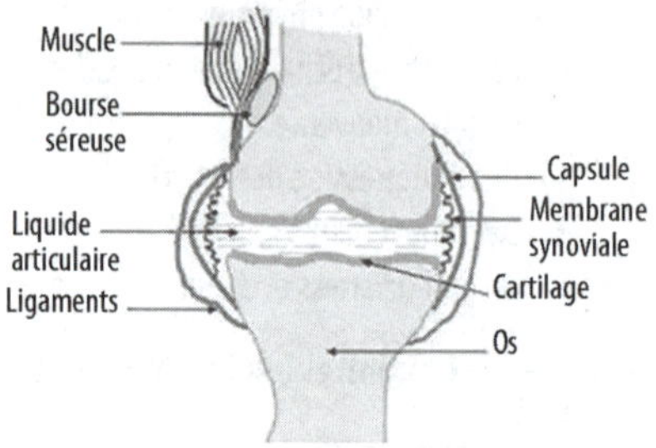

Les atteintes du cartilage	
Principales pathologies	**L'arthrose, ou rhumatismes**, est un vieillissement des articulations dû à l'usure. C'est une dégénérescence du cartilage. **Les arthrites** proviennent d'une inflammation ou d'une infection. On distingue des formes aiguës et des formes chroniques.
Causes	– L'obésité – Un traumatisme – Les activités physiques répétées de façon intensive

Les atteintes des ligaments	
Principales pathologies	**Les entorses** Un mouvement brusque et violent, accompagné de la torsion d'une articulation, peut provoquer une atteinte des ligaments qui la soutiennent. *Une foulure* est une entorse bénigne. Une entorse peut parfois s'accompagner du déboîtement de l'articulation. Il s'agit alors d'une *luxation*.

Causes	– Glissade, chute, porte-à-faux – La répétition de certains mouvements trop intenses – Le surpoids ou l'obésité (dans le cas du genou) – L'absence d'activité physique favorise la destruction du cartilage en diminuant l'apport d'oxygène au niveau de l'articulation – Le port de talons trop hauts (essentiellement dans l'arthrose du genou)

Prévention des atteintes articulaires

– Respecter les règles d'échauffement en début de journée.
– Acquérir de bons gestes techniques dans son activité professionnelle.
– Faire de l'exercice régulièrement. La marche et la natation sont recommandées.
– Éviter le surmenage.
– Bien se chausser.

Les atteintes de la colonne vertébrale
Le mal de dos (voir schéma p. 41)

Principales pathologies	Les *cervicalgies* au niveau du cou, les *dorsalgies* au milieu du dos et les *lombalgies* au bas du dos. **Le lumbago** (ou lombalgie aiguë) se manifeste par des douleurs subites et violentes dans la région du bas du dos (tour de reins). Celles-ci surviennent à la suite d'un geste un peu brusque ou lorsqu'on a soulevé une charge lourde. Elles sont parfois tellement fortes que tout mouvement du dos devient impossible. **Les douleurs sciatiques** : le nerf sciatique qui assure la transmission nerveuse vers les principaux muscles fessiers et des membres inférieurs est comprimé ; ces douleurs se ressentent à l'arrière de la cuisse et jusqu'au mollet ou au pied, bien que ces régions soient parfaitement saines. Dans certains cas, la douleur passe sur le devant de la cuisse et descend sur le côté de la jambe. L'**hernie discale** est une complication qui peut être la cause de modifications de la sensibilité (fourmillements, perte de la sensibilité, etc.).
Causes	– Un travail physique éprouvant, la sédentarité et le stress – De mauvaises postures – Des modifications des articulations vertébrales, liées à l'âge (arthrose) – Des malformations de la colonne vertébrale – Un tassement de vertèbres lié à l'ostéoporose

Prévention des atteintes de la colonne vertébrale

– Se tenir droit aussi bien debout qu'assis
– Porter les charges près du corps
– Éviter les torsions de la colonne vertébrale
– Adoptez des postures correctes en travaillant
– Se chausser convenablement
– Dormir confortablement
– Faire du sport
– En voiture, s'asseoir correctement

Les atteintes osseuses	
Principales pathologies	Le squelette est composé de 206 os différents, comme le crâne, le fémur, la clavicule, la colonne vertébrale, les côtes, la rotule, le péroné, le tibia, etc. La solidité des os est liée à l'importance de la masse osseuse, qui augmente au cours de l'enfance et spécialement à l'adolescence. Vers l'âge de 20 ans, nous avons constitué notre capital osseux. À partir de 35 ans, ce capital osseux diminue lentement, pour les hommes comme pour les femmes. *Les fractures* L'**ostéoporose** se caractérise par une diminution accélérée de la masse osseuse. L'os devient frêle et cassant. Une chute banale ou, plus rarement, un mouvement brutal peuvent entraîner une fracture.
Causes	– Le vieillissement – La ménopause

Prévention des atteintes osseuses

– Bien s'alimenter

Les produits laitiers, les amandes et autres graines, ainsi que les fruits séchés sont les principales sources de calcium. Les poissons gras apportent de la vitamine D et des acides gras oméga-3 qui interviennent dans l'absorption du calcium ainsi que sa fixation sur les os et aident à réduire son élimination dans les urines et les selles.

– Faire de l'exercice qui renforce la solidité des os, améliore l'équilibre et de ce fait limite les risques de chutes.

– Arrêter de fumer

Le tabac accélère la perte osseuse.

e. Prévention des risques infectieux

Les maladies microbiennes, virales ou parasitaires peuvent se transmettre de la personne aidée à l'ADVF (et *vice versa*) :

- Par contact direct avec des personnes atteintes de maladies infectieuses chroniques, en particulier pulmonaires (tuberculose, bronchite chronique), cutanées (staphylocoques, gale...).
- Par contact au niveau de petites plaies des mains avec des objets de soins médicaux souillés (en mettant un pansement à la poubelle par exemple, mais ceci ne devrait pas survenir, car le personnel soignant doit s'occuper des déchets souillés).
- Par contact avec les animaux domestiques de la personne (parasitoses...).

Prévention

- Avoir des vaccinations à jour et une surveillance médicale régulière.
- Respecter une bonne hygiène des mains :

- protéger les petites plaies ;
- lavage régulier en arrivant au domicile, avant et après chaque tâche, en partant du domicile ;
- lavage soigneux après chaque tâche au contact d'objets souillés (tel le linge après le change) et avant de quitter le domicile de la personne âgée.

Le lavage des mains
Les mains sont le premier vecteur de transmission des infections (80 % des infections sont manuportées).
L'hygiène des mains est le moyen simple et efficace de luttes contre les infections.
Pour nettoyer ses mains de façon efficace, il faut :
- enlever ses bagues et autres bijoux ;
- utiliser de l'eau chaude et se mouiller complètement les mains ;
- savonner et bien faire mousser ;
- frotter ses mains, dessus et dessous, les poignets et aussi entre les doigts ;
- nettoyer le dessous des ongles ;
- rincer abondamment ;
- sécher ses mains par tamponnements avec une serviette propre et sèche.

Dans les activités de la vie quotidienne, au minimum, chacun se lave les mains :
- AVANT le repas ou avant de faire la cuisine ou de toucher aux aliments ;
- APRÈS avoir éternué ou toussé ;
- APRÈS s'être mouché ;
- APRÈS être allé aux toilettes ;
- APRÈS avoir touché un animal ;
- APRÈS avoir touché au linge sale ou avoir fait une activité de nettoyage ou de jardinage...

2 L'ADVF veille à la sécurité de la personne

a. Éviter les accidents domestiques

Éviter les chutes

La chute est l'accident le plus fréquent à domicile. Les personnes âgées ou en perte d'autonomie en sont souvent victimes pour les raisons suivantes :

- éclairage insuffisant ;
- sol glissant ;
- sol encombré ;
- problèmes de santé (baisse de la vue, troubles de l'équilibre, malaises).

Par mesure de prévention, l'ADVF peut encourager son client ou sa famille à aménager son domicile, en installant des barres d'appui dans la salle de bains par exemple, ou une rampe d'escalier, et en ajoutant des éclairages dans un couloir ou un recoin trop sombre.
Elle conseille la PA sur la façon de se chausser.
Par mesure de sécurité et en concertation avec la personne, l'ADVF retire les descentes de lit qui glissent ou les tapis non fixés au sol. Elle demande un tapis antidérapant à mettre au fond de la douche ou de la baignoire. Elle range au fur et à mesure le matériel de ménage, enroule les fils électriques qui traînent, dégage les lieux de passage vers les portes. Elle

prévient quand elle lave les sols et n'utilise pas de cire. Dans la cuisine, elle range à portée de main les ustensiles les plus utilisés.

b. Éviter les risques infectieux

L'aide à domicile peut faire courir un risque infectieux à la personne aidée en apportant à son domicile un virus, la grippe par exemple. Certaines vaccinations ont donc un intérêt réciproque.

3 L'ADVF veille à la sécurité de l'environnement

Respecter les recommandations d'utilisation et de stockage des produits dangereux

Les nouveaux symboles de danger pour la santé utilisés depuis 2011

Ces pictogrammes ont la forme d'un carré debout sur la pointe et comportent un symbole en noir sur fond blanc dans un cadre rouge afin d'être suffisamment visible.

Découvrez les 9 nouveaux pictos (utilisation obligatoire depuis décembre 2010)

	Ces produits ingurgités, empoisonnent rapidement, même à faible dose. Nausée, maux de tête, vomissement, perte de connaissance et autres troubles plus importants pouvant entraîner la mort. Exemples : détachants, désinfectants, peintures...
	Ces produits sont des gaz sous pression, ils peuvent exploser sous l'effet de la chaleur, ils peuvent occasionner des brûlures liées au froid.
	Ces produits peuvent causer des brûlures graves au contact de la peau et des muqueuses. Ne pas respirer les vapeurs de ces produits et éviter tout contact avec les yeux, la peau et les vêtements. Exemples : soude caustique, déboucheurs chimiques.

Ces produits peuvent provoquer ou aggraver un incendie, ou même provoquer une explosion s'ils sont en présence de produits inflammables. On les appelle des produits « comburants ».
Exemples : comprimés de Javel, eau oxygénée.

Ces produits s'enflamment en présence d'une flamme, d'une étincelle ou d'une source de chaleur (taque électrique). Il faut les manipuler loin de toute flamme ou étincelle. Un tel produit doit être conservé à l'abri de la chaleur dans une zone ventilée et éloignée de tout comburant. Exemples : acétone, éther.

Ces produits peuvent exploser au contact d'une flamme, d'une étincelle, d'électricité statique, sous l'effet de la chaleur, d'un choc, de frottements.
Exemples : aérosols de tous genres, même vides.

Ces produits provoquent des effets néfastes sur les organismes du milieu aquatique (poissons, crustacés, algues, autres plantes aquatiques...).
Exemple : mercure.

Ces produits rentrent dans une ou plusieurs de ces catégories :
- produits cancérogènes : ils peuvent provoquer le cancer ;
- produits mutagènes : ils peuvent entraîner des dommages sur la personne exposée ou sur sa descendance (enfants, petits-enfants...) ;
- produits toxiques pour la reproduction : ils peuvent avoir des effets néfastes sur la fertilité et sur le fœtus (malformations) ;
- produits qui peuvent altérer le fonctionnement de certains organes comme le foie, le système nerveux... Selon les produits, une seule exposition suffit ;
- produits qui peuvent entraîner de graves effets sur les poumons et dans les voies respiratoires ;
- produits qui peuvent provoquer des allergies respiratoires (asthme, par exemple).

Ces produits chimiques peuvent avoir les effets suivants :
- ils empoisonnent, à forte dose ;
- ils sont irritants pour les yeux, la gorge, le nez ou la peau ;
- ils peuvent provoquer des allergies cutanées (eczéma) ;
- ils peuvent provoquer une somnolence ou des vertiges.

Pour aller plus loin : www.9pictos.com

Les produits ménagers

Rangement et stockage des produits ménagers

• Ne réclamer ou n'acheter que le strict minimum.
• Prévoir un endroit ventilé, à température ambiante et hors de portée des enfants (en hauteur).
• Éviter un transvasement non étiqueté et surtout dans un récipient alimentaire.

Manipulation, utilisation

• Lire attentivement les étiquettes (surtout si un des symboles cités ci-dessus apparaît).
• Repérer les risques.
• Respecter les indications de dosage, dilution, rinçage.
• Utiliser des gants de ménage en bon état.
• Ouvrir avec précaution, en évitant de respirer directement le produit.
• Ne pas hésiter à aérer, surtout en présence de jeunes enfants, de personnes âgées, de femmes enceintes, d'insuffisants respiratoires qui sont plus fragiles.
• Utiliser la quantité requise, un surdosage n'améliore pas nécessairement l'efficacité.
• S'abstenir de faire des mélanges qui peuvent par ailleurs s'avérer dangereux.
• Après emploi, jeter les emballages, flaconnages vides refermés, au tri sélectif.

Intoxication accidentelle

• Environ 18 % des accidents professionnels ont pour origine la mauvaise utilisation des produits.
• Projection dans l'œil : paupière ouverte, rincer 10 minutes sous un filet d'eau.
• Renversement sur les habits : éviter le contact avec la peau ; enlever le vêtement et le rincer abondamment.
• Ingestion : ne rien boire, ne pas se faire vomir, alerter !
• Inhalation : aérer, s'aérer.

Ne pas hésiter à contacter le centre antipoison car la santé de la victime en dépend.

Ce qu'il faut savoir sur l'eau de Javel

L'eau de Javel détache, désinfecte, blanchit et désodorise, mais elle ne nettoie pas.
Elle est bactéricide, fongicide (tue les champignons) et virucide.
L'eau de Javel et son concentré doivent être stockés à l'abri de la lumière de la chaleur et de la portée des enfants.
Le berlingot qui titre 48 ° de chlore doit être dilué dans ¾ de litre d'eau froide de manière à obtenir 1 litre à 12 ° de chlore nécessaire et suffisant pour la désinfection.
Les bouteilles utilisées doivent être étiquetées « EAU DE JAVEL » (ne pas utiliser de bouteilles typiquement alimentaires [eau minérale, jus de fruits]).
Avant de désinfecter une surface, il faut d'abord la nettoyer, puis la rincer. L'eau de Javel est ensuite utilisée seule (ne jamais la mélanger avec un autre produit sous peine de dégagement d'un gaz toxique).

Le port de gants de ménage

Pour éviter une allergie aux composants chimiques, le port de gants de ménage est fortement recommandé. Celui-ci doit être précédé et suivi par un lavage des mains pour éliminer un maximum de microbes et de transpiration.
Les gants eux-mêmes devront être nettoyés, rincés et séchés avant de resservir.

V Compétence 14 : respecter l'intimité, les goûts et habitudes de la personne

La relation qui s'installe entre l'ADVF et les personnes fragiles à leur domicile, même lorsque l'activité consiste en de simples tâches ménagères, dépasse celle qui existe entre le particulier et tout autre professionnel. La qualité des liens obligatoires engendrés par la proximité du travail à domicile est la garantie d'un accompagnement réussi.

1 Illustration de la compétence : Marie, ADVF, travaille chez madame Nerva

Mme Nerva est malade depuis plusieurs mois. Elle est atteinte d'une longue maladie, sa vie est rythmée par les consultations, les examens, les phases de traitement...

Rapidement l'association Domiciladoré lui a envoyé Marie, jeune ADVF diplômée, pour l'aider dans ses tâches ménagères.

Lorsque Marie se rend chez Mme Nerva, elle ne sait pas à l'avance comment elle va s'organiser.

Mme Nerva sera-t-elle présente à son domicile ? Souvent, elle doit se rendre à l'hôpital et part de bonne heure en taxi, soit en consultation, soit pour un traitement.

Quand Mme Nerva n'est pas là, Marie va chercher la clé de son appartement chez la voisine. Dans ce cas, Marie se met à l'aise pour travailler et elle effectue ses tâches de rangement et de nettoyage en pensant au retour de Mme Nerva.

Tenir compte de la fatigue de sa cliente de retour de l'hôpital, de l'abattement aussi, de l'envie de baisser les bras devant la maladie, ce sont les objectifs de Marie dans son travail. Elle veille à respecter les habitudes de rangement et apporter un maximum de confort à sa cliente. Elle lui prépare un repas froid prêt à manger dans le réfrigérateur. Elle tire les rideaux pour laisser rentrer la lumière et elle met en valeur une belle plante qui commence à fleurir. Ainsi le logement est accueillant. Pour terminer, elle dépose le courrier sur la table et avant de partir, elle laisse un petit mot d'encouragement.

Aujourd'hui, Mme Nerva est présente à son domicile, Marie va comme d'habitude lui souhaiter le bonjour et passer quelques minutes avec elle avant d'organiser son intervention. Marie sait que certains moments sont difficiles à gérer pour un malade.

2 L'essentiel à retenir

Lorsqu'on travaille comme ADVF et que l'on est chargée uniquement de tâches ménagères, il est nécessaire de ne pas confondre le « travail contractualisé » et le « travail à réaliser ».
Le travail contractualisé est celui défini par l'employeur de l'ADVF, il s'appuie sur une liste de tâches, des procédures et des consignes.
En revanche, le travail réel à réaliser, c'est ajouter « ce quelque chose en plus » le plus souvent invisible, mais qui est largement ressenti, pour que « ça marche », c'est-à-dire pour instaurer une relation empathique.

a. La personne aidée est présente pendant l'intervention

Être attentif et respecter ses habitudes

Pour être efficace, il faut s'habituer à se concentrer, être actif mentalement ici et maintenant pour comprendre la demande ; chaque intervention chez un nouveau client demande un nouvel investissement. Peu importe pour lui qui vous avez vu avant ou qui vous verrez après : il vous veut pour lui sans partage ou à l'inverse vous souhaite transparente. La réussite de l'intervention, l'intérêt au travail, l'envie de faire plaisir motivent fortement le comportement pour personnaliser le service rendu.

Contre-exemples et phrases assassines ! (à ne pas suivre !)

L'aidant rentre dans la chambre pour refaire le lit et se trouve nez à nez avec le client à moitié nu qui s'habille.
« Continuez, faites pas attention à moi, je vais refaire le lit ».
« Choqué ? Moi ?... Vous savez, des fesses, j'en vois tous les jours ».
Même dépendantes, les personnes âgées ou handicapées doivent continuer à exercer leurs droits et bénéficier de leur liberté de citoyens.
Elles doivent en particulier garder leur place de décisionnaire dans leur propre maison, au contact avec le personnel d'aide (l'ADVF par exemple) et les intervenants extérieurs.

b. La personne n'est pas disposée à participer aux activités

Chaque personne appréhende la vie de manière différente, selon son histoire, sa personnalité, ses relations familiales, sociales, professionnelles et, à ce titre, elle exprime des sentiments, des besoins, qui lui sont propres.
La personne aidée peut voir venir une aide extérieure (l'ADVF) comme une bénédiction, mais elle peut aussi la considérer comme un envahissement obligatoire de son existence provoquant une suite de désagréments.
Ce n'est pas chose facile pour l'ADVF de comprendre la personne pour qui elle travaille. Elle doit être particulièrement à l'écoute au cours des premières interventions pour capter le sentiment profond de la PA à l'égard de sa présence.
« Je vous attendais » est différent de « Vous voilà ! C'est vrai, aujourd'hui c'est jeudi » !

« Faites attention à la lampe de ma grand-mère, elle m'est si chère ! » est différent de « Je préfère que vous ne touchiez pas à cette lampe ! »

La sensibilité de l'ADVF risque d'être mise à rude épreuve lorsqu'elle se rend compte qu'elle n'est pas la bienvenue au domicile et qu'elle dérange.
Mais elle doit comprendre que ce n'est pas sa personne qui dérange, c'est l'exercice de sa profession qui dérange, comme peut déranger un dentiste qui fait mal avec la roulette ou un propriétaire qui vient chercher son loyer.

De la même manière que le dentiste va chercher à soigner sans douleur, l'ADVF va, par des attentions et des gestes simples, chercher à « alléger son intervention » par une recherche de discrétion :

- Se mettre d'accord à chaque intervention sur l'ordre des pièces à nettoyer.

« Je ferai votre chambre pendant que vous déjeunerez et le salon pendant que vous serez à la salle de bains. »

- Ne pas imposer la conversation lorsqu'elle n'est pas souhaitée, éviter de retenir l'attention pour des broutilles.
- Faire preuve d'une grande autonomie et d'initiatives pour ne pas déranger.
- Limiter les allers et venues dans la pièce où se trouve la PA.
- Éviter le bruit, les questions, les commentaires... Bref, éviter de se faire remarquer.

Comprendre la PA lorsqu'elle fait une demande implicite.
Répondre à une demande implicite, c'est aussi faire preuve d'empathie.

Quel aidant n'adhère pas à ces recommandations ? Il préfère de loin ce contexte aux trois situations suivantes.

Cas n° 1

Chez Monsieur E. (45 ans) ce ne sont que grossièretés quand il parle. Mal éduqué, il est familier avec le sexe « faible » qu'il tutoie. Il se néglige, ne participe en rien et prend l'aidant pour sa « boniche ». Il n'aime pas la discipline et fume comme un pompier. En état d'ébriété, la moitié du temps, c'est pourtant là où il est le plus gentil car P. se confond en excuses avec les larmes aux yeux.

Cas n°2

Pour Mme D. (65 ans), les journées se succèdent tristes, monotones. Le plus souvent elle reste dans l'obscurité, assise dans un fauteuil défoncé. Elle n'a aucune activité, aucun but. N'ayant pas d'opinion et de nature craintive, elle laisse l'aidant prendre des initiatives sans jamais contester. Depuis deux ans elle refuse de sortir de chez elle. Très polie et toute menue elle ressemble à un petit moineau effarouché.

Cas n°3

Avec Monsieur R. (85 ans), l'aidant a peur de bouger tellement sa maison ressemble à un petit musée. Suspicieux, Monsieur R. contrôle tout. Il râle pour un rien, cherche la petite bête, le ménage n'est jamais assez bien fait. Hostile au changement, il donne son avis sur tout et rien. Il exagère, s'emporte. Il dit blanc un jour, noir le lendemain. Pour autant lorsqu'on lui parle d'antiquités, son visage se détend, ses petits yeux pétillent.

Trois cas différents, complexes, décourageants et attachants à la fois. Trois situations où on ne peut ignorer la PA et où l'aidant arrive comme dans un jeu de quilles ! Sacré challenge pour qui s'y colle !

La personne aidée participe autant que possible aux activités

L'ADVF, même uniquement missionnée pour des tâches ménagères, doit avoir à l'esprit que la maladie comme le grand âge ou le handicap, peuvent être source de souffrance physique mais aussi psychologique.
L'angoisse du lendemain, la perte de repères, l'altération de l'image, la difficulté à communiquer avec ses proches sont autant de facteurs qui peuvent déstabiliser les personnes aidées. La personne aidée peut se montrer distante, bougonne et complètement passive.
D'un autre côté, si la personne est décidée, si elle se sent en forme, elle peut entreprendre des tâches qui lui tiennent à cœur et qu'elle est obligée de confier habituellement à l'ADVF.
Chaque intervention de l'ADVF est spécifique. L'ADVF doit s'organiser en fonction de la personne et avec elle, sans état d'âme.
Exemples :
Marie arrive chez sa cliente, Mme Nerva, elle la trouve en bien meilleure forme que la veille et constate qu'elle a fait son lit et rangé sa salle de bains. Marie est perplexe. D'un côté, elle est amère, elle n'a plus rien à faire et il ne lui reste plus qu'à rentrer chez elle ! Mais elle se ravise et félicite Mme Nerva : « C'est formidable d'avoir pu abattre tout ce travail, je vais pouvoir consacrer mon temps à d'autres tâches ! Je vous propose de faire les vitres de la porte-fenêtre de votre séjour, voilà plusieurs jours que je le souhaite, mais jusqu'à présent je n'ai pas trouvé le temps de le faire. Qu'en pensez-vous ?
L'aidant est en accord avec l'aidé et avec la tâche (congruence), il sait prendre du recul.
L'aidant doit rester professionnel en toute occasion.
Même si faire à la place gagnerait en temps et en résultat, la règle est d'aider, sans prendre la place.
Mme S. a les mains déformées par l'arthrite pourtant elle fait la cuisine avec son ADVF. Non seulement elle dirige les opérations, mais elle tient à éplucher les légumes et à couper la viande, au point que quelquefois l'ADVF intervient avec autorité (et diplomatie) pour éviter l'accident.
Même si faire à la place gagnerait en temps et en résultat, la règle est d'aider juste ce qui est nécessaire, en laissant ce que la personne est en capacité de faire.

c. L'ADVF se trouve dans un contexte culturel éloigné du sien

L'ADVF doit donc accepter que ses propres valeurs soient remises en question, qu'il puisse exister d'autres manières de voir les choses très éloignées de ce qu'elle a reçu dans son éducation, entraînant des rituels, des obligations ou des interdits en matière de pratiques ménagères ou alimentaires.
Reconnaissons que c'est quelquefois plus facile à accepter en théorie qu'en pratique. Voici quelques exemples :

- travailler chez un couple homosexuel ;
- accepter un compost à base de lombric dans la cuisine ;
- utiliser deux réfrigérateurs chacun recevant des aliments strictement différents...

3 Démarche intellectuelle

La méthode SORA peut cerner le sujet

SITUER — Se concentrer pour faire abstraction de soi et se focaliser sur la position de la PA par rapport à l'entretien de son environnement.

OBSERVER — Étendue des habitudes (alimentaires, vestimentaires, hygiène...).
Rituels, manies ?
Prendre le temps de bien comprendre au risque d'interpréter.
Éviter l'amalgame entre culture et éducation, rester objectif.
Les propos tenus sont-ils en phase avec la réalité ? La déchéance étant mal acceptée, la PA nie l'évidence et reste dans ses illusions.
Quel impact affectif accorde la PA à son cadre de vie ?
Quels sont les lieux, les meubles, les objets, particulièrement intimes ?
La PA a-t-elle les ressources physiques et psychiques de participer si elle le souhaite ?

RÉFLÉCHIR — Est-ce que la demande concorde avec les compétences de l'aidant ?
Cela nécessite-t-il des efforts d'adaptation ? de mémorisation ?
S'organiser mentalement pour le déroulement de l'intervention.

AGIR — Tout au long de l'intervention, faire la navette entre gestuelle et comportement pour être attentif à la PA et respecter ses habitudes.

Les 10 commandements de l'aidant

1 Priorité au savoir-être avant le faire, tu accorderas.
2 Avec méthode, le contexte tu cerneras.
3 Tes capacités relationnelles tu déploieras.
4 L'impact affectif et intime des tâches domestiques chez la PA, tu considèreras.
5 Le souhait de participer tu accueilleras.
6 Dans la limite de tes compétences tu agiras.
7 Tes capacités organisationnelles tu mobiliseras.
8 Même pour l'exécution des tâches ménagères, tu individualiseras.
9 Sur le respect des goûts, choix, discrétion, en final tu t'évalueras.
10 Par le recul, l'expérience professionnelle, la formation continue, tu t'amélioreras.

VI Compétence 15 : mettre en œuvre les techniques et gestes professionnels appropriés dans l'entretien du logement, du linge, la préparation des repas et des courses

1 L'entretien du logement

a. L'hygiène domestique

Objectifs de l'hygiène domestique

L'hygiène domestique a deux objectifs :

- prévenir les maladies des habitants de la maison ;
- accroître leur bien-être.

Une bonne hygiène ne consiste pas à éliminer toutes les bactéries, poussières et acariens de la maison, mais à limiter leur nombre afin de les rendre inoffensifs.

Même les surfaces les plus nettes abritent des micro-organismes, des bactéries et des germes invisibles à l'œil nu. Jusqu'à un certain point, ceux-ci ne représentent aucun danger pour une personne en bonne santé.

Ces micro-organismes sont : les bactéries, les champignons, les mousses microscopiques, les poussières (pollens et débris microscopiques), les acariens.

Manque d'hygiène et trop d'hygiène entraînent des risques pour notre santé

D'une part, les germes peuvent avoir des conséquences désagréables (vomissements, diarrhées, allergies, etc.) pour les personnes affaiblies en raison d'une maladie, ainsi que pour les enfants en bas âge et les personnes âgées.

D'autre part le recours quotidien aux nettoyants ménagers à effet désinfectant peut aussi provoquer des allergies, eczémas, etc., et par ailleurs, une diminution de l'efficacité du système immunitaire.

Enfin les nettoyants ménagers polluent considérablement notre environnement. Ce sont des milliers de tonnes de produits nocifs contenus dans les produits de ménage, de nettoyage et d'entretien issus des foyers privés qui sont évacués chaque année par les eaux usées.

Les endroits sensibles de la maison

Les micro-organismes se rencontrent surtout dans les toilettes, dans la salle de bains, dans la cuisine et dans les textiles de la maison.

Dans la salle de bains et dans les toilettes : l'humidité de l'air, la température ambiante, les résidus de substances organiques (ex. : particules de peau, cheveux, bactéries fécales dans les W.-C., etc.) favorisent la prolifération bactérienne.

Les poussières et les acariens se rencontrent dans les textiles : doubles rideaux, moquettes, tapis, ils prolifèrent dans la literie.

Transmission des germes

Les bactéries peuvent se transmettre à l'homme par le contact avec des surfaces infestées, par voies respiratoires ou en consommant des denrées alimentaires contaminées.

Limiter la prolifération des germes

– Nettoyer

Les détergents sont normalement bactéricides et conçus pour assurer et préserver un équilibre hygiénique dans toute la maison. En effet, ils éliminent la saleté visible, mais aussi le terrain propice à la prolifération des germes.

– Sécher

Sécher tout ce qui vient d'être nettoyé avec un linge propre et sec afin de supprimer toute trace d'humidité qui entraînerait une nouvelle prolifération immédiatement.

– Aérer

Par crainte de refroidir la maison, on calfeutre portes et fenêtres.

Pour éviter d'offrir aux passants des façades à la napolitaine (avec linge et literie qui pendent aux fenêtres), on n'aère ni ne secoue les textiles.

Il faut pourtant que la maison respire pour éliminer la poussière, éviter l'humidité et les moisissures qui se développent et prévenir la prolifération des acariens.

Aérer est un geste simple qui ne pollue pas, ne consomme pas et ne demande aucun travail, puisqu'il suffit d'ouvrir en grand les fenêtres le plus souvent possible.

Protéger l'environnement

Nous nous révolterions à l'idée de boire de l'eau contenant des traces de produits nettoyants, mais pourtant, chaque fois que nous utilisons des produits chimiques dans la maison, nous les rejetons au final dans nos sources d'eau potable.

C'est pourquoi il faut lire attentivement les étiquettes des produits et respecter un bon dosage et toutes les précautions d'une bonne utilisation.

Et pour aller plus loin...

– Rechercher les nettoyants de ménage à base de produits naturels moins toxiques que les dérivés du pétrole.

– Ne pas oublier la traditionnelle « huile de coude ». C'est parfois le meilleur nettoyant qui soit, et un peu de récurage énergique donne souvent de meilleurs résultats que les produits chimiques.

– Ne pas mélanger les produits, certaines combinaisons de produits chimiques peuvent s'avérer très dangereuses.

– Attendre d'avoir une pleine charge avant de mettre en marche le lave-vaisselle ou la machine à laver afin de réduire la quantité de détergent utilisée et d'économiser de l'électricité.

b. Méthodologie pour bonne hygiène domestique

- **Préparez votre matériel**

Rassemblez tout votre matériel dans un bac en plastique muni d'une poignée, pour pouvoir le transporter partout avec vous. Cela vous évitera de perdre du temps en allant chercher un produit oublié par exemple dans une autre pièce.

- **Économisez vos gestes et vos allers et venues**

Faites le ménage dans le logement ou la maison en un seul circuit. Travaillez pièce après pièce, en commençant par le fond et en allant vers la porte et ne sortez de la pièce que quand vous avez fini. Évitez de revenir sur vos pas, ne travaillez pas en étoile.

- **Travaillez de haut en bas et du plus propre au plus sale**

La poussière délogée retombe plus bas. En intégrant ces principes dans vos gestes, vous n'oublierez rien et irez plus vite.

- **Nettoyez uniquement ce qui est sale**

Il faut rester efficace, si quelques traces restent sur un miroir, ne nettoyez que ces dernières, inutile de faire tout le miroir.

- **Prenez soin du matériel de nettoyage**

Le matériel de nettoyage doit être bien entretenu, autrement il ne rendra pas les services voulus. Veillez à toujours remettre un accessoire à sa place.

c. Techniques professionnelles

Le dépoussiérage et le nettoyage dans les pièces sèches (entrée, salon, salle à manger, chambre, couloir...)

En procédant comme indiqué précédemment : partez du fond de la pièce, reculez vers la porte, sans jamais revenir en arrière, travaillez de haut en bas, zone par zone que vous traitez entièrement avant de passer à la zone suivante.

Le matériel nécessaire (mais il faudra s'adapter à chaque domicile) :

- Plumeau et/ou tête de loup rétractable
- Nettoyant toutes surfaces et multi-usages
- Brosse à textiles
- Brosse à dents usagée
- Éponge avec un côté grattant
- Chiffon microfibre
- Torchons de nettoyage en coton
- Sac poubelle pour les détritus récupérés au passage

Placez l'ensemble du matériel dans un seau par exemple, ou un bac, et maintenez-le toujours à portée de main.

Contre la poussière, les deux arguments sont le chiffon microfibre qui attire vraiment toutes les particules et le plumeau qui, grâce à son manche, pour les parties trop hautes et les parties trop basses, vous évitera de monter sur un escabeau ou de vous accroupir. Il vaut mieux éviter les lingettes jetables qui sont coûteuses et qui augmentent la masse des déchets domestiques.

Pour nettoyer toutes les surfaces et tous les objets, vaporisez un peu de nettoyant multi-usages, frottez avec un torchon ou une éponge, ou encore avec une brosse à dents, selon le type de saleté à éliminer, et séchez.

Une règle : vaporisez très peu de produit, frottez, essuyez jusqu'à faire briller.

Le déroulement :

En hauteur

– Retirez les toiles d'araignée et la poussière à l'aide du plumeau ou d'une tête de loup à long manche.

– Puis en descendant, passez le plumeau autour de l'encadrement des portes et en haut de la porte, sur les tableaux, leurs cadres et dessous, les appliques murales, lustres, bref tout ce qui est accroché en hauteur.

– Repérez les traces sur les murs et nettoyez-les avec le liquide multi-usages.

– Les petits objets délicatement travaillés, les rainures des appareils électriques seront dépoussiérés avec le chiffon micro-fibre.

– Vérifiez la propreté des miroirs et des cadres en verre en passant votre doigt dessus. Pour vérifier que le miroir est éclatant, examinez sa surface en vous mettant de biais.

En descendant

– Traitez la surface des tables et des meubles selon leur nature, vitre, bois ou autre matériau. Si le bois est ciré, utilisez un chiffon doux spécifique.

– Les détritus divers, mégots, etc., iront dans le sac poubelle, qui lui-même sera jeté à la fin du ménage.

– Dépoussiérez les assises, accotoirs, arrières des fauteuils et canapés avec la brosse, soulevez les coussins et dégagez toutes les miettes et saletés avec la même brosse.

– Les tentures seront dépoussiérées avec la brosse.

– Pensez aux plantes vertes. Passez un chiffon humide sur les feuilles en commençant bien sûr par le haut.

– Même traitement pour les étagères et les livres avec le plumeau.

– Le téléphone, la télévision (sauf l'écran) seront nettoyés au liquide multi-usages, en prenant soin de vaporiser le torchon et non l'appareil.

En bas

– Éliminez la poussière sur les plinthes et sous les meubles avec le plumeau, là où l'aspirateur ne passe pas. Frottez autour des pieds des meubles à l'aide du chiffon et au besoin de la brosse à dents qui passe mieux dans les recoins.

– Quand vous arrivez près de la porte, vérifiez la poignée et nettoyez-la (nettoyant multi-usages et torchon pour essuyer et sécher) ainsi que la plaque de la poignée. Si les interrupteurs sont sales, nettoyez-les à l'aide de la brosse à dents et du torchon, ainsi que les prises de courant.

À la fin de la séance, les chiffons et torchons iront en machine, l'éponge sera rincée, le plumeau secoué à la fenêtre en faisant attention à ne gêner personne.

L'utilisation de l'aspirateur

L'aspirateur est surtout recommandé pour les tapis et moquettes ou pour tout logement inhabité (à cause du bruit qui risque de déranger). Il est recommandé de le passer deux fois par semaine. Pour plus d'efficacité, il faut mettre l'aspirateur en mode pleine puissance et s'assurer que le sac n'est pas trop rempli, auquel cas l'aspiration serait réduite.

Adaptez la hauteur de la brosse à la nature du sol. Pour les moquettes, les poils doivent être rentrés (la manette est sur la brosse).

Le balayage humide pour les sols supportant l'humidité

Le balayage humide est une technique de nettoyage des sols qui consiste à retirer les poussières et les salissures en utilisant un balai muni d'un linge humide. Les balais trapèzes ont été créés pour le balayage humide, ils sont maintenant très utilisés chez les particuliers.
Le linge est rendu humide en le trempant dans un seau d'eau et en l'essorant.
Le balayage humide s'effectue sans jamais soulever le balai du sol.
Le premier geste est de « détourer » la pièce en passant le long des plinthes ou des murs, puis de s'occuper du centre. Certains passent le balai « en godille » ou en dessinant des huit, d'autres passent en faisant des bandes parallèles sur la longueur de la pièce.
À la fin, récupérez la poussière et les détritus en avant du balai. Il suffit de pousser le tout dans une pelle. Ce qui ne va pas dans la pelle reste sur le linge. Jeter ensuite le contenu de la pelle à la poubelle.
En fin d'action, il suffit de rincer le linge et vous pourrez le mettre à la machine à laver.
Cette technique est utilisée dans les hôpitaux mais aussi dans les entreprises : elle est plus hygiénique et possède de multiples avantages par rapport à l'aspirateur :

- pas de rejet de poussières dans l'air ;
- pas de bruit (idéal pendant la sieste) ;
- pas de consommation d'électricité ;
- rapide ;
- facile (pas de mal au dos, surtout dans les maisons à étages !).

Et le résultat est impeccable !

Le nettoyage des toilettes

Les toilettes sont les endroits préférés des bactéries. S'efforcer de les garder à l'abri de l'humidité. Nettoyer souvent à fond les toilettes et aérer suffisamment cette pièce.
À l'aide du plumeau faire le tour de la pièce, en commençant par le haut et en terminant au sol.
Utiliser de l'eau tiède avec un détergent multi-usages et une éponge. Commencez par les points de contact : poignées de porte, interrupteur, distributeur de papier... Puis continuer par le bloc de la chasse d'eau, dessus, côté, couvercle, ensuite s'occuper de l'abattant du siège, pied du sanitaire puis les tuyaux. Enfin, frotter l'intérieur à l'aide de la brosse. Ne pas oublier de nettoyer la brosse et le support de brosse. Laisser sécher, le temps de laver le sol, pour donner au produit le temps d'agir (si jamais la cuvette est entartrée, recouvrez-la de plusieurs feuilles de papier essuie-tout, arrosez-les de vinaigre blanc, versez-en également dans le fond de la cuvette. Laissez agir et revenez une à deux heures plus tard tirer la chasse d'eau. La cuvette aura retrouvé son éclat.

Le nettoyage de la salle de bains

L'atmosphère chaude et humide de la salle de bains est favorable au développement des bactéries et des champignons. Surveillez les mauvaises odeurs qui signalent la présence de bactéries. Ces odeurs peuvent provenir de conduits un peu bouchés.

Comme pour le nettoyage des toilettes, à l'aide d'un plumeau faites le tour de la pièce.

Nettoyez, baignoire, douche et lavabo à l'aide d'une crème détergente et récurante et d'une éponge à dos grattant, rincez soigneusement, séchez pour éviter de laisser de l'eau stagner qui provoquera tartre et moisissures.

Pour les joints, utilisez la brosse à dents de nettoyage avec de l'eau de Javel s'il y a des moisissures.

Pensez que si l'eau de Javel est un très bon désinfectant, elle n'a aucune action sur le tartre, le nid idéal des bactéries. Utilisez donc un produit adapté à la dissolution des dépôts calcaires (le vinaigre blanc est peu onéreux et efficace !).

Nettoyez à l'aide d'un nettoyant multi-usage les miroirs, la tablette ainsi que les porte-serviettes.

L'hygiène des accessoires

Les accessoires de toilettes tels que les peignes, brosses à cheveux sont lavés à l'eau savonneuse et séchés. Mieux vaut utiliser un porte-savon aéré afin d'éviter la décomposition du savon sur le rebord du lavabo.

Prévoyez une serviette et un gant différents pour chaque membre de la famille, changez-les régulièrement. Le mieux est de ne pas les laisser humides (les bactéries prolifèrent dans l'humidité) et de les aérer, ou de les poser sur un radiateur séchant. Pour le nettoyage de la robinetterie entartrée, utilisez à nouveau le vinaigre blanc qui convient parfaitement ou du produit à vitres qui permet de faire briller les chromes.

Lavez souvent le bac à linge sale, le rideau de douche, la poubelle et le tapis de bain. Autant que possible, laissez la porte de la salle de bains ouverte. La vapeur d'eau non seulement favorise le développement des bactéries, mais empêche les serviettes de sécher et abîme les revêtements muraux.

Le nettoyage de la cuisine

La cuisine est l'une des pièces où de strictes règles d'hygiène doivent être régulièrement appliquées, ne serait-ce que pour garantir la sécurité alimentaire.

Voici quelques règles à suivre pour bien nettoyer la cuisine :

- Triez les objets qui n'ont pas leur place dans la cuisine et sortez-les.
- Rangez à leur place tous les objets qui doivent être dans les tiroirs, placards, étagères.
- Munissez-vous de produits nettoyants et désinfectants, éponges, seau, serpillière, chiffon et plumeau.
- Lorsque tout est rangé, à l'aide d'un plumeau faites le tour de la pièce.
- Nettoyez (mettre du produit, frottez, essuyez) toutes les surfaces extérieures, tables, comptoirs, plans de travail, dessus de cuisinière, plaques chauffantes, four, hotte… avec une éponge et un détergent, ainsi que les portes de placards et les appareils électroménagers (après les avoir débranchés).

- Videz les poubelles et lavez le bac à poubelle à grande eau additionnée d'eau de Javel.
- Lavez et désinfectez l'évier.
- Balayez le sol ou passez l'aspirateur, puis lavez-le avec une serpillière imbibée de détergent.

Attention

- Ne laissez pas traîner d'aliments susceptibles d'attirer les insectes ou les rongeurs (enfermez-les dans des boîtes alimentaires).
- L'intérieur des placards doit être lui aussi nettoyé régulièrement et, à cette occasion, il est judicieux de faire le tri des produits périmés.
- Donnez un rôle distinct aux éponges : une pour laver la vaisselle, une autre pour nettoyer la cuisinière...
- Changez régulièrement les torchons et donnez-leur aussi à chacun une fonction : un pour la vaisselle, un pour les mains, un pour essuyer la table...
- Lavez également lorsqu'ils sont sales, les gants de cuisine, les maniques et les tabliers.
- Nettoyez les robinets. Lorsque le jet d'eau perd de sa puissance c'est peut-être que le robinet est entartré. Dans ce cas on dévisse l'extrémité du robinet, on laisse tremper le filtre dans du vinaigre d'alcool.

2 L'entretien du linge

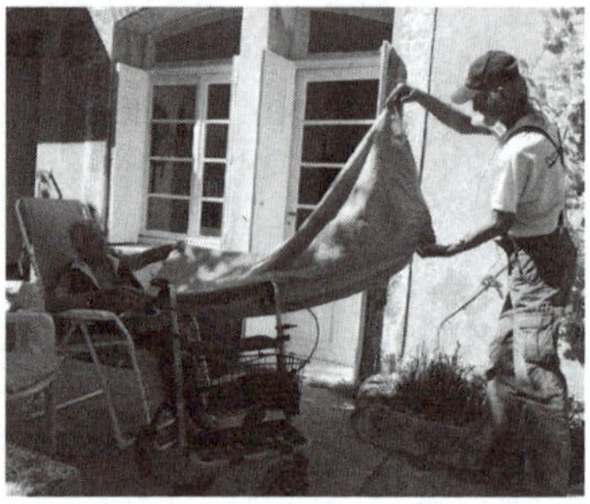

L'entretien du linge a pour objectif de le rendre apte à un nouvel usage. Cela signifie que non seulement il doit être débarrassé de toute salissure, mais aussi qu'il doit retrouver sa forme et sa couleur.
Chaque maisonnée a ses habitudes, l'ADVF doit donc impérativement s'informer avant d'entreprendre quoi que ce soit et, en l'absence de consignes, elle travaille avec les moyens existants (machine, produits de lavage...) sans prendre le risque d'abîmer un vêtement.

a. Le lavage et l'essorage en machine

Le tri du linge

Suivant la classification :

- linge de maison blanc (ou couleur pastel grand teint) non fragile : torchons, nappe, serviettes...
- linge, dont vêtements en textiles synthétiques courants, textiles naturels, de couleur grand teint ;
- textiles fragiles : plusieurs programmes existent sur les machines, dont laine et soie.

Suivant les familles nous pouvons trouver 1, 2 ou 3 classes de linge où température, durée du brassage et force de l'essorage varieront.

Les symboles de l'étiquetage des vêtements

L'étiquetage des vêtements est bien connu, il donne les indications à suivre pour leur entretien. Voici un rappel pour les jeunes apprenties ADVF.

a) Le lavage

Lavage machine autorisé,
avec température maximale

Lavage non autorisé (nettoyer à sec)

Lavage à la main seulement

Traitement à l'eau de Javel diluée à froid autorisé

Eau de Javel non autorisée

b) Le repassage

Pas de repassage

Repassage fer doux (110 °C)

Repassage fer moyen (150 °C)

Repassage fer chaud (200 °C)

c) Le séchage en machine

Pas de séchage

Séchage à température modérée (environ 60 °C)

Pas de restriction en ce qui concerne la température de séchage

Le détachage

Pour le détachage, utiliser un produit détachant avant lavage (bien lire le mode d'emploi et les recommandations), s'installer dans un endroit aéré, ne pas frotter la tâche mais la tamponner, détacher d'abord sur l'envers, puis sur l'endroit.

Le lavage

- Il faut doser correctement les produits de lavage, en fonction de la quantité de linge, de leur degré de saleté et du programme choisi. Consulter l'étiquetage du produit de lavage. Suivant les régions, l'eau est plus ou moins calcaire, si l'eau utilisée est dure, un verre de vinaigre blanc versé dans le bac « adoucissant » donnera un excellent résultat.
- Choisir en priorité les lavages à basse température : les détergents modernes sont très efficaces et un cycle à 30 ou 40 °C suffit largement et consomme trois fois moins qu'un cycle à 90 °C.
- Laver le blanc à 60 °C et non à 90 °C.

Mieux vaut un lavage à pleine charge, en veillant à ne pas trop comprimer le linge, que deux lavages à demi-charge. Les programmes demi-charge (tambour à moitié rempli) permettent seulement une réduction minime d'eau et d'électricité.

- Le prélavage est réservé au linge très sale.

b. Le lavage à la main

- À réserver au linge très fragile (lainage mohair, soie et laine mélangées) ou qui déteint facilement ou encore lorsque la couleur dégorge (souvent le rouge ou le bleu vif).
- Ne pas laver ensemble des vêtements de couleurs différentes, notamment lors des premiers lavages.
- Laisser les vêtements tremper dans l'eau tiède et savonneuse pendant 15 minutes.
- Frotter pendant 5 minutes en vous concentrant sur les endroits les plus sales, rincer en trois fois.

c. L'étendage

- Pour étendre le linge : secouer chaque pièce pour la défroisser au mieux avant de l'étendre.
- Pour les chemises et les robes : les mettre sur des cintres (en plastique).
- Pour les pulls : les faire sécher à plat sur une serviette de bain.

Il faut avoir à l'esprit que plus le linge aura séché sans déformation, plus il sera rapide à repasser.

d. Le repassage

On repasse par esthétique, par hygiène (c'est un excellent désinfectant) et pour faciliter le rangement.
Bien régler la hauteur de la planche à repasser pour éviter des problèmes de dos.
Avant de repasser il est impératif de régler la température du fer en fonction de la nature des fibres : lin, coton, viscose, laine, soie, polyamide, polyester, acétate.
Pour les droitiers, placer le linge à repasser à droite sur un tabouret afin d'éviter de se baisser et le linge repassé à gauche sur une chaise, un meuble ou bien sur un cintre. Avec la vapeur sous pression tout se repasse beaucoup plus vite. Sinon humecter le linge, le repassage sera facilité.

Le repassage des chemises

- Le col et l'empiècement du dos : repassez l'envers du col, puis repassez l'endroit.
- Les poignets : repassez-les sur l'envers : patte d'ouverture, puis sur l'endroit.
- Les manches : lissez bien, à la fois vers la couture d'épaule et vers la couture de poignet, tout doit être bien plat, sans un seul faux pli. Repassez en dirigeant le fer du poignet vers la couture d'épaule.
- Les devants : vos gestes se feront de plus en plus délicats, pour ne pas froisser ce qui est déjà impeccable.
- Le dos : lissez bien des deux mains, puis repassez. De la main vous dégagez les pans et éliminez tous les faux plis pendant que l'autre main fait avancer le fer.
- Rangement : vous mettez la chemise sur un cintre (le pliage de la chemise n'est pas conseillé aux débutantes).

Attention au matériel de repassage

- Ne jamais laisser un enfant utiliser ou jouer avec l'appareil et rester particulièrement vigilant lorsque vous utilisez l'appareil tout en ayant la garde d'enfants.
- Ne jamais toucher l'appareil avec des mains humides.
- Lorsque l'appareil n'est pas en marche, il doit être débranché et mis sur la position « off ».
- Ne jamais tirer sur le cordon d'alimentation. Ne jamais refermer une porte sur le cordon. Maintenir le cordon à distance de la chaleur ou de l'humidité.
- Relier l'appareil à une prise de terre. Éviter de relier l'appareil à des prolongateurs électriques.
- Lorsque l'appareil n'est pas en marche le débrancher, le vider et le ranger. Il est recommandé de laisser le fer refroidir avant de le ranger.
- Ne jamais remplir la cuve d'eau sous le robinet.
- Toujours débrancher l'appareil avant de remplir la cuve ou avant de rincer la centrale vapeur.
- Ne jamais laisser s'échapper de la vapeur en direction de personnes, cela peut provoquer des brûlures.
- Ne jamais tenter de dévisser le bouchon de remplissage de la cuve d'une centrale vapeur durant le repassage. La vapeur qui se trouve sous pression peut provoquer de graves brûlures.

e. Notions de couture

L'ADVF n'a pas pour mission de faire de la couture pour sa clientèle, mais il est de son devoir de ne pas laisser la PA porter un vêtement dont il manque un bouton ou dont l'ourlet ou une poche... est en partie décousu.

Recoudre un bouton

Il faut évidemment choisir une couleur de fil assortie au vêtement ou au bouton. Enlever soigneusement les bouts de fil restant sur le vêtement, bien regarder comment sont cousus les autres boutons du vêtement et faire de même, en tenant compte de l'épaisseur du tissu ; si le tissu est épais (manteau) la couture doit être lâche pour permettre le boutonnage sur deux épaisseurs.

Recoudre un ourlet

Le point d'ourlet est un point qui doit être invisible sur l'endroit.
Faire ou refaire d'abord un repli (largeur de l'ourlet). Travailler sur l'envers avec un fil simple. Ne serrez pas pour ne pas froncer le tissu.

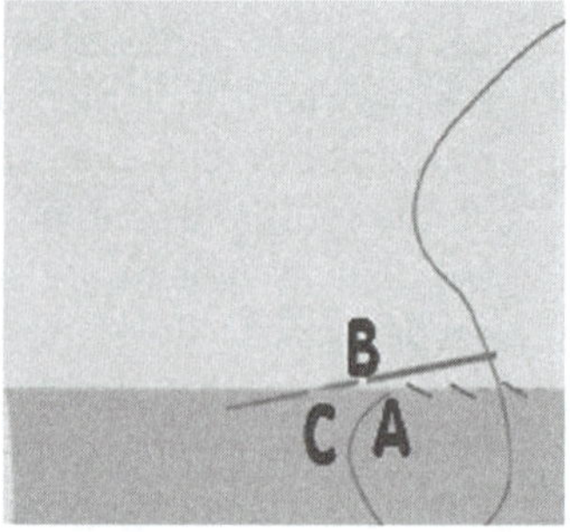

3 La préparation des repas

a. Comment établir un menu

Équilibrer le menu

Des calculs laborieux faisant intervenir calories et besoins en poids des nutriments ne sont pas nécessaires. Il suffit de veiller d'abord à l'équilibre qualitatif de la ration, puis à l'équilibre quantitatif.
La sécurité de l'équilibre vient de la grande variété dans les apports.
Pour un bon équilibre les menus doivent comprendre :
- un légume en entrée pour limiter au maximum les pics de glycémie à l'origine de nombreux problèmes de santé ;
- une source de féculents (pâtes, légumineuses, pain, semoule, pommes de terre...) pour l'énergie ;
- une à deux fois par jour un produit riche en protéine (viandes, poissons, œufs…) ;
- trois fois par jour des produits laitiers pour leur calcium.

Ces menus seront complétés par des fruits et légumes afin d'en consommer au moins cinq par jour (hors pommes de terre).
Il est nécessaire de varier l'alimentation en changeant les sources de protéines, les fruits et les légumes…
Au niveau de la boisson, la meilleure est l'eau.

L'obligation de consommer plusieurs aliments implique qu'on ne doit pas en consommer une quantité exagérée. L'habitude est de les regrouper dans un même plat afin de faciliter la réalisation du repas.

On mesure l'équilibre quantitatif en surveillant les variations de poids de l'individu.

- Si le sujet prend du poids, c'est que l'apport énergétique est trop important. Il faut réduire la quantité de chacun des composants.
- Si le poids est stationnaire, c'est que la ration est suffisante.
- Si le sujet maigrit, il faut augmenter la quantité de chacun des composants.

Chez l'enfant et l'adolescent, le gain de poids est normal, il doit être comparé avec les courbes de croissances du carnet de santé.

Manger des légumes

Les entrées

En hiver comme en été, les salades composées sont toujours accueillies avec plaisir.

Les salades peuvent être variées à l'infini, à chacun d'inventer la sienne chaque jour avec les légumes dont on dispose, en ajoutant, selon sa fantaisie de la charcuterie ou des fruits de mer. N'oublions pas que quelques herbes et des épices rehaussent en goût tous les légumes.

PA épluchant des pommes de terre.

Les potages

Les potages reviennent en force dans les menus des grands chefs, plus variés, plus colorés, plus appétissants que la sempiternelle soupe qui a fait « grandir » tant de générations.

Tous les plats à tendance liquide, servis chauds sont des potages.

Suivant leur préparation ou leur apparence on les classe en plusieurs catégories :

- les bouillons sont clairs, à base de viande ou de légumes ;
- un bouillon sans morceau est un consommé ;
- les veloutés sont des potages liés avec de la crème fraîche ;
- les soupes sont des potages à base de légumes coupés en morceaux et plus ou moins liés.

b. Cuisson des aliments

Certains aliments, les fruits par exemple, se consomment plutôt crus, mais la plupart des aliments sont généralement cuits à l'eau, dans une matière grasse ou rôtis au four, afin de leur donner un meilleur goût et afin de permettre à l'organisme de les digérer.

Sous l'effet de la chaleur, les aliments deviennent assimilables pour l'homme, ils développent leur plein arôme et répandent des odeurs qui aiguisent l'appétit.

Mais sous l'effet de la chaleur, les vitamines sont détruites. Il est donc important de ne pas prolonger la cuisson plus longtemps que nécessaire, de ne pas réchauffer plusieurs fois un plat cuit, et surtout de choisir le mode de cuisson qui convient le mieux au produit et à son usage.

La cuisson à l'eau

- **Bouillir**

C'est cuire dans un liquide bouillant tel que l'eau, le lait, un bouillon, du vin... dans un fait-tout :

- Faire partir la cuisson à l'eau froide pour les fruits et les légumes secs.
- Faire partir à l'eau bouillante la cuisson des pâtes, de la semoule et de la viande.

Cuire à la vapeur

C'est cuire sans contact avec l'eau bouillante des aliments placés dans un panier suspendu dans un récipient fermé :
- Placer les aliments dans le panier.
- Après avoir rempli d'eau le fond de la cuve, placer le panier dans l'autocuiseur et fermer.
- Maintenir la température au degré nécessaire.

Assaisonner les aliments après la cuisson.
Il est possible d'utiliser l'eau de cuisson pour des sauces et des potages.
C'est un mode de cuisson excellent car les vitamines et les sels minéraux ne passent pas dans le liquide de cuisson, ce qui permet aux produits de mieux conserver leur forme et leur saveur originales.
C'est une bonne méthode de cuisson pour les pommes de terre, les légumes, le poisson et les viandes tendres.

Étuver

C'est cuire les aliments dans leur propre jus (avec adjonction d'un peu de matière grasse et de liquide), dans une marmite fermée.

Cuire sous pression

Permet de cuire les aliments à une température plus élevée (entre 110 à 120 °C) afin de réduire le temps de cuisson de manière importante.

Le bain-marie

Permet de réchauffer des aliments dans un récipient lui-même placé dans de l'eau chaude ou frémissante. Cette méthode convient particulièrement bien aux sauces ou aux crèmes qui contiennent du beurre, des œufs ou de la crème fraîche et qui, directement sur le feu, risquent de tourner.

Blanchir

Blanchir ce n'est pas vraiment cuire. C'est plonger quelques minutes l'aliment dans un liquide bouillant, le retirer et le plonger aussitôt dans de l'eau froide afin d'arrêter net la cuisson. Tous les germes se trouvent détruits, mais les vitamines et les sels minéraux sont préservés. Les légumes blanchis gardent leur couleur naturelle et peuvent être rapidement surgelés.

La cuisson dans de la matière grasse

Griller à la poêle

C'est faire cuire et dorer rapidement dans une poêle :
- Il faut que la poêle soit bien chaude pour que la pièce à rôtir ne colle pas au fond et prenne couleur.
- Ne saler les viandes qu'après la cuisson, car le sel leur fait perdre leur jus et elles deviennent sèches.
- Ne jamais piquer la viande au cours de cuisson, car cela lui fait aussi perdre de son jus. La retourner à l'aide d'une spatule.

Sauter

C'est faire cuire la viande coupée en morceaux, dans une cocotte avec une matière grasse (la température est moins élevée). Assaisonner en fin de cuisson.

Frire

C'est cuire dans une matière grasse chauffée à une température élevée (pommes de terre frites) :
- L'aliment doit nager dans la matière grasse.
- N'utiliser que des matières grasses appropriées (la mention « pour friture » doit être indiquée sur l'emballage).
- Veiller à ce que la friture soit toujours bien chaude.
- Sécher soigneusement les aliments qui doivent être plongés dans la friture.

Braiser

C'est cuire un aliment dans un mélange de matière grasse et d'un peu de liquide dans une cocotte fermée :
- Faire revenir la pièce à braiser à découvert dans une matière grasse.
- Mouiller avec un liquide chaud et poursuivre la cuisson à couvert.

Déglacer

Déglacer, c'est ajouter un liquide au fond de cuisson d'une pièce braisée pour en dissoudre les sucs et obtenir une sauce corsée.

La cuisson au four

Four traditionnel

Cuisson d'une température de 120 à 250°, une chaleur sèche dans un espace clos. Placer les plats au centre du four. Dans un four à chaleur tournante, la chaleur est régulièrement répartie grâce à la ventilation.

Four à micro-ondes

Cuire et réchauffer très rapidement des aliments. Il faut utiliser des plats en porcelaine, verre ou plastique.

Gratiner

Dorer au grill, un plat pendant quelques minutes.

Cuire en papillote

Cuire les aliments (poissons) en papillote d'aluminium (four traditionnel) ou en papier cuisson (four micro-ondes). Cette méthode permet de garder tous les sucs des aliments. Inutile de mettre de la matière grasse.

Respecter la chaîne du froid

Respecter la chaîne du froid consiste à conserver des aliments réfrigérés à une température basse : inférieure à 8 °C pour les produits périssables tels que le beurre, les matières grasses... et entre 0 °C et 4 °C, pour les produits très périssables tels que la viande, les volailles, le lait pasteurisé car le froid limite la propagation des micro-organismes tels que salmonella, listeria, staphylocoque...
Dans le cas où la chaîne du froid a été rompue, des intoxications alimentaires peuvent survenir. Lorsque l'ADVF fait des achats alimentaires, elle pense à vérifier l'aspect et l'odeur des aliments, elle lit sur les emballages les dates de péremption et elle garde le moins longtemps possible les produits périssables dans le chariot de courses ou dans le coffre de la voiture.

Sitographie

- Formation et certification ADVF
  www.emploi.gouv.fr
  www.afpa.fr
  www.banque.di.afpa.fr
- Parmi les sites du gouvernement
  www.entreprises.gouv.fr/services-a-la-personne
  www.journal-officiel.gouv.fr
  www.legifrance.gouv.fr
  www.travail-emploi.gouv.fr
- Les fédérations, unions…
  www.unccas.org
  www.fepem.fr
  www.una.fr
  www.admr.org
- Paiement par CESU
  www.cesu.urssaf.fr
  www.cnsa.fr
- Recherche d'emploi
  www.pole-emploi.fr
- Formation aux premiers secours
  www.croix-rouge.fr
- Connaissance des pathologies
  www.doctissimo.fr
- Maltraitance des personnes âgées ou handicapées
  www.alma-france.org
- Protection de l'enfance
  www.allo119.gouv.fr
- Le handicap
  www.mdph.fr
- Institut national de prévention et d'éducation pour la santé
  www.inpes.sante.fr
- Santé et sécurité au travail
  www.inrs.fr

Index

Folios en gras : définition ou développement.

Réalisation : Les PAOistes
Achevé d'imprimer en novembre 2016
par l'imprimerie BIETLOT-DUCULOT
N° d'édition : 2017_0475
Dépôt légal : octobre 2015

Imprimé en Belgique

IMPRIM'VERT®